当代广播电视丛书／　总主编　石长顺

Television

广播编辑与节目制作

蔡凯如　编著

武汉大学出版社

图书在版编目(CIP)数据

广播编辑与节目制作/蔡凯如编著. —武汉:武汉大学出版社,1995.9
(2015.7重印)
当代广播电视丛书/石长顺总主编
ISBN 978-7-307-02041-2

Ⅰ.广… Ⅱ.蔡… Ⅲ.①广播工作:编辑工作 ②广播节目—制作
Ⅳ.①G222.1 ②G222.3

责任编辑:文 诗 鲁清清   责任校对:黄添生   版式设计:詹锦玲

出版发行:**武汉大学出版社** (430072 武昌 珞珈山)
(电子邮件:cbs22@ whu. edu. cn 网址:www. wdp. com. cn)
印刷:武汉中科兴业印务有限公司
开本:720×1000 1/16 印张:15.5 字数:299 千字
版次:1995 年 9 月第 1 版   2015 年 7 月第 5 次印刷
ISBN 978-7-307-02041-2/G·277   定价:25.00 元

前　言

或许因为平时喜欢写点什么，虽然学的不是新闻，我却在大学毕业不久，当上了广播记者。18 年的广播生涯和其间在北京广播学院主办的编辑、记者进修班的学习，加上 8 年的新闻教学经历，使我自觉或不自觉地完成了从受众到传者，又从传者到受众的转变。

我不再拘泥于从总结经验、教训的层面来认识和解释广播传播活动——虽然这对于新闻理论思维的形成仍然有不可忽略的意义。我开始注意调整视角，运用马克思主义的唯物辩证法和系统整体观，从大众传播学的角度重新审视我亲身体验过的这一场广播媒介的浮沉和变革。它为我展现了一片崭新的视野，使我从广播的过去走向广播的今天和广播的未来，也给我现在正在从事的广播业务的教学注入了勃勃生机。

我力图通过本书展示我的这种认识和感受，讲清楚广播的学科概念及传播过程中的每一个必要的业务环节，同时告诉读者这是"为什么"和"为什么要这样做"。须知，依样画葫芦的经验行之不远，有的放矢的理论才有普遍意义。我始终相信，广播传播的基本特点和规律性具有强大的张力，今天我们看到的广播媒体的一系列引人注目的变革，无不是在改革开放的政治经济形势下，遵循其自身特点和运作规律的结果。

毋庸讳言，伴随着市场经济的发展，社会上的某些不良风气或多或少地刮到了部分新闻从业和即将从业的人们中间。表现在业务上，或者是拜金主义至上，荒于业务；或者是热衷于经验、操作层次而不求甚解。作为新闻业务著作，本书自然要以广播编辑与节目制作业务为蓝本；对于"广播有没有模式？要不要规范？"之类的问题，回答也是肯定的。但是，任何一种模式或规范，都是人们在一定历史条件下，适应社会需要的产物，所以，它又可以也应该随着时间、地点、条件的变化而变化，随着时代的发展而发展。基于以上考虑，我在努力朝着理论与实际相结合、知识与应用相结合的目标迈进的同时，试图引导读者不仅从方法、形式和技巧上，而且从马克思主义的唯物辩证法，从广播传播的基本原理和信息接受的普遍规律，特别是从新闻文化素养上去提高广播业务水平。

对广播改革的一些新课题，如直播和听众参与、广播话题的设计、节目形象的塑造、广播优势的开发利用、节目主持人和板块节目形式等，本书从更新传播观念，优化传播手段，探索广播改革途径出发，也提出了一些个人的看法，一并就此求教于新闻界和新闻教育界的专家、学者、广播新闻工作者及各位同仁，并且希望能引起包括我的学生在内的读者和广播听众的关注，诚恳地期待着大家批评、指正。

编著本书的目的，主要是出于教学的需要。因为近些年许多高等院校新闻院系的新闻专业、广播电视专业虽然开设了有关广播理论和业务方面的课程，但是据我所知，目前还没有一本专门论述"广播编辑与节目制作"业务的正式教材。于是，我在深入一些广播电台进行教学调研的基础上，参阅我所能见到的新闻尤其是广播理论和业务方面的著作、兄弟院校的教材以及相关学科的一些专著，整理我自己的授课讲义和历年积累的有关资料，撰成《广播编辑与节目制作》一书。

成书之时，正值我国各地广播电台的改革方兴未艾，从节目内容到节目形式，从传播体制到媒介运行机制，都在顺应时代，贴近听众，寻找振兴之路。各种内容丰富的改革尝试，让人耳目一新。还有几十年间形成的影响深广的传播方式与接受习惯，也在静候今人评说……我置身于广播改革的大潮之中，有兴奋也有惶惑，但愿我在潮汐后的海滩上拾到的是珍珠，我把它们缀连起来，献给热爱广播事业的人们。

本书在编著过程中曾得到新闻界特别是湖北省广播新闻界许多领导、前辈、朋友的热忱指教和帮助，我将怀着深深的谢意铭记住他们对新闻教育的支持和对我个人的关照之情。同时，我还要感谢武汉大学新闻系的领导和同事们对我的鼓励和帮助；并向武汉大学出版社领导和对本书提出过不少宝贵意见，付出了辛勤劳动的责任编辑蔡先保副教授致以诚挚的谢意。

蔡凯如
1994 年 12 月

目　录

绪　论 ………………………………………………………………… 1

·上编　编导业务论·

第一章　广播编辑工作 …………………………………………… 13
　第一节　广播编辑工作的特性 ………………………………… 13
　第二节　广播编辑的业务范畴 ………………………………… 19
　第三节　广播编辑的工作关系 ………………………………… 24

第二章　节目设置与形象塑造 …………………………………… 26
　第一节　广播节目设置的方针和依据 ………………………… 26
　第二节　广播节目设置的内容和规范 ………………………… 29
　第三节　电台公众形象的塑造 ………………………………… 34

第三章　广播宣传与听众参与 …………………………………… 41
　第一节　组织宣传报道 ………………………………………… 41
　第二节　开发社会宣传力量 …………………………………… 44
　第三节　广播话题的设计与组织 ……………………………… 47
　第四节　听众参与广播 ………………………………………… 55
　第五节　广播社会活动 ………………………………………… 59

第四章　广播稿件与广播语言 …………………………………… 62
　第一节　广播稿件的选择 ……………………………………… 62
　第二节　广播稿件的修改 ……………………………………… 64
　第三节　广播稿件的编写 ……………………………………… 73
　第四节　广播语言的运用 ……………………………………… 78

第五章　音响报道 ……………………………………………… 90
　　第一节　音响报道的特点 ………………………………… 90
　　第二节　音响报道的形式 ………………………………… 95
　　第三节　音响报道的采制 ………………………………… 105
　　第四节　现场报道 ……………………………………… 113

第六章　广播节目导播 ……………………………………… 118
　　第一节　导播的职责 …………………………………… 118
　　第二节　导播运作细则 ………………………………… 120
　　第三节　导播的职业要求 ……………………………… 128

第七章　广播节目制作 ……………………………………… 131
　　第一节　节目制作工作的基本特征 …………………… 131
　　第二节　节目制作的设备与技术条件 ………………… 132
　　第三节　录音的基本制式与技术要求 ………………… 137
　　第四节　节目制作流程 ………………………………… 141

·下编　节目系统论·

第八章　新闻节目 …………………………………………… 157
　　第一节　新闻节目的特性 ……………………………… 158
　　第二节　新闻节目的编排 ……………………………… 160
　　第三节　新闻提要的编写 ……………………………… 167

第九章　教育性节目 ………………………………………… 171
　　第一节　教育性节目的特征 …………………………… 172
　　第二节　教育性节目的编辑要点 ……………………… 175
　　第三节　教育性节目的编排 …………………………… 177

第十章　服务性节目 ………………………………………… 182
　　第一节　服务性节目的种类与功能 …………………… 182
　　第二节　服务性节目的编辑方针 ……………………… 185
　　第三节　广告节目 ……………………………………… 187

第十一章　文艺节目……………………………………………… 195
　第一节　文艺节目的地位和作用………………………………… 195
　第二节　文艺节目的种类与特性………………………………… 198
　第三节　文艺节目的编排………………………………………… 202
　第四节　文艺节目主持人的常规业务…………………………… 204
　第五节　广播剧…………………………………………………… 211

第十二章　综合性板块节目……………………………………… 217
　第一节　板块节目的特点………………………………………… 217
　第二节　板块节目的设置方式…………………………………… 219
　第三节　板块节目的编排………………………………………… 220

第十三章　主持人节目…………………………………………… 226
　第一节　主持人节目的特点……………………………………… 226
　第二节　主持人节目的类型……………………………………… 228
　第三节　主持人节目稿和节目提纲……………………………… 230
　第四节　节目主持人……………………………………………… 232

后　记……………………………………………………………… 238

绪　论

人类呼唤听觉的最初尝试大约是在公元前 500 年。波斯帝国的大流士国王派驻家臣，登高而呼，将声音接力式地传向他的领地，让国王的命令家喻户晓。

此后的 2500 年，人类的听觉一直停留在接受原始音响的阶段。直到 19 世纪末，科学家们才发现声音可以借助无线电波以每秒 30 万公里的速度将信息广而播之，传遍四方。这一发现很快被应用于无线电广播（简称广播）。1920 年 11 月 2 日，世界公认的第一座广播电台——美国匹兹堡 KDKA 电台开始播音。从此，人类对听觉的开发进入一个崭新的阶段。传播者们将声音送入电波，几乎是在原始音响发出的同时，相隔万里之遥的广袤大地上的人们，从潘多拉式的小匣子里听到了奇妙无比的“电化”音响。当然，随着音响送来的不是魔鬼，而是影响人类命运的至关重要的信息。

于是，人类的起居，人类的生活，人类的文化，乃至人类的信仰，全都起了翻天覆地的变化。

这种了不起的变化归功于广播。

一

有人会说：广播从 20 世纪初开始用信息改变人类，报纸不是早在 16 世纪就已经用信息改变人类了吗？报纸功不可没！

不可否认，报纸是现代社会最重要的信息传播媒介之一，享有至高无上的权威。但是请注意：信息靠时间取胜。传播速度决定着相同信息的质的不同。报纸的传播速度跟广播无法相比。广播以每秒 30 万公里的光电速度传播信息，刹那间就可以把以时、分、秒计算的最新信息奉献给听众。在如此快捷的“飞毛腿”面前，报纸的印刷速度实在是望尘莫及。

同时需要注意的是，广播和报纸的传播手段截然不同。广播借助无线电波或导线传播信息，报纸通过印刷新闻纸传递信息；广播以声音诉诸听觉，报纸用文字、图片诉诸视觉；报纸要求读者具备一定的文化科学知识，广播则对所有识字和不识字的人们一齐开放。报纸对读者的文化要求在一定程度上限制了信息的传播，广播对听众的无所求带来了信息的共享。

　　传播手段的不同又导致了传播方式的不同。广播在借助电波传播信息的同时还可以借助另一种电子传播媒介——电话，交流信息，使传统的单线传播形成双向回路，传者和受众的信息——包括感受得到了交流。这是一种归真反璞，顺应人类情感交流需要的现代传播方式。

　　一个时代的传播方式取决于一定的接受方式，一个时代有一个时代的接受方式。当今社会的接受方式主要表现为交流式、协商式和互动式。近几年广播媒体相继推出的直播和听众电话参与就是顺应这种新的接受方式而产生的现代传播方式。

　　或许又会有人反诘：电视和广播同属电子传播媒介，传播手段相同，而电视兼有视、听两种功能，在传播方式上岂不比广播棋高一着？我们说，电视运用图像、声音，有时候还加上文字，三种符号、视听两用功能，高密度传播信息，声像并茂，在传播效果上的确占有广播和报纸无可比拟的优势。但遗憾的是，目前电视除了能在某些节目里邀请为数极少的观众跟节目主持人进行极有限的直接交流外，还不可能像广播那样广泛地采用传、受双方同步交流信息、传递感受，因而极富人情味的现代传播方式。

　　我们必须承认和正视的现实是：较之六七十年代，广播收听率确实是下降了。这不奇怪。许多国家都出现过电视迅猛发展时广播收听率下降的情况。有些国家的电视不仅"抢"走大部分广播受众，而且"夺"去大部分广告，"拉"走广播人才，广播业发生了危机。

　　但是，经历了这样一阵迷惘之后，广播最终还是稳定下来了。尤其是在那些发达国家，广播在人们心目中的地位仍然十分重要。在美国，现在大约有一万多家电台，它们是美国大众接受新闻信息的主要渠道。60年代末在美国兴起的"谈话电台"至今长盛不衰。几乎所有大城市都设有这种电台。35～54岁的人中有80%的人平均每天收听3小时的"谈话电台"节目。而英国BBC对外广播部的《一小时新闻》节目则在全球拥有3 500万以上的听众，每年广播1 000小时以上，始终处于各大传媒报道瞬息万变的世界事件的前列。

　　总的来看，广播收听率已经在回升。据国外调查资料①显示，在电视也比较普及的情况下，文化水平高或是职业工种比较紧张的公众，有40%的人选择收听广播获取经济信息，而通过看电视获取同样信息的人只有30%左右。中央人民广播电台1992年全国听众抽样调查则表明，我国12岁以上居民收听广播的比例为81.8%，略低于收看电视的比例（95.6%），但高于报纸读者的比例

---

① 纪曙春：《信息传播媒体：广播》，载《中国科技信息》1994年第1期。

（66.6%）。而在我国经济、文化发达的沿海地区，如上海、广东一带，广播受众接受率（收听率）在三大新闻传播媒介中常常排在首位。上海东方广播电台在传播方式上的漂亮变革令浦江两岸人刮目相看，叹为观止。新闻圈内人更是将广播听众的大范围参与和广播传播的反客为主惊呼为"广播潮"。

当前这股一往无前的"广播潮"，正有力地冲击着各传播媒介古老的思维模式和传统的表现手法，带来了一场中国传播史上罕见的震荡。有识之士称之为"中国新闻改革的传播学道路"。①

二

广播之所以能在激烈的传媒竞争中大放异彩，受到众多听众的青睐，除了因为它的传播速度快、范围广，传播方式简便，易于接受以外，还因为它的无可替代的听觉优势在传播和接受过程中得到淋漓尽致的发挥。

广播在听觉上有其独特的优势。根据有关学者的研究，人类虽有视觉和听觉两条通道，但大脑只有一个，感觉器官只有一条通道进入大脑。所以，"视觉和听觉同时接受到的信息，只能分别先后进入大脑，不能同时传入大脑。视听结合的接收效果，不可能达到视与听分别取得的效果相加之和。"② 在实际生活中我们往往会有这种体会：专心致志地听广播，听的效果比看电视好。

广播在听觉上的优势使它成为欣赏音乐的最佳媒介之一。随着电子技术的发展，广播的传真度越来越高，立体声广播能使音乐的传播效果达到相当完美的程度。由于广播电台音乐储存量丰富，所以尽管听广播音乐选择性不强，还是优于个人的唱片欣赏。电视带图像传播音乐对音乐本身的欣赏来说，其实并无好处，因为它势必削弱接受音乐的专注性。时下流行的唱歌伴舞，实在是不谙音乐欣赏真谛，不尊重视听规律的做法。至于人们对于 MTV 的钟情，则在很大程度上是因为 MTV 所营造的艺术氛围和音乐环境对人们的打动，而并非出自单纯地欣赏音乐的原因。The Buggles 乐队演唱的《录像杀死广播明星》，至少在目前还只能是电视音乐取代广播音乐霸主地位的一个梦想。

广播在听觉上的优势还表现为它在接收上的非专注性。广播接收上的非专注性和它在听觉上排斥图像干扰的专注性并不矛盾。这里是指在从事某些活动的同时，可以非专注性地收听广播。因为接受广播不用眼睛，有可能一边从事其他活

---

① 朱光烈：《从直播到电话参与：中国新闻改革的传播学道路》，载《北京广播学院学报》1993 年第 3 期。

② 阎玉：《中国广播电视学》，中国广播电视出版社 1990 年版，第 44 页。

动一边收听广播。如走路、乘车乘船、从事一般体力劳动、做家务时都可以收听广播。

广播在听觉上的优势又可以借助现代传播工具——电话转化为受众的心理优势，让人的社会存在通过电话参与得到承认，自我表现欲望在广播里得到实现。听众直接上广播，指点江山，讨论国是；交流感受，娱乐身心；还能将各种各样的困苦疑难向未曾谋面的朋友倾诉，有的可望得到解决，又不必担心谁人识我。难言之隐，一诉了之，诚为快事。

三

从传播学的角度来看，广播的听觉优势是人类听觉功能在广播传播过程中的体现。在传播过程中，广播传媒是怎样适应人类的听觉功能而扬其优势的呢？试分析①如下：

其一，人类听觉具有自动收听声音的功能。声音在人不自觉中可以自动进入人的听觉器官，而被传送到大脑。这对广播传媒可谓一大鼓励：只要你的节目有声音，它就有可能到达听众的耳朵，如果这声音被传入大脑而引起注意，那就是说：这个节目能抓住听众，成功了。

其二，人类听觉具有选择收听声音的功能。人的听觉器官虽然随时都可自动收听声音，但是遇到一些与己无关或不受欢迎的声音，还是会"充耳不闻"的。如工厂工人不觉机器轰鸣的嘈杂；火车上的乘客能在车轮隆隆声中酣然入梦；集贸市场上有人在旁若无人地下棋、看书或冷静地思考着问题。这就提示广播编辑和所有节目制作人员应特别重视人类听觉的选择收听功能，努力探索和制作出内容新鲜、形式活泼的节目，吸引听众的注意。

其三，人类听觉具有透视声音距离、方向的功能。同一声音，近者听觉反应强，远者听觉反应弱。由远近的不同到音色、音量的不同，人的听觉器官都可以感觉得到。稍为转动头颅更容易感觉出声音的方向。由此可知，节目的制作应该注意声音的远近、左右方向的配合，以便音响更具真实感。

其四，人类听觉具有认识、辨析各种形态的音乐、音响的功能。人的听觉器官能够辨认音调、音量、音质和音时。如果节目由各种不同形态的音乐及音响或说话声组成，耳朵会立即通知大脑，对各种声音表情起各种不同的反应——理解或欣赏。理解交响乐的复杂的情绪和内容；欣赏单音的悲伤、哀怨；多音的兴奋、明朗；下降音调的平淡、消沉；上升音乐的光明、活泼等。甚至对声音停

---

① 于洪海：《广播原理与制作》，台北三民书局1985年版，第130页。

留空间的时间长短，人的听觉也会有习惯的理解。广播工作者只有深刻地认识人类听觉欣赏、理解各种形态的音乐、音响的功能，才可能使声音的运用恰到好处。

其五，人类听觉具有传达情感、刺激想象的功能。人的听觉器官能够辨析声音的意义，传达声音的情绪色彩，从而刺激大脑想象。在欧美流行过这样一个故事：波兰有一位著名的悲剧女演员，一次，她在英国的餐厅里应邀为大家朗诵一段话。在座的英国人都不懂波兰语，但都被她那诚挚、哀痛的声调所感动，有的甚至感动得流泪。唯有她的丈夫听了忍不住放声大笑。众人都很诧异，不明白他笑什么。他说："你们知道我夫人刚才念的是什么吗？是我们今天饭桌上放的菜单啊！"这个故事说明人类听觉对声音有着极为丰富的想像力。此外，人的听觉器官是通过语调来判断语意，传达声音的情绪色彩，进而展开想象的。根据人类听觉的这一功能，节目制作者尤其是播音员要致力于声音形象的塑造，让声音准确生动地表达内容，为听众提供丰富的想象天地。

四

广播的听觉优势有着十分广阔的开发前景，充分利用听觉优势争取听众，可以说是广播传播工作的出发点和归宿。纵观东方台、珠江台等台的成功经验，我们亦能得出如下认识：

第一，遵循传播规律，加大节目容量，以信息争取听众。

作为信息传播媒介，广播的根本出路在于以信息争取听众。不仅是新闻信息，还有市场信息、文化信息、服务信息，乃至情感信息等等，信息是人类社会的普遍存在，有着极为广泛的社会含义。广播传媒要争取听众，就必须设法根据传播学公式：选择或然率＝报偿的保证/费力的程度，让听众在最短的时间里用最简便易行的手段获取大量最需要、最满意的优质信息。

传播者需要在"报偿的保证"上下功夫。对于广播传媒来说，"报偿的保证"就是要创造出传播内容为听众关注和欢迎，传播手段和形式能突出广播特色，信息含量极其丰富的优质节目。在强大的竞争对手面前，广播要想争取更多的受众，势必扬己所长，避己所短，在听觉优势上做信息文章，充分发挥广播随时可听，随处可听，无时不有，无处不在的优势，抢时间，争空间，凭传播高质量的信息赢得听众。

以广东台新闻台1991年中秋之夜制作的直播专题新闻节目《你好，南极人》为例。节目开始，广东台新闻台通过长途电话接通了南极长城站和中山站。问候声中，广州一位幸运听众打来电话，向南极人问好。接着，电话通向北京，一对正在爷爷奶奶家吃团圆饭的母女，惊喜地听到了远在南极的亲人的声音。简短、深情的交谈令人怦然心动，感动不已。电话最后接通了国家南极考察委员会，领导的关怀和鼓励余音缭绕，令人回味无穷。这个节目采用如此大跨度、大时空的手法，表现南极人赤诚报国的主题，无论是传播手段还是表现形式都超越了新闻广播学的传统观念，突出了现代电子媒介的独特优势，堪称高质量传播信息的典范。它有力地证明了广播拥有无限广阔的时空，具有其他新闻媒体无可匹敌的信息传播优势。在广播这片天地里，传播者是可以大有作为的。

第二，利用传播技术，优化传输手段，以音响争取听众。

现代传播技术给广播传播方式带来了巨大的变化。1994 年 5 月 3 日，《中国广播报》在头版头条的显要位置刊登了济南电台实现广播节目"时间倒流"的消息。济南台专题部的 3 个直播板块节目从当年 4 月 1 日起，与济南市电信局信息台联网，实现了广播节目的同步、异步传播收听，使听众不仅可以用收音机收听正在播出或已经播出过的节目，而且可以通过电话收听正在播出或已经播出的节目。广播节目的异步传播在我国尚属首次，这一构思和技术已经申报了国家专利，开始受到国家专利法保护。

济南台广播节目与自动电话信息台联网的成功，证实了广播"短处"的相对性和可变性，探索了修改广播短处的可操作性：一是用电脑拷贝的形态将流动着的广播节目"凝固"起来，再用信息提取的方法使它重复流动，从而突破广播的时间不可逆性。二是运用电话收听的形式放大广播传播"功率"，便于实现全国和世界范围的传播，延伸了覆盖空间，这对城市无线台、地方无线台具有特殊的意义。三是运用联网形式改变广播只能顺序收听，无法选择的规定，为听众提供了收听广播的随意性和选择性。此外，采用联网形式还可以增强收听广播的专注性，实现收听通道和收听工具的多样化。

不久前美国全国广播协会收音机展览会上推出的电脑收音机进一步证实了济南台实现的广播可重复性的理论和实用价值。

这种美国微软公司生产的电脑收音机，将调频收音机与配有"用户切换"软件系统的电脑结合起来，具有分辨听众期望得到的广播信息的功能。如，某台电脑收音机接受听众的指令去接收最新的交通信息或天气预报，它就会不停地跟踪并收听这种信息。电脑收到这些信息后会储存起来。听众可以通过电脑在电台播出节目时同时收听，也可以在随后任何时间里从电脑中收听播过的节目，甚至还可以对节目进行编辑处理。

广播可重复性的实现，极大地拓宽了我们的思维空间。正如马克思所说："辩证法对每一种既成的形式都是从不断的运动中，因而也是从它的暂时性方面去理解。"运用这种辩证思维，我们完全有可能利用新的传播技术，从新的角度和新的意义上优化广播传输手段，扬长补短，另辟蹊径，通过提高广播传播质量，优化音响效果来赢得听众。

1993 年秋季在日本问世的可视收音机是受无线通讯信息传呼机（BP 机）的启发而制成的带液晶显示屏的可视广播。这种可视广播，在收听广播时，可以同时显现出两行 30 个字母文字的内容。如在收听歌曲时，可以显现出歌名、歌手和歌词等有关内容，同时还可以显示出新闻、气象预报、娱乐情报、听众信箱等其他内容。这种文字传送技术目前至少可以确保 200 个频道，一家电台使用绰绰有余。由于文字显示与收音频道的调谐并不同步，使用者可以一边收听节目，一边观看内容并不相干的节目。

可视广播在若干年后很可能跃上信息高速公路，得到普及，给广播传播方式带来质的变化。

在目前看来，音乐节目仍然是广播领先于其他传播媒介的一大长处。在以新闻为节目支柱的前提下，提高广播节目尤其是音乐广播节目的音响质量是广播人的当务之急。

立体声技术为再现一个个色彩纷呈的音乐世界提供了重要的物质条件，它有效地推动着广播在声音领域里始终走在电视的前面。在电视冲击面前，利用和发展立体声技术，已经成为一件广播事业发展日程上的大事。香港有位广播界人士最近在访问内地新闻界时介绍说，香港有家电台，之所以能在短时间内为听众所接受，全赖设备器材先进，广播音质优良。

声音是广播的独特传播手段。用立体声传播的广播节目，声音清晰、浑厚、丰满、真实而且富有动感，它的保真度几乎接近于听觉器官在现实生活中捕捉到的生活的真实，这对听众无疑具有极大的吸引力。单声道广播显然不可能有这样好的效果。目前，还有相当多的广播电台和广播文艺节目没有采用立体声广播，也还不能满足随时收听。因此现在城市青年中有不少人使用便携式袖珍立体声单放机听音乐。这从侧面反映了听众对高技术广播的需求。如果广播电台能广泛地使用立体声技术播出节目，尤其是播出音乐节目，势必将更多的听众吸引到收音机前。

第三，顺应收听规律，开发广播功能，以服务争取听众。

广播通过服务手段争取听众，最起码的一点就是要让听众在想听广播的时间里，打开收音机就能听到自己喜欢的节目。没有节目，谈何争取听众，谈何服务于听众！这就牵涉到一个顺应听众的收听规律，建设新的节目时段，合理安排广播时间的问题。有如报纸的扩版，是为了使读者把更多的时间投入到看报中，有了读者的投入，报纸便可以不断推出为读者服务的具体内容。广播增加了节目时段，有了更多的听众，也就增加了更多的为听众服务的机会；也便于调整节目，避开电视的有利时段，发挥自身的传播优势。

目前我国大多数广播电台运行的节目时间表划定的广播节目时段大体上是：早上 5 点至下午 14 点；下午 17 点至晚上 23 点 30 分左右。还有的台仅有早晚两个节目时段。也就是说，至少还有两个时段没有得到充分的利用，即下午 14 点至 17 点；晚上 23 点 30 分至凌晨 5 点的节目空档。

据分析，下午 14 点至 17 点可能有这样一些听众群：其一是广大农民。中国有 9 亿农民，他们常年在外耕作，边收听电台节目，边干农活，已成为相当一部分农民的习惯。如果有 1/10 的农民在这个时段里收听广播，那么这个时段就会拥有 9 千万农民听众。其二是离退休老人。我国即将迈入世界老龄国家，老年听众数量相当可观。其三，倒班轮休的职工。他们是听众中的活跃分子，容易成为广播节目的积极收听者和参与者。其四，商业网点的经营者和顾客。他们的流动性和随意性较大，是一个比较敏感的听众群，特别是信息类节目，颇受他们的欢迎。其五，旅行者和司乘人员。此外还有一些不固定的听众群。

即使是在晚上 23 点 30 分至凌晨 5 点这个时段，也会有诸如夜班职工、夜行者、老年人、收听迷、孤独者之类不少的听众可以争取。有的电台开办的《半夜悄悄话》、《相伴到黎明》节目就受到许多听众的欢迎。1991 年 8 月广东佛山台在我国率先实行全天播音，紧接着广州台也实行了 24 小时播音，现在全国已有多家电台实行全天播音。

设想一下，如果所有能力可及的电台 24 小时都对听众开放，该有何等壮观的局面！

当然，服务听众不仅是一个增加节目时段的问题，还有许许多多工作要做，甚至包括那些直接意义上的服务工作。楚天经济台的《消费者之声》节目有位编辑，为了帮助听众解决电视机的维修费用问题，曾和某商店经理舌战 3 个小时，直至对方点头答应为止；为了调查听众投诉的冰箱质量问题，他曾四次去一个维修门市部，两次去其主管部门，费时整整四个半天。当一个老工人的冰箱在他长达半年的奔走之后得以调换时，老工人激动得说不出话，拖着中风的身子向这位编辑赠送了一面锦旗。至于东方台的编辑记者们在政府各部门和市民间所做的一桩桩深入细致的沟通性工作则更是有口皆碑，在听众中产生了广泛而深远的影响。

但是，最基本也最容易忽略的工作是让听众在想听广播的时候有节目可听。这就要顺应收听规律，合理安排广播时间，尽可能多地开发广播功能。增加节目时段对部分听众来说，也是合理安排广播时间。有的电台针对听众生活节奏加快，对收听大块新闻节目缺乏耐心的特点，实行正点新闻；有的按照早、中、晚和社会工作时间，将新闻节目时间定为 15 分，10 分和 5 分，同时安排重播比例；有的抓住早晨的黄金时间，趁听众还没有上班，集中力量办好重点节目；有的电台为了适应听众从广播里收听美妙音乐的需求，开办了全天候调频音乐台。越来越多的电台从服务听众出发，尽其所能，增加和办好听众欢迎的各种服务性节目、娱乐性节目、知识性节目、教育性节目。这些节目大都带有听众参与性。传播者们为争取听众做了大量工作，真可谓精诚所至，金石为开！

第四，发挥听觉优势，吸引听众参与，以情感争取听众。

中国的听众从来没有像近两年这样亲切地感受到广播的善解人意和具有中国特色的浓郁的人情。他们热心的参与（有的到了狂热的程度），自觉地和媒体配合，创造出大众传播与人际传播的绝妙的结合。

令其他传媒羡慕不已的是，这种媒体与受众的充满感情的人际传播和交流目前仍是广播的独家优势。正如本文在前面所分析的，只有广播传媒才能仰仗它的听觉优势，借助电话，在节目里直接和听众开展双向交流，互诉衷肠，达成共识，融为一体。

下一步的工作该是将听众电话参与引向更为开阔、更高层次的阶段。当前有些电台的听众参与节目存在一哄而起的情况，多数只开发了广播的娱乐功能，如点点歌、猜猜谜、做做游戏等，参与品位不高。能像东方台那样在听众参与节目中面向生活，切入实际，实行舆论监督，大范围、深层次反映社会生活的电台还不多。长此以往，缺乏引导，有可能导致情感交流的庸俗化而最终失去高、中层次的听众。

参与性节目是现代信息社会人类情感渴望交流、尊重与寄托的产物，有着坚实的科学技术基础和市场经济条件下特定的人文背景，广播媒体应该对它进行更为积极、主动的引导，如精心设计和研究参与话题，设法将节目内容延伸到有利于社会主义物质文明和精神文明建设的方方面面，以增强节目的辐射力，提高节目的质量和品位，吸引层次更为丰富的听众参与其中。

所有的传媒都应该珍惜参与性节目的产生、发展与继续存在。它是中国传播学、中国的传者和受众走向成熟的标志。

五

广播传媒对人类听觉日益亲切和贴近的呼唤不只是一种手段，一种传播方式，更是大众传播与人际传播两相结合的实践与前景。它的影响已经远远超出自身传播的范围。任何传播媒体要想背离人际交流这个现代大众传播的根本特点而奢谈争取受众都是不现实的。

广播传媒对人类听觉的呼唤，说到底，是对人类智慧、情感和良知的呼唤。过去一些年里我们在传播过程中所忽略了的人类智慧、情感、人际交流和正确、科学的舆论导向，通过高速、优质、大容量信息的传播；通过多渠道、多层次的听众参与；通过媒体在社会和听众、政府和群众之间的积极有效的沟通，以及广播传播技术的迅猛发展，一定可以成功地得到实现。

上　编

编导业务论

广播编导业务是广播传播过程中最具特色，最富创造性的部分。它是以广播编辑为主导的全体广播人的智慧、才干、文化水准与新闻素养的体现。

第一章 广播编辑工作

广播编辑是指在广播电台从事编辑工作的职业新闻工作者，包括负责稿件加工、话题设计、节目制作和播出的编务人员；电台台长、总编辑、编辑部主任等宏观指导和组织参与编辑工作者以及电台的广告人员。在我国的各级各类广播电台，编辑和记者没有严格的职务界限。外出采访是记者，在编辑部是编辑；有的播音员也参加采编；口齿清楚的编辑、记者拿起话筒也能胜任音响报道或直接播讲；还有些节目主持人做到了采编播合一。从工作性质和特点来说，他们也都是广播编辑。

广播编辑必须明了广播编辑工作的特点和规律性，熟悉广播编辑工作的业务环节，以便根据广播特点和听众的需要，创造性地办好广播节目。

第一节 广播编辑工作的特性

广播编辑工作是广播传播工作的重要组成部分，它贯穿于广播传播的全过程。作为一个整体概念，广播编辑工作不仅是指各个具体编辑人员所担负的各项工作，而且是从台长、总编辑、部主任到所有编辑人员全部工作的总括。可以说，编辑部的每个人都担负着编辑工作的重任。

一、广播编辑工作的地位

广播编辑工作比其他新闻媒介的编辑工作具有更为突出的重要地位。这是因为：

广播电台的信息传播内容比其他新闻媒介更为广泛，信息含量也远比报纸、通讯社多。电台要为四面八方的听众举办许许多多新闻节目、文艺节目和知识性、教育性、服务性节目；为各行各业、各阶层听众举办专题性、对象性节目。而且，各个电台一般都有两套以上的节目同时播出，有些电台的新闻节目、股市行情节目、气象、汛情通报节目等还实行滚动式播出。如此宽广的信息传播范围，如此庞大的发稿数量，全靠本台记者的力量是不可能完成的。因此，广播电台除了派遣记者采录符合广播特点的稿件和节目以外，相当大的一部分广播内容，需要选用其他新闻媒介的稿件，选用听众和通讯员的来稿，组织各阶层社会人士为电台写稿。

电台所收到的稿件通常都是写给人"看"的，不是写给人"听"的。广播编辑必须将大量"看"的稿件，编成让人"听"的节目，进行独具匠心的"再创造"。

为了扩大传播，吸引更多的听众参与广播，收到更好的社会效应，广播编辑还需要面向社会组织丰富多彩、富有教益的广播社会活动。根据报道思想的要求和办活节目的需要，广播编辑常常要深入社会调查研究，了解情况，自己设计新鲜的广播话题，自己撰写广播言论，自己请人作广播讲话，还要制作音响报道和配乐广播等等。由此可见，广播编辑工作在广播信息传播过程中占有特殊重要的地位。

构成广播编辑工作特殊重要性的原因还在于：随着社会的发展，大众传播媒介的进步，受众文化品位的日益提高及其需要的多样化，数十年前广播界提出的"自己走路"这一课题，在改革开放以后，有了真正实践的机会。"自己走路"作为建设和发展广播事业的独立方针，要求广播编辑不能再像以往那样单纯依靠通讯社和报纸供稿，而要掌握和运用广播的自身规律和特色，发展自编自采、自己经营的节目内容，充分体现广播传播的特色，不断提高节目的质量。尤其是在当前日益激烈的大众传播媒介的竞争中，广播更要发挥自己的时空优势，争取听众的大范围参与并将其推向新的水平，因此广播编辑工作更显示出其独特重要的地位。

在广播电台的全部工作中，广播编辑起着指挥、策划、组织、导播、制作、经营和联络的作用，是党和政府联系群众的桥梁，是广播电台的大脑和心脏。广播电台的传播效果主要取决于广播编辑工作的水平。

二、广播编辑工作的特征

广播编辑工作具有信息汇总性、运作高效性、语言适听性、人际交流性、节目创造性和言论导听性六大特征。

1. 信息汇总性

广播编辑工作是"汇天下之精华"的工作。广播编辑工作的信息汇总性特征是新闻传媒编辑工作的共性，汇总信息是最基本的经常的编辑工作。

广播电台和报社、电视台一样，每天都要收到记者、通讯员寄来的大量稿件和各种文件、资料、来信。此外，还收到大量录音记载的信息，如音响报道、录音讲话、电话录音。报刊上登载的一些报道和新闻性资料也是电台的信息渠道之一。广播编辑每天都要将这些信息分门别类地汇总起来，从中选择有新闻价值、有报道意义的稿件编入节目，或从中发现新闻线索，再组织新的报道，这就是"汇总"。

汇总的过程，是报道中各种矛盾集中的过程，也是编辑运用辩证法，处理这些矛盾的过程。明确报道思想，制定报道计划，是客观正确地汇总的依据和保证。随着客观形势的变化，编辑还要对报道计划作及时的必要的修改和调整，使计划尽可能符合客观实际的需要，确保汇总的正确性。

具体地说，广播编辑的"汇总"工作包括稿件的组合、音响的选配和节目的合成等程序。"汇总"，就是将来自多方面的孤立镜头、零星画面，即互不关联的单篇报道、独个信息，组成一个统一的新整体：节目。这个节目可以是一组简讯、一个专题，或者是一组连续报道；也可以是一次完整的播出节目。节目的各种不同组合，往往会产生不同的意义。好的"汇总"、"汇精"，可以真实地反映全局的面貌，反映事物的本质，给听众正确的引导。如果汇总不妥，就可能给人以假象，带来不良的社会效应。

2. 运作高效性

新闻报道的时效性规律，当代受众的新闻接受习惯和信息社会的高节奏生活，要求所有的新闻编辑都要讲求速度、效率。广播编辑尤其要讲求高速度、高效率。这是因为广播以无线电波为载体，无线电波以每秒 30 万公里的速度运载着广播信息高速传播，使印刷速度望尘莫及。报刊新闻的快慢以"日"计算，下午版的报纸能登上"今日新闻"就是最快的了。广播新闻的快慢则要以"时"、"分"来衡量。一些重要新闻，常常在事情发生后几小时、几分钟内就要报道出来，有的甚至要和新闻事件的发生、发展同步报道。广播和同属电子媒介的电视比较，则因为广播节目制作程序较之电视简便快捷，因而广播传播速度较之电视也更快。广播传播的高速度又要求它所运载的信息高速度、大容量地传入，要求广播编辑高效率、高速度地运作。在限定时间内，广播编辑必须处理大量信息，决定取舍、修改、编排、导播、制作，及时回收反馈信息；有时还要策划安排现场直播；有时临到开播、播出，才收到重要急稿。以中央台的《新闻和报纸摘要》节目为例，编辑们每天凌晨 3 点上班，3 点 30 分开编前会，然后上十个编辑要在大约一个半小时的时间里，从十几万字中筛选、编写出 5000 字左右的广播稿。一篇几千字的稿件，要求在 20 分钟，最多一小时内改写成几百字、千把字左右的摘要或消息。有时候，一组报道要作多种准备，有的节目已经安排妥当，播出前几分钟突然要求撤去或增补一条消息。在这种情况下，编辑要在几分钟内果断作出决定，要冷静、细致、火速、周全地处理播出环节中一系列的复杂问题。如第 36 届世界乒乓球锦标赛男女团体决赛当天凌晨，中央台派驻赛地前南斯拉夫的记者每隔 40 分钟给北京打一次电话，报告比赛进行情况。中央台新闻部早班编辑从凌晨 3 点 30 分到 6 点 40 分之间，不断根据比赛的进展情况修改 6 点 30 分开始的《新闻和报纸摘要》节目和 7 点重播节目的内容安排，先后 4 次制订方案，作了多手准备。男子团体决赛的结果 6 点 32 分才传到北京，已经开始播出的《新闻和报纸摘要》节目，在 6 点 45 分左右报道了刚刚收到的消息："我男子乒乓球队荣获团体决赛冠军"；在节目最后重播新闻提要的时候，把"我国男女乒乓球队双双获得团体冠军"改为第一条；在 7 点开始的节目里，把"男女队双获冠军"改放头条，增加了新收到的消息"国家体委给乒乓球队的贺电"，并配发了本台评论。这样头绪纷繁的改动，是在已经开播的节目不能中断，即将开始的节目必须准时播出的情况下完成的，工作时间总共只有 20 来分钟。其快速、果断、熟练，可想而知。

近两年一些电台的新闻节目实行滚动式播出，不断推出已经发生或正在发生、将要发生的最新信息，意味着广播新闻编辑每日每时都处在上述紧张繁忙和快速的高效性运作中。

3. 语言适听性

广播编辑工作是一种将信息语言诉诸听觉的工作。受众依靠听觉器官接受信息，凭借听觉印象判断广播节目的优劣。从业务角度来说，广播编辑工作的全部立足点就在于让听众听得清楚，听得明白，听得顺耳，听得舒坦。

广播编辑工作的语言适听性有两层涵义。一是将所有的信息语言统一转化为便于用声音表述的符号。广播编辑是"声音"的编辑，凡经过广播编辑修改的稿件、编排的节目，都要符合仅凭听觉器官就能接受的原则，都要转化为便于用声音表述的符号。不仅要把文字"变"成声音，还要借助声音的优势，直接运用音响开展报道，增强新闻的现场感和感染力。实际上这是一种赋予声音以新的表现力的创造。因此广播编辑必须善于鉴别、处理、使用各种音响，注重声音的真实美、和谐美和造型美，通过声音总谱的设计和节目的编排组合，展示声音的优势和魅力。

二是编辑的稿件和节目便于听众接受并赢得听众的喜爱。这是从听众的角度来认识广播编辑工作的语言适听性特征。要做好广播编辑工作，就必须研究听众收听的规律。听众通常是有选择地、被动地接受广播信息，在收听广播时多半还在进行其他的活动，常常是"一心两用"，所以广播编辑必须下大力气使稿件和节目吸引住听众。如用日常人们交谈的开头语形式呼唤听众，引起听众对某件事情的注意；用短小的篇幅、有节奏感的短句表述新闻，缓解听觉的疲劳；采用单线结构的表述形式迎合人们的听觉习惯；运用真切、生动的音响报道，使听众如临其境、喜闻乐见，等等。努力使听众在不经意和不费力中对广播节目留下难忘的印象，并成为这些节目的固定听众。

4. 人际交流性

过去人们一直认为广播是一种不能进行交流的传播形式。近几年来，随着直播和电话参与的广泛运用，随着现代技术的发展与社会的进步，"广播是人际交流借助于现代技术的扩大"① 的观点日益为人们所接受。广播的人际交流规律也越来越为人们所认识并显示出它作为现代传播方式的生命力。

广播的人际交流，第一是指的交流信息，第二是指的交流感受。这是一种全新的现代传播方式，体现了广播作为大众传播媒介的独特而优秀的品格。

广播的人际交流规律提示广播编辑打破以传者为中心的工作格局，将听众作为传播的主体开展信息与感受的双向交流，这样广播编辑工作才从根本上体现了广播的传播规律和特点，有别于其他新闻媒介的编辑工作。

从当今广播编辑工作的内容和形式来看，人际交流的特征也是显而易见的：广播编辑编排的节目、传播的信息，只有为听众所接受才有存在的价值；广播编辑工作的每一个环节——从宏观布局到具体的稿件修改、节目制作，都必须从听众的角度考虑，诉诸对方的听觉。而听众一方则可以直接通过电话或间接通过来信、转告，跟编辑、记者、播音员交流信息与感受，其中的最佳交流方式是直播与电话参与。

广播编辑工作本身也是一种人际交流工作。一次成功的广播节目不可能是某个编辑个人的成果，而是编辑和记者、播音员、录音员、复制员共同劳动的结晶。编辑要在其中起指挥和组织作用，和各位同仁开展真诚的交流与合作。广播编辑自身的人际交流成功与否也会影响到广播传播过程的人际交流。

5. 节目创造性

广播编辑的创造性品格充分体现在编排和制作节目的过程中。

编排和制作节目是一种复杂的再创造。从分散的新闻素材、单篇文稿、单个音响节目到系统播出的广播节目，编辑要做大量创造性的工作。如选择稿件，设计话题，组织录音，配发言论，组编稿件，插播音乐以及编写新闻内容提要和串联词，编排和制作节目等，无不需要编辑精心设计，付出创造性的劳动。那些企图拼拼凑凑应付节目的庸人，是不可能将广播节目办得有声有色、让听众喜闻乐见的。

从稿件的处理程序来看，广播编辑要对来稿做取舍、校正、修改及审听工作。其中既要考虑稿件的新闻价值，以及作者的报道意图，又要考虑受众的收听

---

① 陈小平：《什么是广播和什么是现代传播方式》，载《北京广播学院学报》1993 年第 3 期。

习惯、兴趣所在，还要与当前的报道思想联系起来，从全面和整体角度出发，对稿件加工、润色，帮助作者提炼主题，使稿件从内容到形式，从结构到语言更趋完美。

从音响素材的剪辑技巧来看，广播编辑在审听节目时，要特别注意音响报道中的音响素材的剪接、加工等技术处理，设法去掉杂音、噪音，使音响更加真实、清晰、动听、悦耳。根据节目的需要，编辑还要对声音总谱进行总体设计，使多种声音互相协调，和谐统一。如有些人物录音讲话，编辑在把握了人物的新闻特点和个性特征以后，再进行技术加工处理，往往会收到更好的效果。

从广播话题的设计构思来看，广播编辑为了设计一个能引起听众普遍关注，又能推动某方面的工作，有利于社会主义物质文明和精神文明建设的话题，必须开展大量的调查研究工作，从各种各样的社会热点、焦点问题中筛选出大家都热衷参与而又不至于引起社会负效应的话题，并且设计出引导听众参与、促进问题解决的最佳方案。

从编排制作节目的总体布局来看，广播编辑既要通盘考虑节目的设置构成，又要研究节目的规律、特点及其编排制作的艺术。为了增强节目的可听性，使新闻价值得到更好的实现，要特别讲究稿件的组合排列，注意稿件之间的内在联系，重视稿件的综合处理和对比处理，努力使稿件焕发出新的光彩。广播节目通过编辑精心策划的总体布局和细节安排，进一步提高了思想性和可听性，社会效果因此得到增强。

广播编辑必须对编排和制作节目这一广播编辑的基本工作、主要职责有深刻的认识，才可能创造性地开展工作，广播编辑工作的创造性特征也才可能在编排和制作节目中得到充分的体现。编排节目的性质相当于报纸编辑安排版面。所不同的是，报纸编辑给读者的是视觉上的一个面，而广播编辑给听众的是听觉上的一条线。同时，制作节目和报纸排版的技术手段也是截然不同的。在整个节目生产过程中，广播编辑始终起着组织、指挥的主导作用，而报纸编辑通常只负责报纸版面的文字部分。

6. 言论导听性

广播报道主要由传播信息的新闻和评述新闻的言论组成。广播编辑除了要编写新闻稿件外，还要针对一些有全局意义、有较大影响的新闻配发言论。什么样的新闻需要配发言论，配发什么内容、什么规格的言论，都是编辑需要周密思考的。

广播言论具有"导听"的性质，这是由广播传播的特点决定的。广播新闻一听即过，难以给人留下深刻印象。如果听众在收听广播的同时，还在做别的事情，就更难在瞬间明了新闻的意义。所以在大多数情况下，广播编辑需要针对一些重要新闻配发言论，既表明电台的立场、态度、观点，实施正确的舆论导向，又起到帮助听众明了新闻意义，加深新闻印象和引导听众思考的导听作用。

抓广播言论的导听性是广播编辑工作独有的特征。广播言论同报纸言论的一个重要区别也就在此。通常一报在手，一目了然，读者对感兴趣的新闻可以多读两遍，自己体会、研究，一般无需编辑导读。报纸上的《导读》栏目，也仅仅是起目录和提要的作用。因此报纸言论多半是就时局、政策、方针、重大社会活动、社会热点、社会现象发言，包括新闻评论在内，都不必像广播言论那样强调导听新闻的作用。

第二节　广播编辑的业务范畴

广播编辑工作的重要地位、特殊性质和广播编辑的日常业务是密切相关的。广播编辑在完成广播宣传总任务的过程中，还担负着自身的、特定的任务。概括地说，广播编辑的业务范畴包括如下方面的内容：

一、把握宣传方向，拟定编辑方针

这是编辑工作的宏观业务，也是首要任务。编辑只有首先做好"定向"和"把关"工作，才能确保宣传方向同中央精神高度一致。

1983 年 10 月，中共中央在《关于批转广播电视部党组〈关于广播电视工作的汇报提纲〉的通知》中指出："广播电视是教育、鼓舞全党、全军和全国各族人民建设社会主义物质文明和精神文明的最强大的现代化工具，也是党和政府联系群众的最有效的工具之一。……每一个广播电视工作者，都要高质量、高效率地做好本职工作，为贯彻执行党的宣传政策，为完成党的宣传任务，为建设具有中国特色的社会主义广播电视事业，努力作出贡献。"这是新时期党和人民赋予广播电视工作者的光荣任务，是广播编辑应该把握的总的宣传方向。

编辑方针是指广播电台编辑工作的总的策略，也包括各个节目具体的编辑方针。它是编辑部全体工作人员开展编辑工作的总的依据，是对电台的宗旨、指导思想、节目的基本内容和形式的一种确定。把握宣传方向，拟定编辑方针，是所有广播编辑必须明确和掌握的一项工作。

一个电台编辑方针的拟定是全编辑部乃至全台的大事，通常要求全体编辑（包括台长、编辑部主任和间接从事编辑工作的记者、播音员等）反复讨论，还要经过调查研究，倾听听众的要求和呼声。编辑方针拟定以后要报上级批准，才能执行。如湖北省的楚天经济广播电台成立之初曾就电台的宣传指导思想、宣传形象、宣传模式、编辑的质量目标等拟定编辑方针，报请省广播电视厅、省委宣传部等上级部门和有关领导批准，编辑方针经批准后才得以执行。

二、策划与设置广播节目

广播编辑的主要工作是经办节目。节目能否办好与节目的策划和设置是否科学、合理，是否符合听众意愿，有着密切的关系。

策划节目，通常是指播出内容最基本的个体单位的节目的策划。通过策划，体现某种编辑意图，阐明某种观点。这样的节目可以和其他节目相互组合成各种不同形式的播出单元；也可以是一次或数次连续播出的内容独立的播出单元。如一篇音响报道、某一次专题节目等。

设置节目，通常是指设置具有明确的编辑方针、固定的名称和播出时间、特定内容和播出风格的播出单元的节目。如中央台的《新闻和报纸摘要》节目、湖北台的《城乡立交桥》节目、江苏台的《社会新闻》节目等。

节目设置是一项复杂的系统工程，是实现广播节目整体优化，提高节目系统内部结构的有序化程度，发挥节目整体效益的重要手段。节目的设置决定着编辑部人员的调配与使用，还牵涉到设备、技术、后勤等力量的统筹安排，因此，从台长到编辑部以至电台的每一个部门都要精心设计，通力合作，才能做好这项工作。

三、制定报道计划，组织广播报道，开展广播宣传活动

制定报道计划的前提是掌握报道思想。报道思想是广播电台在一个时期内宣传报道方面的指导思想。它包括宣传报道的目的、内容、范围和重点，体现了党在一定时期内有关宣传报道的方针、政策和策略，是一个时期或一个阶段新闻活动的中心，舆论的总汇。广播编辑不仅要掌握总的报道思想，还要随时根据党的宣传精神和实际情况的需要，围绕某项中心工作或某个重大事件，提出报道思想，制定报道计划，组织广播稿件和报道。

报道计划是报道思想的书面体现，是报道思想提炼和归纳的结果。

制定报道计划可以使报道工作有目的、有计划、有步骤地进行，避免宣传工作上的盲目性；同时可以使通讯员和有关社会人士对宣传报道的目的、内容、范围和重点心中有底，便于组稿、约稿、写稿。编辑要在自己的分工范围内，经常制定一些具体的报道计划。

根据宣传任务的需要，围绕报道计划组稿约稿，开展广播宣传，是广播编辑的日常工作之一。组织稿件一般是指组织重点稿件和报道计划中的稿件。编辑除了组织记者、通讯员采写稿件外，还要约请有关社会人士撰写稿件或作广播讲话；根据报道计划设计广播话题；开展社会性的广播宣传活动等；以加大宣传力

度，扩大宣传报道的范围和影响。

四、选择、修改与编写稿件

选择稿件是编辑处理稿件的第一步。

选择稿件的主要工作是从新闻价值、报道思想和听众接受心理上判断稿件的分量，决定"取"还是"舍"，"抢"还是"压"，通过对稿件的取或舍、抢或压，同时体现出广播电台的宣传方向和报道思想。

修改稿件，一是要校正稿件的差错，把好政治关、事实关、价值关和语言关，防止错误和不良倾向的出现；二是采用摘编、压缩、增补、改写和综合等新闻手段，使各类稿件符合报道思想的要求和听众的接受习惯。对各种音响稿件，还要加以审听、剪接，使声音优势得到更好的发挥。

广播编辑还要根据宣传任务的需要，自己编写或采写各种形式的有广播特点的稿件，如音响评论、广播对话、录音特写、配乐广播等，努力增强宣传效果。

五、配发广播言论

配发广播言论是广播编辑的重要工作。广播言论是广播宣传的重要组成部分，它不仅有正确引导舆论的作用，还具有导听性质，引导听众全面理解转瞬即逝的新闻，加深新闻印象。

广播言论是编辑思想水平、新闻认识能力和广播语言表达能力的综合体现，不会写广播言论的人决不是称职的广播编辑。

六、编排节目

编排广播节目和报纸安排版面一样重要。广播编辑要根据广播传播的特点，将各种修改、编写好的文字稿件、音响报道、广播言论精心编排成一个个不同类型的单元播出节目。编排节目包括内容的搭配；稿件的次序排列；编写新闻提要、串联词、结束语、节目预告；穿插歌曲、音乐等一系列繁琐细致的工作。

七、录制节目

录制节目包括录制播出内容最基本的个体单位的节目（如音响报道）和录制固定的播出单元的节目。

编辑收到的带音响的新闻稿件，其音响素材通常要求是原始录音磁带，经编辑审听后考虑采用，再决定加工剪接、录制成适合播出的音响节目。其间的播音、音响组合自始至终需要编辑组织、指导——即下文中的导播。

录制固定的播出单元的节目也不全是录音员、复制员的工作，它需要根据导播要求，大家通力完成。最好是编辑能熟练掌握录制节目的技术，以保证录制出高质量的节目。

八、导播和节目阐述

导播和节目阐述是广播传播过程中一个不可缺少的环节，是广播编辑的一项十分重要的工作。在一些广播电台，由于人们对导播和节目阐述的重要性认识不足，没有建立或健全导播和节目阐述制度，加上称谓不一，做法各异，在一定程度上影响了节目安全、正点、优质播出。

导播的主要任务是组织并指导节目播出。广播编辑是广播传播过程中的组织者、指挥者，在每一个环节上都担负着把关的任务。组织并指导节目播出也是一种把关。要使每一次节目都能顺利、优质播出，达到名牌节目的水平，编辑就不仅要熟练掌握编辑业务知识，还要具备导播的良好学识和经验；懂得播音艺术，善于分析和判断播音效果的好坏；在导播过程中能够当机立断，提出几项解决问题的方法。

在导播之前应该进行必要的节目阐述。所有节目制作人员都应该养成听取节目阐述的良好习惯。节目阐述有助于编辑自身和所有该节目制作人员加深对节目的理解；明确节目宗旨、节目内容、节目意义和具体的制作、播出要求以及有关注意事项；它有助于节目管理的科学化、规范化。

导播和节目阐述是对编辑的组织能力、领导能力和创造能力的检验。在整个节目制作和播出过程中，编辑要组织和领导全体播音和制作人员开展紧张而有秩序的工作。编辑要能随时突破自己，接受各种创新的观念或技术，并能正确地加以指导，使整个节目制作、播出工作达到优秀的水准。

九、做好听众工作，吸引听众参与

广播编辑必须树立"听众是广播传播的主体"的观念。听众的需要是广播事业存在、发展的基础。听众是推动广播传播现代化的直接动力。赢得了听众，广播节目才会越办越兴旺；失去了听众，广播节目乃至整个广播电台都失去了存在的意义。

广播编辑靠办好节目服务听众，争取听众，赢得听众的理解与支持。但是节目究竟办得怎样？听众喜不喜欢？有哪些地方需要改进？听众有哪些意见和要求？诸如此类的问题，必须通过听众工作才能找到答案。

听众工作始终是广播编辑的一项重要工作。听众工作的成败往往影响到电台的宣传效果。为了争取和联络更多的听众，负责听众工作的编辑要通过开展评选广播节目活动、专题广播社会活动、大型广播宣传活动，寄发节目时间表、广播宣传品等活动和听众联谊，宣传广播和扩大广播的影响。还要重点联系一批听众，请他们有目的地收听广播，随时提供本人或附近听众对广播的意见、建议或要求。听众活跃而密集的地方可以建立固定的收听点，还可以在听众中评选"热心听众"。

大量的听众工作需要所有的编辑来做。

处理听众来信来访，是听众工作中工作量最大，最具体、最繁杂、最细致的工作。它既是编辑了解听众、获得反馈信息的一条重要渠道，又是编辑直接联系听众和为听众服务的桥梁，具有很强的政策性。大多数重视听众工作的电台设有专门的工作部门（如群联部）处理这项工作。

组织听众调查也是听众工作的内容。组织听众调查不仅能得到听众反馈信息，还能得到前馈信息，可以从听众意向中，获得预测发展趋势的信息。除了大规模集中调查外，日常听众来信的分析研究，听众座谈会等，也属于听众调查的一部分。

热情、细致、认真的听众工作不仅给广播传播工作带来活力，还能吸引听众参与广播，形成广播传播和接受的良性循环，使听众真正成为广播的主人，广播成为听众乐意选择的朋友。

十、组织报道队伍，健全通讯网络

开展广播报道工作仅仅依靠电台编辑部的采编力量是远远不够的。只有发动群众，培养通讯员，组织报道队伍，建立起强大的通讯网络，才可能将有新闻价值的信息及时捕捉到手，迅速传播出去。

组织报道队伍首先要注意选拔通讯员。编辑应随时留心，从稿件和各种报道活动中发现通讯员，主动和他们建立联系，交上朋友，把那些政治上可靠，有一定社会活动能力，有一定知识修养和写作水平，新闻敏感性较强的人选拔确定为通讯员，并发给通讯员证书。

除此以外，编辑部还要从平衡报道力量出发，有计划、有目的地到报道力量薄弱的地区和行业组建队伍，采用当地推荐、编辑部考核的形式，选拔一批通讯员。

在组织报道队伍的基础上，要通过培训通讯员，提高通讯员的报道水平，以通讯员带动通讯员的"滚雪球"形式扩大报道队伍，健全通讯网络。具体工作：一是经常向通讯员通报阶段性和专题性报道思想和报道计划，帮助他们领会报道精神，掌握报道要求，从思想上提高认识，增强新闻敏感性，提高稿件质量和上稿率。二是有计划地向通讯员讲授新闻知识和广播业务，有针对性地分析、讲解通讯员的稿件，使他们尽快提高理论水平和采写新闻的能力。

第三节　广播编辑的工作关系

　　广播编辑不仅要做物的工作——修改编写稿件和编排制作节目；还要做人的工作——编辑跟主持人，跟记者、播音员、录音员、复制员、机务员、听众以及报道对象有着密切的工作关系，编辑工作离不开他们的理解和支持。在他们中间，编辑要分别做组织、指导、合作、联系与协调工作。

　　广播编辑每天都面临着丰富而复杂的工作关系。

　　作为电台工作的心脏、纽带、总把关，作为党和政府联系群众的桥梁，广播编辑责无旁贷地要处理好这些关系。广播编辑工作关系处理的好坏直接或间接地影响着广播传播的效果，关系到广播节目的成败。

　　基于我国的各级、各类广播电台，编辑和记者之间没有严格的职务界限，在编辑部是编辑，外出采访是记者，有的播音员也参加节目编辑工作，因而更有必要明确编辑的工作关系及职责权限，以便实行规范化目标管理，使广播传播过程职责分明，井然有序，忙而不乱。

　　广播编辑的工作关系及职责权限主要体现在以下三个方面：

一、广播节目的经办人

　　广播编辑的主要任务是经办节目。广播电台通过各种节目来贯彻党和政府的路线、方针、政策，为听众服务。党、政府和听众也正是通过广播节目来检验电台工作的。承担经办节目任务的编辑责任重大。

　　广播电台的每个节目都可以说是编辑、记者、主持人、播音员、录音员、复制员、机务员集体劳动的成果，主持人节目也是大家共同劳动的成果。编辑在其中起联结各道工序的纽带作用。不论哪一道工序遇到问题，编辑都要参与处理，并行使导播职权。作为节目的经办人，编辑负有保证节目质量、确保安全播音的主要责任。

二、广播节目的主持人

　　20世纪80年代以来，在广播业务的改革和创新中，编播合一的作法有了比较大的发展，广播编辑的工作关系和职责权限也随之拓展到新的领域。有的节目需要编辑担任主持人，直接面对听众讲话；有的节目要求编辑代表编辑部发表某种观点或看法。这些内容不再像过去那样——编写成稿件由播音员代播，而由编辑用自己的话来讲。编辑成了编播合一的节目主持人，不仅要对编采、编写和编排工作负直接责任，还要对节目的播出负直接责任。

即使由播音员担任节目主持人，编辑仍然是事实上的节目主持人。他要阐述节目，指导和帮助播音主持人认识、理解节目内容；他要为节目组织和采编稿件，创造性地表达节目的意义并努力和听众达成共识。同时，编辑仍然要负责导播事务，保证节目安全、正点和高质量地播出。

三、广播节目的管理人

广播编辑除了负责日常编务工作以外，往往还要担负节目的管理工作。在设置好节目的基础上，电台每天要播出的节目都要经过节目管理部门才能播出。节目播出以前，节目管理部门（通常由总编室行使节目管理权限）的编辑要进行播前监听和录音审听，从内容到形式，从字音、语法、修辞、逻辑到录音质量，都要全面检查。如发现问题，要协同节目主持人或经办人处理，已经安排好的节目，如果临时有变动，要协助有关导播负责人共同妥善处理。

为了防止节目播出时出现空时或超时现象，编辑平时应注意收集和制作一些长短不一、情调不同的补充音乐留作备用。节目如果空时，要播放适合的补充音乐；节目如果超时，则需要作删节处理。节目管理是播出前的最后一道关口，对保证安全、高质播出节目无疑是重要的。

第二章　节目设置与形象塑造

　　广播节目是广播内容的播出形式，一切广播内容都要通过节目传播给受众，一切广播功能也都要通过节目来实现。设置节目是编辑部和广播电台的全局性工作，在广播传播中占有十分重要的地位。节目的设置显示着电台的总体形象，从节目设置可以看出一个电台的性质、任务和特色以及它的编辑工作水平。

　　节目设置是指设置具有明确的编辑方针、固定的名称和播出时间、特定内容和播出风格的广播节目，如中央台设置的《新闻和报纸摘要》节目、《体育》节目、《讲卫生》节目，湖北台设置的《全省联播节目》、《城乡立交桥》节目等。设置节目就是对这类以播出单元形式出现的节目的总体设计和安排。它包括办多少节目、办哪些节目、各节目之间的关系、节目的播出时间、播出长度等。

　　节目设置是否合理，对广播宣传效果影响很大。它关系到报道思想能否正确贯彻，播出内容能否科学安排，听众需求能否得到满足，等等。从全局来看，它决定着采、编、播力量的调配和使用，牵涉到设备、技术、后勤等力量的调配与使用，是一项复杂的系统工程。决不只是台长、总编辑或编辑部主任的事，而是全台各部门的事，尤其是广播编辑的事。每一个编辑都要郑重其事地把分内的这件工作做好。

第一节　广播节目设置的方针和依据

　　设置一个节目要遵循何种方针，依据什么原则，是从台长到编辑部成员，人人都要明确的问题。

一、节目设置的基本方针和依据

　　江泽民同志 1989 年 11 月 28 日在接见全国省、自治区、直辖市党报总编辑新闻工作研讨班的同志时指出，社会主义的新闻事业作为意识形态领域的组成部分，必须遵循为社会主义服务，为人民服务的基本方针。"两为"的基本方针也是设置广播节目的基本方针。广播电台的性质、任务和地位，是节目设置的基本依据。

中共中央 1983 年 10 月在《关于批转广播电视部党组〈关于广播电视工作的汇报提纲〉的通知》中指出："广播电视是教育、鼓舞全党、全军和全国各族人民建设社会主义物质文明和精神文明的最强大的现代化工具，也是党和政府联系群众的最有效的工具之一。"这一"通知"中指出的广播的基本性质，是我们设置广播节目的出发点。

发布新闻，传达政令；社会教育；文化娱乐；社会服务；舆论监督和信息交流是广播电台的宣传目标和任务。前三项是 1950 年中央人民政府新闻总署规定的人民广播的任务，至今仍然适用。加上了"社会服务"、"舆论监督"、"信息交流"三项，更适应市场经济条件下听众对广播的需求。

广播电台自身的地位是我国特有的广播机制决定的。我国实行中央、省、地(市)、县四级广播网覆盖，每一级广播网在整个广播系统中，都有各自的特点，每一座广播电台在同级广播网中又有自己的特点。这些各不相同的特点，构成了各电台节目设置有如百花争艳，各具特色的内在依据。

二、节目设置的基本思路

研究广播规律是设置广播节目的前提，掌握了广播规律，才能"自己走路"，设置和办好有广播特色的节目。

广播是借助无线电波或导线诉诸听觉的新闻传播媒介，具有传播速度快，受众范围广，信息容量大，收听方便等优势；但也存在稍纵即逝，难以保存，不便深入研究等缺陷。节目设置，要力扬其长，力避其短。

根据广播传播的特点，广播节目的设置可从如下五个方面考虑：

第一，抓住时效性，千方百计为提高节目的传信率创造条件。广播的根本出路在于用信息争取听众，因而在节目设置上应尽可能体现出信息服务的时效性原则。提高节目的传信率，即提高单位时间内广播信道所传递的信息量。这就要求适当增加新闻节目的次数。条件许可的电台，最好能设置正点新闻、半点新闻或隔点新闻，滚动式播出新闻，使新闻信息能以最快的速度传播出去；并且适当缩短每次新闻节目的时间，促使节目加快信息更新频率。

第二，扩大兼容性，千方百计满足大多数听众对广播的共性需求。我国是一个人口众多的国家，从满足大多数听众的需要出发，想方设法提高收听率，为听众服务，是设置广播节目坚定不移的指导思想。由于实施过程中听众的文化水平、职业、年龄、性别、爱好、需求、经历等构成层次十分复杂，不可能有一个能满足所有听众需要的节目，因而需要从具体情况出发，一方面多设置一些能够满足大多数听众需要的综合性节目；另一方面也要适当设置一些专题性、对象性节目，在节目内涵和外延许可的条件下，尽量扩大专题性、对象性节目的兼容性。

这就要求在设置节目时要尽可能选择那些具有兼容性，覆盖面大的听众群体和需求层次。如青年节目：从群体上看，它覆盖各行各业所有的青年；从需求层次来要求，它应该针对青年中最普遍的需求，如理想、人生、升学、求职、恋爱、婚姻等问题，在内容上尽量扩大它的覆盖面。这样就把节目立足点放在了听众群体和需求层次两种最大覆盖面的交叉线上，使这个对象性节目获得了最大的覆盖面。

第三，增强对象感，千方百计针对听众群体的不同需求层次扩大节目覆盖率。不同的听众群体有不同的需求特征，同一听众群体，其需求层次也不尽相同。因而针对不同听众群体的不同需求层次，通过增强节目的对象感，扩大节目覆盖率是设置节目时应考虑的因素。

近年来，我国各地的"专业台"、"系列台"如雨后春笋般涌现，表明广播界对广播媒介的对象性服务功能和属性有了新的认识。经济台、音乐台、新闻台、交通台、儿童台的设立，显示了"广播"向"窄播"发展的一种趋势，表明广播的多元功能将由众多专业台、系列台共同完成。

从具体的专业台、系列台来看，由于听众的特定性，传播内容的专门性，广播的传播功能、传播渠道和传播内容表现得较为单一和狭窄，"广播"确乎成了"窄播"；但从整体上看，这诸多的"窄播"又构成了一个完整的广播体系，呈现出气象万千的"大广播"现象，体现了现代广播布局恢宏、结构细密的特征。

对节目的对象感要有正确认识。增强节目的对象感不等于盲目增加对象性节目，而是要加强综合性节目的针对性，使不同的听众群体和需求层次能够从日益增多的综合性节目中找到自己需要的节目。节目的对象感还意味着新设置节目的明确分工，对节目的内涵与外延的严格的、合理的限定。节目内容应尽量减少相互间的交叉，限制其枝蔓横生。在考虑兼容性的同时，对内容相同、相近的节目，要适当合并，使节目内容相对集中，以便增加节目的信息容量，突出节目的重点与个性，增强节目的对象感。

扩大兼容性和增强对象感是从设置节目上服务听众，争取听众的两项对立统一的原则，它们互相矛盾，又互相依存，在一定条件下相互转化。在设置节目时，既要重视兼容性强的综合性节目，又要重视对象感明显的专题性、对象性节目。设置专题性、对象性节目，要扩大兼容性；设置综合性节目，要增强对象感。二者只能互补，不可偏废。只有这样，才能从整体上获得节目最佳效应。

第四，突出音响性，千方百计发挥广播的听觉优势、声音优势。广播的听觉优势是其他传媒无法比拟的，因此它成为欣赏音乐的最佳传媒。随着听众对精神文化生活日益迫切的需求，广播节目的设置应更多地考虑有利于发挥声音优势的娱乐性节目，如音乐节目、广播剧等。在节目时间的安排上，通常占到2/3的比例。同时，应尽量减少和避免设置那些内容艰深、难以听明白以及不利于用声音传播的节目。

第五，体现时代性，在节目设置的指导思想和内容构成上千方百计体现时代的特色。作为上层建筑的广播电台，在根据广播自身特点设置节目时，还必须考虑它的制约因素，即当前的政治、经济形势，还有文化氛围、社会习俗等，以便更好地服务于经济基础，与时代同呼吸，共命运。

三、节目设置的物质基础

一座电台设置多少节目，设置什么样的节目，必须考虑本台的采、编、播力量，考虑技术、设备状况和经济实力。这些人、财、物条件，是节目设置的物质基础。总的原则是，实事求是地从本台实际情况出发，充分调动一切积极因素，把节目办精办好，使人、财、物得到最佳利用，力争取得最好的社会效益。

第二节 广播节目设置的内容和规范

设置节目的观念构想一经确定，就要着手考虑设置节目的各项程序并作出计划，然后报请电台直至更高一级部门批准才能付诸实施。

节目设置计划通常包括下列各项内容：

1. 点明节目名称

节目名称是节目内容的高度浓缩，节目神韵的集中体现，在节目传播过程中起着画龙点睛的作用。节目名称一要名实相符，名称与节目内容统一，能准确地概括节目内容，反映节目的主体精神。二要新颖不俗，能别出心裁地突出节目特点，令人有思考、回味的余地。三要简洁明快，语言力求简短、利索，语意明快，用词准确，一语破的，易懂易记。四要响亮动人。广播诉诸听觉，节目名称一定要响亮，让播音员念得顺口，听众听得顺耳，还要有文采、有神韵，让人听来怦然心动，回味无穷。如楚天台的《吉祥鸟》、珠江台的《莺歌夜话》、东方台的《东方传呼》、湖北台的《城乡立交桥》，都是一些令人难忘的节目名称。

2. 明确节目类型

交待清楚新设置的节目分别属于哪种类型。目前，国际上通行而实用的节目种类划分法是按内容属性来划分节目，我国也以这种划分法为主。按内容属性划分，节目可以分为：①新闻性节目，泛指体现新闻特征的节目。其中新闻节目是最主要、最典型、最有代表性的节目。如中央台的《新闻和报纸摘要》节目；也可以指如《体育节目》之类新闻性的专题节目和评论节目。②教育性节目，包括社会教育、学科教育节目，亦可大体上再划分为知识和教育两大类节目，如中央台的《讲卫生》节目、《中央农业广播学校》。③文艺性节目，如中央台的《外国音乐》节目、湖北台的《星期天特别节目》。④服务性节目，如各台的为听众服务类节目和广告节目。此外，如果根据时段选择节目，将以上四种节目的内容根据不同要求综合在一起的节目叫综合性板块节目，简称板块节目，通常设置节目主持人，又叫主持人节目。

还可以采用一些其他的节目划分法。若按特定对象划分，可分为一般性节目和对象性节目，如《对农村广播》节目，《对学龄前儿童广播》节目等属对象性节目。按选题范围划分，可分为一般性节目和专题性节目，如《法制园地》节目、《股市行情》节目等属专题性节目。按听众参与情况划分，可分为听众参与节目和非听众参与节目，如《人生热线》、《午夜心桥》、《热线774》等直播与电话参与节目，以及点播类节目，凡有听众参与其中的节目都属听众参与节目。按节目来源划分，可分为自办节目、联办节目、交换节目、转播节目、联播节目等。按上述划分法，节目常常不止一种类型。如中央台的《午间半小时》节目，既是综合性板块节目，又是主持人节目和自办节目，有时还是受众参与节目。这种节目的划分，取决于采用什么样的分类标准和视角。

按照内容属性划分节目比较简洁明了，也便于把握各类节目的形态。通常新闻性节目包含新闻节目、评论节目和新闻性专题节目；教育性节目包含理论学习节目，对农村广播节目，少儿、青年、老年节目，其他对象性节目和科技、知识节目，教学节目；文艺性节目包含音乐节目，戏曲、曲艺节目，文学节目，广播剧，综合性文艺节目，立体声文艺节目；服务性节目包含听众信箱，生活顾问，广告等节目。

3. 阐明节目方针

即阐明具体的编辑方针，要完成的任务和实现的目标。如上海东方台的板块节目《蔚兰夜话》是这样阐述的：

> 《蔚兰夜话》是以家庭、婚姻和生活指导为主题的谈话式专栏节目。节目以现代家庭为背景，与听众共同探讨和交流家庭成员之间的情感道德、家庭生活的喜怒哀乐，以及影响现代家庭生活的各种因素。在繁星闪烁的夜空中，通过电波的传递，为每个家庭送去一份浓浓的人情，一种暖暖的氛围，一片可爱亲切的温馨，同时，给人们一点小小的生活启迪。节目内容普遍采编于普通家庭、日常生活之中，为人们喜闻乐见。形式是以一位大姐的直播来进行主持的，可以与听众闲话家常，也可以特邀名人、专家就某一专题进行对话，力求形式多样化，内容朴实生动。

《蔚兰夜话》这个板块节目轻松、优雅地从节目类别、节目内容、节目的采编要求和节目形式等方面阐明了该节目的宗旨、编辑方针、任务和要求,比较完整、具体和清晰。也有的电台从对外宣传和扩大节目知名度出发,在节目方针中只着重介绍节目的内容。如楚天经济台有两个节目是这样阐述节目方针的:

《经济瞭望》,反映经济生活中的新动向;揭示经济生活中的弊端;分析探索经济问题;预测经济发展前景;宣传经济政策;论证经济计划。它是经济界领导人、经济理论界专家学者、权威人士及本台编辑、记者发表经济述评的论坛。

《市场动态》,传播工业、商业部门生产、销售的信息,分析日用工业品、副食品以及主要生产资料的购销趋势;报道工业部门有关国计民生商品的生产动态及一段时间内市场的变动状况;分析消费结构、消费心理,预测消费者购买投向。

4. 确立节目对象

在设置节目前必须开展一次较大范围的"准听众"调查,以便在设置节目时大体上确定节目的听众群。

听众调查可以从文化程度、职业、性别、年龄、兴趣爱好等方面着手。不同的文化程度、职业、性别和年龄,会产生不同的信息需求、不同的收听习惯。但不论哪种类型的听众,都存在希望打开收音机便能听到自己喜爱的节目的心理,因而那些信息量大、报道面宽、听众面广,能为各方面听众共同感兴趣的综合性板块节目,已成为许多电台节目设置的主要形式。由此亦可见,节目对象的确定,应该以大多数听众的信息需求和兴趣爱好为依据。

确立节目对象时,还可以通过调查、分析其他传媒在同一地区内所播放节目的类型及效果,深入了解听众的兴趣及需求,进而设置出更吸引听众,社会效益更好的节目。如1990年武汉市城市调查队曾对本市能收听到的五家电台的收听情况进行了问卷调查。调查显示,最受听众欢迎的节目是新闻类、信息类和文艺类节目。从听众年龄结构看,15~44岁年龄组占71.1%;从文化结构看,中等以上文化程度的居民占61.7%,是广播听众的主体。这个调查对武汉地区的广播媒体了解听众,确立节目对象,调整节目方针有极为重要的参考价值。

5. 选择播出形式

广播节目的播出形式对节目系统整体优化起着决定性的影响。目前,我国广播节目播出布局的总体形式,大致上分为两种:

一种是节目分割时段，节目独立。这是我国大多数电台多年来一直沿用的一种节目布局形式：节目把整个播出时间分割成段。各段之间，界限分明，既不能延长，也不能缩短。各节目之间没有直接联系，它们各自独立，各有自己独立的节目宗旨、内容和播出形式。其优点是：节目时间固定，便于听众选择；节目内容集中，从内容到形式都有比较明确的对象感，便于适应不同听众群体和需求层次的需要，容易形成稳定的听众群，取得较明显的宣传效果。弱点是呆板，且由于节目之间一般互不往来，容易造成节目内容重复。

另一种是时段选择节目，节目综合。这是一些电台近几年采用的一种节目布局形式：把播出时间划分为若干大时段，每个时段再根据它肩负的任务，选择相应的节目。这样，被选中的节目只能根据总体要求接受编排。节目所占时间可长可短；缺少内容的，也可以不安排。这种大时段节目，又称综合性板块节目，简称板块节目，一般由节目主持人主持播出，整个时段呈综合性节目形态。这类节目的优点是：内容安排灵活自然，节目紧凑流畅，生动活泼，既增加了可听性，又能使重要新闻随时滚动播出。主持人直接面向听众，多用一对一的交谈方式。平等亲切的恳谈，有利于主持人和听众交流感情，缩短电台与听众的距离。直播还可省去录音、复制等工作流程，充分发挥了广播优势，提高了传播时效。内容综合编排，减弱了排他性，拓宽了覆盖面。它的弱点是节目针对性较差，不利于满足不同听众层次的不同要求。

这两种形式不是截然分开的，也可交叉使用。在前一种形式中，有采用主持人形式的综合节目，如中央台的《午间半小时》。在后一种形式中，有以栏目形式安排的专题节目或对象性节目。

形式是为内容服务的。不管哪种节目布局形式，都要力求符合广播规律，充分发挥广播的优势；都要以新闻节目为依托，组成有机的节目整体。如有的电台设置正点新闻或半点新闻，保证随时发生新闻，随时可能在这个"骨架"上找到播出位置，从而大大提高了新闻时效，发挥了广播"快"的优势。

6. 规定节目长度

即根据节目的性质、内容和预计节目给听众带来的疲劳、兴奋或轻松程度，规定节目占用的时间。

节目占用时间有长有短，应以短为主。因为现代社会生活节奏加快，听众普遍希望在较短时间内获得较多的信息。短节目能充分发挥广播机动灵活的优势，使听众利用短暂空隙得到收听满足。同时因为在专一收听过程中，听觉容易疲劳，短节目符合听觉规律，有利于保持听众的短暂兴奋和注意，获取最佳收听效果。

目前我国各类电台，文字节目短的只有 5 分钟，长的重点节目是 30 分钟，后者如中央台的《新闻和报纸摘要》节目。单元节目占用时间一般不应超过 20 分钟。文艺节目因为可以使听众放松情绪，消除疲劳，占用时间一般比文字节目时间长，但最长也不宜超过 1 小时。

7. 确定播出时间

节目播出时间恰当与否对传播效果影响很大。对节目播出时间应认真考虑，精心设计，使之符合收听规律，与听众作息时间相适应。不仅要为每项节目安排最佳播出时间，还要考虑节目播出周期的系统优化，以一天、一周、一季度为节目播出的周期，每个周期都要考虑本周期的系统优化。

从节目播出的基本周期——一天来看，早晨一般时间紧，节奏快，节目应短小精悍，传信率高。为了调节文字节目，缓解疲劳，还应适当安排一点清新喜悦、短小轻快的音乐节目，使听众清晨能从广播里感受到生命的活力和愉悦，从而朝气蓬勃地开始一天的生活。中午是紧张劳作后的短暂放松期，一般以综合性节目和欢快热烈的文艺节目为主。晚上时间长，人们下班后需要彻底放松地休息或增长见闻，开展业余学习。傍晚以后的两三个小时通常是电视的"黄金时段"，广播节目可设置一些能和听众谈心、讨论的主持人节目、文艺节目和知识性节目，避开电视有利时段，发挥广播通过听觉贴近听众心灵的优势，使听众在一天的劳累后，疲劳得到消除，精神得到安慰，见识得到增长。

一周这个周期，在节目设置上要考虑周末是个重点，节目应比平时更精彩。双休日等休假日的节目，应该与上班的日子不同。

一年四季，春夏两季和秋冬两季在我国许多地方听众的收听习惯有所不同，节目也随之变化。有的电台实行春夏和秋冬不同的节目时间，就是为了适应这种变化，以获得更高的收听率。

节目播出时间安排得当，便于听众收听，有利于培养听众的收听习惯，为节目增加固定听众。

8. 规范节目内容

一座综合电台所设置的节目，其内容应包含其覆盖地区的各条战线、各个部门、各项工作，以及该地区的生产、生活、经济、交往等全部社会生活内容。其节目建构要有利于从不同侧面、不同角度、不同层次来反映这些内容。

设置节目在全面反映的基础上，还要根据客观需要有所侧重，做到有主有次，重点突出。从综合台的节目比例关系来看，新闻节目是重点节目，无论是在人、财、物的调度还是播出时间的安排上，都应给予重点保证。其中播出时间的重点保证是指在听众最集中的"黄金时间"里安排重点节目播出。重点节目一般占节目总时间的 10%～30%，文艺节目所占时间最多，节目量最大，一般占50%～70%。教育类节目所占比例和新闻节目相当，服务类节目所占比例稍小，通常在 5% ~ 15%。对于特别紧急的重要新闻，经总编辑或台长批准，可以在任何节目、任何时候插播。

对广播节目内容的规划和安排要随着经济环境、政治形势的变化，随着听众需求的变化，随着电台人、财、物情况的变化而变化。总之，要具体情况具体分析，根据本地和本台实际规范节目内容，制定出合理、合适的节目比例关系。

9. 构思节目特色

节目特色即节目的特殊风格。一个节目的风格不是一朝一夕形成的，它是编辑、播音员或节目主持人长期培育的结果。但在设置节目时，编辑有必要对其特色进行构思，将它作为节目的方向确定下来，在节目中不断丰富和完善。如 20 世纪 80 年代初期中央台的《祖国各地》节目同 10 年浩劫以前相比，在方针上有两点重要的修改：一是不要求直接配合中心工作；二是典型人物不在该节目中播出。这样修改后，进一步突出了该节目"讲古论今，今昔对比，既给人以历史知识，又给人以爱国主义、社会主义教育"的特色。

10. 试播

即按照一次播出节目的各项具体要求，编写出文字节目稿，然后录制成节目，试验播出，同时收集听众反映，分析播出效果，为正式播出作好准备。

11. 制定节目时间表

节目时间表是对电台的性质、任务、节目特色和采、编、播以及技术、设备力量的"节目化"说明，是听众收听节目的"索引"，也是广播技术部门配合节目播出的重要参照。广播节目一经确定，就要通过节目时间表将它固定下来，保持相对稳定，一般不要轻易改动，以利于收听。尤其是在听众中享有声誉的名牌节目，更要保持相对稳定。

第三节　电台公众形象的塑造

一个电台的形象是由多方面的因素构成的。如节目的内容特色、节目的信息含量、节目的播出形式、节目的编排与制作水平；节目主持人的知识、文化素养和播讲风格；编辑、记者与听众的人际关系；编辑、记者的工作水平、修养与能力；电台的承诺情况、信用程度、实行舆论导向与舆论监督的实际效果；乃至电台的覆盖率、收听率、影响范围等，这些因素从各个方面、不同程度上构成了电台在听众心目中的形象。

随着市场经济的建立与完善，受众的信息和精神文化需求日益迫切、不断提高，电台的形象在受众对大众传媒的选择过程中占有越来越重要的地位。正如企业在市场经济中需要宣传企业形象一样，电台除了要通过提高节目质量，扩大信息含量，提高人员素质等手段不断完善自身形象外，也需要宣传自身形象，需要根据时代的发展和听众的需求变化，主动塑造和推出焕然一新的公众形象，以亲切而新鲜的面貌赢得听众。

电台塑造和宣传公众形象的必要性还在于听众识别媒体的需要。在当今各类电台林立，纷纷采用大时段、大板块综合式节目播出，同样设置节目主持人，同样邀请听众参与的情况下，听众收听节目时不容易分清哪家电台，难以留下深刻印象，不利于同类电台展开竞争，也不便于听众和电台的交流及参与。所以电台主动塑造和宣传公众形象势在必行。

电台塑造和宣传公众形象的途径可以有如下几种：

一、通过台标呼号或节目呼号宣传电台形象

台标呼号是用来告诉听众电台名称、播出频率的呼号；节目呼号是用来告诉听众广播节目名称和节目内容规范的呼号。在实际播放中，多数省、市综合台的台标呼号一般只播出电台名称，以保持其庄重、权威的风格。而在一些省市通俗台、经济台、音乐台和尝试建立中的商业台，台标呼号与节目呼号不只具有自报家门、频率和内容规范的意义，而且成为电台、节目宣传自身形象和听众藉以辨认电台、节目的重要途径。

1. 台标和节目呼号的创作形式

台标呼号的创作形式以口号式为主，也可以采用对联式、对白式、标题式、节目注解式、诗歌散文式等。如上海东方台开播时提出"让世人瞩目"、"与世界节奏接轨"的口号和目标，这口号经过东方台全台工作人员的实践和努力，创造出了的确"让世人瞩目"的"东方效率"与"东方节奏"，成为东方台名副其实的台标。

在台标呼号的探索上新意迭出的佛山台开播初期的台标呼号是："FM94.6佛山电台，一个开心的电台"这条充满个性和自信的台标呼号，将办台宗旨、节目特色用寥寥数语生动地勾勒出来，成功地树起了电台的形象。以后，佛山台立意要突出本台的音乐优势，节目呼号作了很好的配合："高山流水尽知音，醉歌心曲佛山台"，还有"音乐王国佛山台"等。几条标榜音乐的台标，使佛山台的音乐优势广为人知，建立起独特的"音乐形象"。

台标和节目呼号要求朗朗上口、容易记忆、传诵，做到虚实结合，新颖别致，言简意赅，耐人寻味，能符合电台和节目实际。由于它一般都很简短，创作难度也就相应增大。

2. 台标和节目呼号的设计把握

台标和节目呼号的设计，要从以下几个方面把握：

一是把握电台和节目的特色。台标和节目呼号具备宣传电台和节目形象的功能，只有把握了电台和节目的特色，才能准确地运用这一功能为宣传电台和节目的形象服务。如上海东方台开播时提出"与世界节奏接轨"的口号和目标，就准确地体现了他们奋斗进取，向世界水平看齐的特点。当今世界几乎所有发达国家和地区的广播电台都是直播的。为实现与世界惯例接轨，也为了更好地发挥听觉心理效应，东方台从筹备开始就确立了 24 小时直播的方针。目前他们除部分节目录播外，基本上实现了直播。新闻广播的快捷反应从中得到充分的体现。

二是把握听众心理。设计台标和节目呼号应该从听众心理出发，设法使台标和节目呼号在听众心里留下难忘的印象。这就要求设计者了解、把握听众的心理。湖北文艺台综合性文艺板块节目《心心心》的节目呼号是这样的："这是一个温情的世界，让您在精心营造的氛围中，欣赏一篇篇优美的心情故事，品味人生的万千情怀；这是一方音乐的空间，让您在轻松安恬的休闲时分，感受高雅的流行音乐，谛听另一种语言的温柔呼唤；这是一份无形的默契，让您的心与千万颗心相拥，共鸣。"可惜这一节目呼号嫌长了一些，但是，每一位热爱音乐、喜欢文艺的听众，听到这"温柔的呼唤"都会怦然心动的。电台由此在听众心目中建立起来的善解人意的亲切形象，也一定不会让人轻易忘怀。

三是把握节目动向。台标与节目呼号有一定的固定性，但决不是一成不变的。台标与节目呼号应该经常让听众感受到新鲜的气息，体验到节目的活力，这就要把握和及时反映节目的动向。如佛山台在成为中国内地首家开通 24 小时全天广播电台的当天深夜零点，播送了这样一则台标："缔造广播新里程，FM94.6 佛山电台，24 小时全天广播！"这则台标在播出 20 多天后，他们将台标呼号确定为："24 小时连续广播，FM94.6 佛山电台，分分秒秒陪伴您！"，进一步强化了电台的特色。

台标呼号与电台的节目动向相结合，可以起到有效的宣传效果，加深听众对电台和节目的印象，使之有常新的感觉。

四是把握社会热点。注意把握社会热点，贴近社会生活，适时更换台标和节目呼号，在最容易引人共鸣的时候，推出新台标，往往能起到"轰动性"效应，造就紧跟时代潮流的电台形象。

五是把握播出时间。台标和节目呼号的播出有一定的规律和要求，台标呼号一般在电台一天的开播和结束时播出，节目呼号在每次节目开始时播出。为了便于听众辨别电台，台标呼号的播出可以增加到每 20—30 分钟一次。根据佛山台的经验，最好是将台标呼号分为日、夜两种播出形式，日间形式较为明快响亮，富于节奏；夜间则较为舒缓，富于感情。

二、通过台标音乐和节目开始曲塑造和宣传电台形象

设计出能够昭示电台、节目特色，吻合台标、节目内涵的台标音乐及节目开始曲是宣传电台形象的艺术手段，也是体现出电台和节目编辑文化艺术品位的重要一环。佛山台节目主持人林永坚认为："一个直接为节目自身营造的节目开始曲，就是该节目浓缩了的艺术化体现；一个设计成功的节目开始曲，对节目的欣赏情趣有着积极的影响。"

通常台标音乐和节目开始曲的音乐形象功能体现在三个方面：

1. 对电台的性质和特点，对节目的内容和风格起宣传解释作用

如中央台的台标音乐是国歌乐曲。凌晨4时，当收音机里传来庄严神圣的国歌乐曲，响起"中央人民广播电台"庄重而亲切的台标呼号时，听众便会感受到中央台作为国家电台的庄严而崇高的形象。以国歌乐曲作为台标音乐，是中央台的国家电台地位所决定的。一般情况下，台标音乐和开始曲不宜采用世界名曲和人们熟悉的音乐。因为这些音乐已在人们心中有了固定的内涵和特定的色彩，用来作为台标音乐或节目开始曲容易引起争议，也缺乏新意。

2. 对电台形象和节目的美感起烘托作用

台标音乐和节目开始曲通过音乐引导听众去构想电台形象，感受节目内涵。台标音乐和节目开始曲要努力达到这样一种境界：在独具特色的音乐的烘托下，台标或节目呼号恰到好处地推出，电台形象就此在听众心目中呼之欲出。如东方台的台标音乐给人带来的音乐形象是：一条东方巨龙乘着五彩祥云腾空而起，与"东方"台标磅礴的气势交相辉映。楚天经济台的台标音乐塑造的是在"八面流彩八面风"中仰天长鸣的九头神鸟的智慧形象：天门大开，唯楚有才，楚天经济广播电台！

台标音乐是电台的图腾。对于文化素养日益提高的听众来说，台标音乐有时候可以作为电台形象的化身。可见台标音乐的设计是关系到电台形象的大事。

3. 对听众起吸引收听作用

好的台标音乐和开始曲，对节目的欣赏情趣有着积极的影响，对听众起到吸引收听的作用。著名学者赵鑫珊曾有过这样一番感慨："西方有哲人说：当语言终止的时候，音乐便开始了。你能感受到音乐的魅力，总能在乐声中听到生命的回声。"好的台标音乐和开始曲，正是这样一种"生命的回声"，它能唤起听众的情感，唤起听众对生活的热爱，当然也包括对台标音乐和开始曲后面节目的兴趣，并因此对用如此美妙的音乐来塑造自身形象的广播电台肃然起敬。

三、通过节目时间表塑造和宣传电台形象

节目时间表是电台展示其公众形象的一个不容忽视的重要途径，是电台的性质、任务、节目特色和采编播以及技术后备力量的"节目化"说明。它往往凝聚着电台全体工作人员共同的智慧与艺术追求。从节目时间表上可以看到一个电台节目的基本走向和大体框架，可以掂量出电台的业务与经济实力。

上海东方台很注重节目时间表的设计。以9点至11点半的时段为例，除三次安排正点新闻《东方快讯》外，主要安排《上海潮》板块节目。《上海潮》包括《流行色》、《消费指南》、《新音架》、《热线急诊室》、《店堂回响曲》及《康大信息》等6个栏目。每逢星期天，《上海潮》又变换为《逍遥星期天》、《热门音带龙虎榜》和《体坛掠影》三个板块，各板块的节目主持人和监制（导播）在节目时间表上一目了然。东方台的节目时间表展现了他们新颖别致的节目形式和以改革为己任的公众形象，使人过目难忘。

文字的节目时间表也可以说是电台的书面广告，应该讲究创意与设计，从中巧妙地体现电台节目的框架和构思。目前我国多数电台的节目时间表在表述形式上基本沿用的是几十年一贯制的框架，折射出节目内容的改革力度也不是很大。给人的感觉是清楚明白，却呆板、缺乏新意，不能让人在视觉上留下深刻印象。看来，如何通过节目时间表更好地塑造电台的公众形象是一个值得研究的课题。

四、通过有关广播社会活动塑造与宣传电台形象

电台除了通过台标与节目呼号，台标音乐与节目开始曲以及节目时间表塑造和宣传自身形象外，还可以通过有关广播社会活动主动、公开地宣传自身形象。

东方台成立之初曾向上海社会发起浩大的宣传攻势。他们认为，传播意识与自我推销意识是现代人的标志之一。以往传媒机构往往只会宣传别人而不善于宣传自己，使新闻传媒处于被动状态。其实，电台的知名度和节目的知名度紧密相连，要提高电台发布的新闻节目的知名度，首先要提高电台自身的知名度；要提高电台发布的新闻节目的权威性，首先要提高电台自身的权威性。与此相关的广播社会活动有：

1. 节目主持人亮相

让听众在主持人参加的社会活动中看到电台的活动，看到电台的公众形象。广东台、东方台、楚天台……在他们的活动报告里都谈到主持人亮相有利于宣传电台的公众形象。通常，节目主持人反应机敏、妙语连珠，在公众场合出现，一般都能给人留下深刻印象。在谈到"某台"，或收听某台节目时，听众也容易将自己见到的节目主持人与其播音产生联想，加深记忆。

正因为公众往往将节目主持人和电台形象联系在一起，在公开场合，节目主持人尤其要注意自己的一言一行、一举一动，要通过美好的形象为电台增添光彩。

2. 自我介绍

电台通过专栏节目向听众介绍本台的明星人物及其工作、思想和生活情况，帮助听众加深对电台的认识和了解，这也是电台宣传自身形象的途径。如东方台的《792专递》板块节目，就是通过台长、主持人及编辑、记者与听众的对话和自我介绍，以及邀请有关专家、学者对本台节目进行综合评论，来帮助听众了解电台，进而关心电台，帮助电台改进节目质量的。还有些电台设置了《台长热线》、《台长电话》等节目，由电台台长亲自坐镇，直接回答听众通过热线电话询问的问题，这些节目也在一定程度上起到了宣传自身形象的作用。

3. 借助兄弟传媒宣传

电台形象的宣传，可以实事求是地自我介绍，也可以借助兄弟传媒宣传报道，扩大影响，形成"震荡"。在信息涌流的现代社会，任何媒体所产生的社会效应都不会是孤立的。广播电台有必要借助其他兄弟传媒宣传自身形象，扩大社会效应。最常见的作法有：

在报纸上开办专栏，扩大节目影响，延伸节目效应。如近两年许多电台纷纷改革节目形式，实行直播与电话参与，对社会热点问题展开讨论，较好地发挥了舆论导向和舆论监督功能。他们的话题说不完，讨论有深度，听众反响热烈。可惜广播转瞬即逝，没有留下痕迹。弥补这一缺憾的办法之一就是将节目的精华部分变成铅字，到报纸上去开辟一席之地，以扩大节目影响，延伸节目效应。其结果是：在充实报纸的同时也有效地推销了广播，吸引了那些仅以报纸为媒体选择对象的读者有意深入了解广播，产生参与广播的兴趣。

通过电视报道广播社会活动，宣传电台形象。电台在组织报道、开展各种各样吸引公众参与的社会活动中宣传了自己，同时还可以在本台节目中强化这一宣传（如录音报道、现场报道活动实况等）；可以通过电视报道广播社会活动，借助荧屏效应，宣传电台形象。如让广播节目主持人在电视屏幕上亮相；由广播电台主办报道广播活动的电视晚会等。

电台公众形象的塑造和宣传是一项充满创造性、艺术性，具有文化性、心理性特征的工作。每个电台都可以根据自身的特点和实力，别具一格、实事求是地宣传自身形象，争取赢得更多的听众。东方台之所以一炮打响，开播即大获成功，与他们此前精心设计、开展的一系列大型宣传活动有直接关系。他们先声夺人的宣传包括公开招聘主持人、向社会征集台标、征集信息员、举办新闻发布会、组稿会、歌迷会……甚至还组织了"东方摩托队"巡游上海和主持人外滩签名活动。东方台的经验提示我们，在电视君临天下，大众传媒群雄竞争的今天，广播要想不失优势重新崛起，赢得自己的一席之地，除了要特别注重节目的经营质量，努力满足听众的信息和精神、文化需求外，还应该通过各种各样的途径主动宣传自身形象，让公众重新认识广播，引动他们收听广播的热情。

第三章 广播宣传与听众参与

广播宣传赋予新闻媒介传统的编辑业务——组织报道以新的意义。在当今的广播编辑工作里，"组织报道"更多地拓展为吸引和组织公众（包括听众和报道对象）参与的广播报道活动和广播社会活动，统称广播宣传。开展广播宣传不仅是为了组织报道，充实节目，完成宣传任务，同时也是为了贴近社会，联系和吸引听众参与广播，办活节目，展开话题，使听众真正成为广播传播的主体。广播编辑和记者必须清醒地认识到：广播是一项传者和受众的双向交流活动，是一项大众传播与人际交流两相结合的社会活动。听众是广播传媒力量之所在。联系听众，吸引听众和报道对象参与广播是广播编辑的一项重要工作。

第一节 组织宣传报道

组织宣传报道是新闻编辑的一项共性工作，简称组织报道。它是按照党的中心工作和当前宣传任务的需要，从全局角度对整个报道所作的全面统筹安排，也就是从宏观上对某个时期或某个专题所作的系列报道。

组织宣传报道的过程，大致包含以下四个环节的工作：

一、提出报道思想

提出报道思想是组织宣传报道的基础。正确的报道思想来自对客观情况的深入调查和分析研究，来自对党的方针、政策的熟悉、了解以及对国内外形势的洞察和研究。

广播编辑要善于根据党的宣传精神和中心工作提出报道思想，确定宣传报道的重点。在提出报道思想时要注意以下两点：

1. 突出宣传重点

抓住了重点，整个宣传报道的方向就对了。重点是指整个报道中所要解决的重要问题，所要宣传的主要思想。在实际报道中，客观事实所提供的思想往往是多方面的，既可以从这个角度报道，也可以从那个角度报道。究竟哪个是报道的重点，这就要根据党的有关宣传精神，结合实际情况去分析判断。

　　例如，关于徐洪刚英雄事迹的宣传，报道思想可以是多方面的：一是解放军战士徐洪刚临危不惧，勇斗歹徒的革命英雄主义精神；二是救治徐洪刚的医生们谱写了一曲救死扶伤，精心治疗重伤病人的凯歌；三是以徐洪刚见义勇为的英雄事迹为榜样，打击邪恶，弘扬正气，树立良好的社会风气；在建立和完善社会主义市场经济的同时，建设社会主义精神文明。如果采用前两个方面的报道思想开展宣传，还只是停留在表扬解放军战士为保卫人民生命财产奋勇斗敌；白衣天使救死扶伤、医术高明的水平上（固然，这样的报道思想起点不低）。但如果将第三个方面作为重点宣传，就抓住了20世纪90年代市场经济条件下社会的热点和焦点，通过徐洪刚和抢救徐洪刚的群体回答了当代人们共同关心和困惑着、思考着的问题。这样的宣传，报道思想明确，重点突出，针对性强，效果也就明显。

　　确定宣传报道的重点，一要根据客观事实所提供的众多情况分析主要矛盾和次要矛盾，分析矛盾的主要方面和次要方面。在这个基础上确定宣传的重点。二要根据客观事实所提供的几种报道思想，联系形势和现实，进行分析、比较，考虑突出哪种报道思想更为合适，更符合党和人民的根本利益，更有助于现实生活中主要矛盾的解决。

　　2. 坚持实事求是的原则

　　报道思想的提出和确定，要以党的方针、政策为准绳，从实际出发，坚持实事求是的原则，力求准确、全面，看准形势，抓准问题。同时要注意重点和非重点之间在一定条件下可以互相转化，防止强调一个方面，忽视另一个方面。也就是要全面周到地考虑问题，防止报道思想的片面性。

　　二、制订报道计划

　　在社会主义市场经济条件下，广播宣传要不要在报道计划的指导下开展？回答是肯定的：在社会主义市场经济条件下的广播宣传仍然需要报道计划的指导。这是因为：

　　报道计划是广播宣传工作的"总谱"。这个"总谱"和党的路线、方针、政策是一致的。把握了这个"总谱"，就可以使广播宣传在政治上同党中央保持一致，否则就会离"谱"走"调"。所以，制订报道计划必须在深入学习、领会党的方针、政策的基础上进行，不吃透中央和上级部门的有关精神，报道就会迷失方向。

　　围绕报道计划开展具体的广播编辑工作，如组稿、改稿、编排和制作节目等，能做到目的明确，心中有数，避免盲目性、随意性，有利于加强稿件和节目的针对性、指导性，提高宣传报道的质量。

　　提出报道思想，制订报道计划，是广播"自己走路"的重要标志之一。有了自己的计划，宣传报道就有了主动性，可以减少对其他媒介的依赖性。

以上我们从传播者的角度分析了制订报道计划的必要性和重要性。从受众——听众的角度来看，报道计划是引导听众正确地把握和接受信息的"航标"和"索引"，是帮助听众领会中央精神，认识新闻价值，决定社会行为的"参谋"和"向导"，同样不可缺少。但过去制订报道计划时，从听众的需要出发不够。要使报道计划有特点、有深度，适合听众的"胃口"，编辑必须吃透"两头"，即不仅要掌握"上头"——中央的精神，还要明了"下头"——群众的实情，正确把握宣传报道的尺度，发挥好新闻媒介的工具和桥梁作用。

报道计划有各种各样的表述形式，有的叫"报道要点"，有的叫"宣传意见"，通常有如下几种形式：

阶段性报道计划——体现编辑部在一个时期内总的宣传意图，阐明报道思想，从原则上提出报道重点。阶段性计划涵盖时间较长，需要预见不断发展变化的情况，以确保其指导性。要注意做到有点有面。点，就是重点，宣传没有重点，就形不成气候；面，就是各个方面，各行各业，都要提到。

专题报道计划——对阶段性计划的具体补充。专题报道计划又可以分为：

重点专题报道计划。这是阶段性计划中重点报道的具体化。制订重点专题报道计划要注意提出问题的方式和深化引导的多方面、多层次，使计划有立体感、有深度；还要注意跟踪报道，加大报道的力度和深度。

突发性事件的专题报道计划。如对突发性事故、灾害的追踪报道。

战役性专题报道计划。如对重大节日、重要会议的报道。

典型报道计划——深入报道有普遍意义的重大典型的计划。制订典型报道计划首先要明确宣传典型的普遍意义，了解典型可能引起的社会反响。典型报道播出后，针对听众的议论和反映，可以继续补充报道计划，将报道活动引向深入。如中央台开展的关于弘扬雷锋精神的典型报道、湖北台关于秋云"倾心热线"的报道以及中央台和西藏台开展的孔繁森事迹的连续报道等等，都是有影响的典型报道。

三、围绕报道计划组织、选择、修改和编写稿件

组织宣传报道体现在围绕报道计划组织、选择、修改和编写稿件之中。

围绕报道计划组稿——组织记者、通讯员和特约撰稿人根据报道计划的提示，从不同侧面、不同角度采写新闻稿件。

围绕报道计划选稿——根据报道计划有针对性地选择稿件，决定稿件的抢、压；用与不用。

围绕报道计划改稿——根据报道计划修改稿件，突出新闻主题。

围绕报道计划编稿——根据报道计划的指导，有针对性地为重点新闻稿件编发言论，深化报道，引导舆论。

四、互相配合，协同作战，通过节目实现报道计划

广播电台是通过广播节目体现报道思想，实现报道计划，完成组织宣传报道的全过程的（其中包括听众参与广播传播的过程）。也就是说，作为电台组织的宣传报道，是指各种新闻节目和专题节目围绕报道计划，协同作战，互相配合，以丰富多彩的内容、生动活泼的形式、穿插变化的体裁开展宣传报道，给听众留下美好而深刻的印象。

以"两会"报道为例。一年一度的"两会"报道是新闻界的一出重头戏，各传播媒体对此都十分重视。1994年，为了完成好人大和政协八届二次会议的宣传报道任务，中央台从全台抽调了80多名精兵强将组成报道组，早在春节前就制订了周密的报道计划。在总结以往经验的基础上，本年除设立编辑组、专题组和剪辑组外，还专门部署了评论工作，以加强深度报道，加大宣传力度。同时，为了在报道中突出广播自己的特色，报道计划特别强调要尽量采用记者的现场报道和录音报道，以音响取胜。由于报道计划十分周密细致，切合实际，中央台对"两会"的新闻和专题节目报道内容丰富、形式各异，节目色彩纷呈，预定目标得以实现。

可见报道计划符合新闻报道工作的规律性，对广播宣传和节目播出工作有着重要的指导作用，决不可将它视为"计划经济下的产物"而忽略。

第二节　开发社会宣传力量

电台是党和人民的舆论工具。开发社会宣传力量，依靠社会力量办好节目，是日常编辑工作的一项重要内容。

广播编辑、记者要善于跟有关单位协作，定期研究宣传方针，提出一定时期的宣传要求和选题计划，确定撰稿人，审定稿件，提高广播节目质量，扩大广播宣传影响。电台还常常根据宣传需要，和某个单位共同举办某一问题的专题广播或连续性的讲座（讲话）节目。

电台的编辑、记者要大力组织劳动模范、战斗英雄、作家、科学家、理论工作者、艺术家、社会活动家……为电台写稿，到电台作广播讲话。要让电台成为广大人民群众交流信息、介绍经验、发表意见的讲坛。

电台的编辑、记者还要大力培养通讯员，建立和健全通讯报道队伍。广大通讯员是电台办好节目的一支重要力量，任何时候都不可忽略。

依靠社会力量组织稿件、举办节目，既是人民电台的性质所决定的，也是电台工作的需要。电台宣传量大，光靠自己的编辑、记者写稿、编稿，不能满足宣传需要。发动和依靠社会力量写稿，举办节目，是电台开辟稿件来源的重要途径。各类节目的编辑都要团结一批比较熟悉广播特点，热爱广播事业，精通本行专业，有一定写作能力的通讯员队伍。

依靠社会力量开展宣传报道，还是广播编辑、记者提高业务水平的重要途径之一。电台的编辑、记者加强和社会各界人士的接触，进一步贴近社会，可以开阔眼界，增长知识，拓宽思路，改进文风。

一、约稿

约稿是一项思想性很强的工作，要求编辑有较高的组织能力和严谨细致的工作作风。

要明确约稿目的。约什么稿；为什么要约这篇稿；要求作者从什么角度阐述问题；希望这篇稿件广播后起什么宣传作用；编辑心中要明确。为此，约稿前首先要学习和研究有关报道思想和报道计划。

要选择合适的撰稿人，了解撰稿人的所长、所短，适合写哪一类稿件以及撰稿人对一些重要问题的观点。有些稿件需要请专家写；有些稿件需要请熟悉情况的从事实际工作的同志来写。确定合适的撰稿人，是约稿工作的关键。

要向撰稿人详细说明意图和写稿的要求，虚心听取撰稿人的意见，和撰稿人通过讨论共同确定稿件的主题和要点，同时向撰稿人介绍广播稿的写作要求。

稿件写成后，要从宣传需要出发，精心加工，对内容细心推敲，对材料认真核实。观点上如有需要斟酌的地方，要和作者研究。稿件如需作重大修改，最好由作者自己动笔。如果作者太忙或有困难，可由编辑修改后征求作者意见。

有时，被约请写稿的人工作很忙，没有时间写稿，但很愿意谈谈有关情况和看法。编辑可以根据他谈的内容，帮助整理成文，送作者修改。

二、约请广播讲话

约请广播讲话是电台独有的宣传形式之一。随着听众参与广播的日益推广和普及，约请广播讲话越来越成为电台的经常性工作，其长处首先在于体现了人民大众是电台的主人，电台是人民说话的讲坛。受众讲，受众听，有利于自我教育，特别是听众从收音机里听到自己熟识的人或敬仰的人对自己讲话，会感到电台跟自己很亲切，从而密切了电台和群众的关系。而且，由本人对听众谈自己所做所见所闻，听众会感到真实可信，宣传效果比由第三者转述更好。

请人作广播讲话要注意以下事项：

一是讲什么问题，要根据当时的宣传需要而定。请什么人讲，要看哪些人讲这个问题比较合适。最后在确定人选时，还要适当考虑讲话人的口音。如果口音难懂，又没有比他更合适的人，可以采用代播、混播，头尾出讲话人声音，中间由播音员代播等方式播送。

二是讲话稿最好由本人写，编辑只加以整理。如果需要代写讲话稿，编辑、记者要忠实地记录讲话人的谈话，尽可能保留讲话人的原话和语言风格。

三是作好录音的辅助工作。一般人见了传声器容易紧张，编辑、记者在录音前和录音时要设法消除讲话人的紧张心情。

如果讲话人有讲话稿，可先录一两段停下来放给他听。听了录音，讲话人对他自己感到不满意的地方，再录时就会注意改进。编辑、记者这时再提醒一些注意事项，讲话人就比较能体会。编辑、记者还可以先告诉讲话人，如果讲错了，不用停下来，重复一句就行，复制时可以剪辑。如果讲话人未发现讲错，而当时讲的情绪又比较好，不适合停下来，编辑、记者可在讲话稿上做上记号，等他讲完后再补录一段。整个讲话录完了，要从头到尾放给讲话人听。讲话人如不满意就重录，编辑、记者要尊重讲话人，讲话录音一定要经本人认可，切不可匆忙将就。

如果讲话人既不会写稿，别人替他写稿又念不下来，编辑、记者就要多做一些组织、引导工作。要事先和讲话人商量好讲哪几类，由他自己讲。如果讲到中间忘记了，编辑、记者可以从旁提醒。

没有讲稿的讲话录音，复制任务比较繁重。编辑、记者在录制中一定要为讲话人着想，把繁重的工作留给自己，把方便让给讲话人，目的是给听众制作一个优秀的节目。

三、培养通讯队伍

培养通讯员，建立通讯网，是编辑、记者的一项重要任务。扎根群众中的通讯员不仅能为广播节目提供丰富的稿源，还可以让编辑从他们的来稿来信中，了解各方面的信息，更好地联系实际开展宣传。

专业新闻队伍同业余通讯队伍的结合，是党的新闻工作的优良传统。组织通讯员写稿，下大力气培养通讯员，仍然是当今广播电台的一项不可忽视的群联工作。

常用的培养通讯队伍的方法有：

经常给通讯员寄发报道提示，遇有重大宣传任务，寄发专题约稿计划。

根据报道思想和通讯员所在地区所在单位的具体情况约稿并提出报道要求。

现场指导通讯员采写新闻，有的放矢地帮助通讯员提高采访和写作技巧。

在重点宣传单位长期建立通讯报道基地，和通讯员定期取得联系。

定期召开通讯员会议，研究报道思想和报道计划，交流写稿和开展通讯工作的经验。

开办广播新闻采访与写作讲座或培训班，提高通讯队伍的宣传报道水平。

通过业务刊物指导通讯报道工作。

开展评比竞赛，定期公布通讯员来稿和采用情况，评选和表扬奖励优秀通讯员。

第三节 广播话题的设计与组织

一、"炉边谈话"的历史性启示

世界广播发展史上曾经记载过这样一桩往事：1933 年，美国第 32 届总统富兰克林·罗斯福，为了推行他的新经济政策，扭转全美经济大萧条的危难局面，作了一次具有历史意义的广播谈话。这次谈话，他没有采用一般施政演说的形式，而是采用坐在家里的壁炉旁和亲人促膝谈心的形式。由于谈话安排在总统府楼下一间接待室的壁炉前进行，因此称之为"炉边谈话"。

罗斯福的那次充满家庭生活情调，运用通俗、亲切和形象化的语言所作的广播谈话，深深打动了千万个家庭中围坐在收音机旁的听众，在人们心中产生了巨大的影响。大家都觉得总统在单独同自己谈话，回答自己关心的问题。这次谈话后，白宫收到 50 多万封来信。由于"炉边谈话"的广泛影响，促使国会以惊人的速度批准成立了一系列组织和新的立法，也使罗斯福的新政策得到了全国各界人士的广泛拥护。许多人开始站在总统一边，同他一起挽救国家面临的危机。

那次谈话的成功，最重要的是谈话的内容、题材，也就是话题，为听众所关注，所接受。当然，那种讨论式、谈心式，平等交流的谈话形式对于赢得听众也是一个极其重要的因素。

二、"ID 效应"的现实性思考

在罗斯福发表炉边谈话 70 多年后的今天，广播传播技术不断发展进步，广播从业人员素质迅速得到提高，符合现代大众传播和人际传播特征的广播传播方式正在普遍推广和应用。可以断言，当前发达地区的广播媒体已不存在突破现有传播方式的"软件"技术问题，即不存在应用基本的广播传播方式的问题了。那么，在传媒竞争日益激烈的今天，广播媒体争取受众，赖以生存发展的关键究竟在哪里？从东方台和珠江、南京、楚天等经济台以及中央台为首的一些地方综合台的传播方式与传播内容的改革实践中，已经有人看到了这一点。那就是，广播作为信息传播媒介的人格化魅力的利用，即广播的情感张力。充分调动广播传媒的人格化魅力，开掘这一巨大的可延伸能源，在信息传播与人际沟通上服务于听众，是广播持久地赢得和拥有听众的最佳选择。从某种意义上说，这是一个拓宽传播思路，优化传播内容的"软件"问题。

当前一些发达国家风行的"ID 效应"正好让我们用来为以上判断和设想作一个印证或者是注脚。

所谓"ID"，意即工业设计（Industrial Design）。在当今激烈角逐的市场经济条件下，当某产品的基本技术问题得到了社会性解决，谁也不可能在基本技术上占有更大的优势时，工业设计的地位便显得格外突出。企业如果要在竞争中永远立于不败之地，就必须有请"ID"先生的帮助。例如，在服装生产已不存在基础技术问题的今天，"皮尔·卡丹"牌服装得以风靡全球，凭借的是独到的设计风格。耐克运动鞋是世界上销量最大的运动鞋，可是，拥有数千名员工的耐克公司，却没有一个人做鞋。原来，公司只抓设计和销售，具体制作由其他厂家或国家完成。设计，在耐克是"核心"之"核"。充分利用"ID 效应"的耐克公司，1985 年的利润才 1 300 万美元，1992 年已高达 3.29 亿美元，7 年内增长了24 倍。

目前发达国家的"ID 效应"已经延伸到 21 世纪。日本索尼、丰田、夏普等大企业多次组织在校学生举办创意大赛，其目的是要从这些 21 世纪的主人们的新思想中发现未来产品的发展趋向。人们普遍认识到，只管生产，不问设计的惰性意识是企业的致命伤。

将工业运行中的"ID 效应"引入广播传播机制，这似乎是风马牛不相及的事情。只有当人们对花样翻新、万变不离其宗的传播形态不再感到新鲜，而将目光固执地投向触及他们心灵深处的信息和情感（情感和音乐一样原可以归到信息范畴里去，此处的"情感"具有更为宽阔、深厚的内涵）的时候，传播者才可能意识到，整个传播过程的核心，即传播内容的设计是多么重要！

这就是"ID 效应"提供给我们的现实性思考：传播形态确定以后怎么办？

——不断地设计新的话题，不断地给广播传播活动带来新的活力，不断地满足广播听众新的精神需求。

三、广播话题的设计和要求

1. 在选题上贴近现实，切入热点

广播话题的社会反响和客观效应，取决于它是否贴近了现实生活，反映了社会热点；听众能否从心理上承认它的存在，对它感兴趣，给予关注，或寄予某种

期望。

在日常社会生活中，并非所有的信息，所有的事物都能引发人们的思考，使人为之动情，或喜或忧或悲或怒；只有当那些信息、事物，与人们的利益、经历、愿望和思想发生联系时，才能触动他们的情绪和情感，使他们产生共鸣。美国总统罗斯福1933年的那次炉边谈话，之所以在全国起到广泛的影响，就是因为处在经济大萧条中的美国公众，对总统为扭转全国危难局面而推行的新经济政策，满怀着关注和期待；总统的谈话牵动着每个人的切身利益与生活要求。而今上海东方台的《东方传呼》（原《东方大哥大》）节目受到上海听众的普遍欢迎，也首先是因为它在取材上贴近上海市民的现实生活，道出了普通百姓的心声。

可见设计广播话题首要的一条就是要在选题上贴近现实生活，切中社会热点，反映群众的疾苦、心声、愿望和要求，诚心诚意地为他们排忧解难与释疑，达到与听众心灵共振的境界。

2. 在创意上观点正确，讲求品位

广播话题在电台节目中带有言论性质，话题的创意正确与否，是否高明，对节目的导向与品位至关重要。有些电台的话题节目由于立意低下，没有正确的观点作指导，以致节目流于庸俗、随意，甚至产生舆论误导，违背了话题节目正确引导舆论的初衷。话题失误通常表现为下列几种情况：①

一是观点明显错误。如：在"您对'追星热'和'反追星热'有何看法"这个话题中，话题设计者（编辑或节目主持人）提出了"反追星热"这个概念，认为目前大众传媒纷纷批评"追星热"，导致了"反追星热"。设计者的逻辑是："追星热"虽然不可取，"反追星热"也未必可取。最后落脚在对批评"追星热"持否定态度上。显然设计者在"追星热"这个话题上的观点是错误的。

二是人为造成观点障碍。有的话题节目将现行法律法规中有明文规定的内容拿来进行商榷性讨论，将本已不成问题的问题设计成问题。例如在邮电部门关于从1994年4月1日起统一使用标准信封的规定下达后，有人设计了这样一个话题："你对统一使用标准信封有何意见？"可以预料，听众对这个问题肯定会有不同认识，特别是持有大量非标准信封的单位或个人还可能一时想不通。如果此时拿出一个态度不明朗的话题在广播中讨论，不仅不会促进邮电通讯工作现代化的这项改革，还可能在观点上造成不应有的障碍，延缓这一改革的进行。

三是观点含糊不清。在设计广播话题的同时必须确立正确的观点，考虑主持人在节目讨论中既讲究方式方法，又旗帜鲜明地将正确的观点表达出来。常见的

---

① 文川：《话题节目中主持人观点上的误区》，载《中国广播》1994年第3期。

失误是，主持人对某一事物或问题的看法模棱两可，含糊暧昧，"说不清楚"，结果使听众越听越糊涂。如对有的学校无原则额外收费，加重学生家长负担的问题，讨论中主持人一会儿对学校因教育经费缺乏，不得不"广开财源"表示"理解"；一会儿对学生家长苦于学费负担过重表示"同情"，使听众无所适从。这种情况的出现，往往是主持人事先没有理清思路，是非不明的结果。这就要求，无论是主持人自己还是别的编辑设计广播话题，都要考虑在确立正确观点的同时，如何明白清晰地表达观点的问题。

四是无主题以至无观点。除了一些抚慰型、情感宣泄型节目外，电台的大多数话题类节目都应当是有主题、有观点的，因为广播媒介任何时候都不能忘记它的社会教育和舆论导向的义务与职责，在根本的价值取向上必须遵循有中国特色的社会主义的基本原则。现在有些话题节目无主题、无观点，甚至偏离了基本原则的轨道。之所以出现这种情况，原因多半出自主持人思想理论素质不高；在节目播出前毫无准备，仓促上阵；或者是限于能力，对社会缺乏深入了解和调查研究，不知道该怎样提炼以至提出问题，于是便出现了无主题、无中心论点，谈不上有什么立意的话题。如有的节目中经常出现聊聊某地、谈谈某事、某情况、某问题的话题，主持人事先没有和导播或有关编辑、记者讨论研究；没有分析该话题有哪些内容是听众关注的，对听众有何用处，结果是漫无边际、一片零乱，听众毫无收获。

话题的无主题、无观点还表现为因主题大而无当，缺乏选择和提炼，没有针对性，只是将有关话题方面的内容罗列起来，无分巨细，面面俱到，敷衍了事。例如有些电台的"谈谈民工潮"、"谈谈挂历大战"、"谈谈广告"等话题，都只是大致划定一个谈话范围，不分主次地罗列一些与话题无关的内容，无从体现明确的主题，看不出主持人的观点和态度。

五是变相广告。有的节目有意无意地在话题里塞进广告内容，使节目成了变相广告，甚或"有偿话题"。某些厂长、企业家或知名人士刻意在节目中兜售广告性内容，扩大产品和厂家知名度，以至造成上述局面。也有时是因为节目主持人特地邀请一些企业家或"行业人士"上广播，主持人事先未限定谈话范围，彼此没有沟通，或是在节目进行中明知不妥，因碍于情面不便中断，均可能造成变相广告在话题节目中出现。

3. 在形式上灵活多样，生动活泼

话题设计既是内容的设计，也包含形式的设计，包含主持人表述态度、语言的设计。如果说，话题内容是节目的具有实质意义的内核的话，那么，话题的表达方式、播出形式和听众的接受方式就是节目的外部包装。话题的内容和形式是节目不可分割的有机组成部分，不讲求形式的话题犹如裸露在空气中的果实的内

核，人们不会有兴趣去尝试它；而内容贫乏的话题，即使乔装打扮，也不过是个花哨的空壳而已。

从话题的表达方式看，大多数情况下采取的是主持人提出话题，阐述话题，表明意向和见解、观点的形式。如中央台的《午间半小时》节目，主持人常常采用这种形式对听众来信来稿提出的社会热点问题展开议论，寓观点于议论之中，亲切、平和、富于思辨，受到听众的普遍认同。

也有些时候是主持人提出话题后，让听众参与讨论。听众可以来信、来稿，用语言文字参与讨论，由主持人或节目编辑选择、修改、整理后播出；亦可通过电话口头参与讨论，在节目里直播或录播播出。主持人在这类节目形式中，始终处于组织和引导话题的地位。

还有些时候话题是作为节目的主题贯穿在播出节目的各个环节之中的，常见于专题节目。此类节目的题旨、中心，常以话题形式出现，具体的节目内容，如新闻事实的报道、听众的看法、议论等，只是对话题起充实、完善或阐释、深化的作用。

从话题的语言形式看，话题的语言表现形式与一般广播语言不尽相同。广播语言是书面语言和口头语言的统一，话题的语言则更强调谈话体，更注重交流性，要求主持人与听众在心理上呼应交流。如主持人可以根据听众电话的内容、语气、谈吐，揣摩对方的年龄、性格、爱好等，试探和诱导式地开展交流。

在语气的表述上，宜用商量的口吻、探讨的语气，循循善诱，以情动人，以理服人。如："您能告诉我，您对这个问题是怎么看的吗？""上面是我个人的一些看法，您同意我的观点吗？"等等，边说边商量，实在而亲切，听众容易入耳动心。

由于话题采用的是谈话体，采取听众面对面交谈，一对一交流的形式，因而虽然主持人述说话题风格不一，语音、音色、音量以及个人修养等方面情况不一，但语调大都是亲切、温和、娓娓动听的，所以能为听众所接受。

从话题的播出形式看，话题类节目在制作方式上有录音播出与直播之分。在传播参与上，有单向与双向之分。"单向"，指节目由主持人播讲。"双向"，指主持人或主持人及嘉宾与通过电话参与的听众共同播讲。在传播场地上，有室内广播与室外广播之分。如深圳台辟有每周一次的室外直播话题类节目，楚天经济台设有室外访谈的话题类节目等。室内广播收听效果好，室外广播参与感强，作为室内广播的点缀，室外广播对活跃话题的播出形式有一定好处。

从话题的接受方式看，听众接受广播话题的方式与整个时代的接受方式是一致的。当今社会的接受方式主要表现为交流式、协商式和互动式。受众作为传播、接受过程的主体，和传播者主动交流，平等协商，互相促进，体现了积极主动、平等互利的交往原则。无论是交流式、协商式还是互动式，都属于行为主动的接受方式，要求客体——广播话题，从选材、创意到表达方式、播出形式都能引起受众的主动行为，即听众接受话题的方式取决于话题自身的价值与质量。

四、广播话题的个性设计

广播话题在内容与形式上的个性设计要考虑两方面的因素。一是节目宗旨和接受对象，二是节目主持人的个性色彩。

节目宗旨和接受对象是决定话题个性的内在因素。从目前我国主持人节目分类来看，有综合性板块节目；对象性、专题性节目；服务性、知识性节目；文艺类、综艺类节目等。不同性质的节目所选择的话题题材应各具特色，避免雷同。尽管内容免不了重合、交叉，至少在切入角度、表述形式、材料组织、论理层次上要根据节目宗旨、接受对象的不同而有所不同。如当前我国城市的住房改革、医疗改革、物价改革、分配制度改革、用人制度改革、社会保险制度改革等，是综合性、新闻性和一些对象性主持人节目不可回避的话题，只有根据节目宗旨和接受对象的特点，选择不同的角度，采用各不相同的形式，使话题具有鲜明的个性和针对性、指导性，才可能收到预期的效果。

节目主持人的个性色彩是决定话题个性的外在因素。主持人节目的出现，将受众与广播的那种人与物的关系转化为听众与主持人的人与人之间的关系，大大缩短了广播与受众的距离。主持人通过无线电波进入听众的个人天地，仿佛在与听众面对面地促膝相谈，这就要求主持人的话题具有鲜明的个性而不是千篇一律的"大路货"。

首先，主持人以"我"的身份，"我"的姓名和"我"的真实的存在直接与听众交谈，应该也自然具有自己的个性。两位主持人主持同一个节目，从内容到形式都会因人而异。有的主持人学识渊博，根底深厚，引经据典，口若悬河；有的主持人性格开朗，幽默诙谐，妙语连珠，笑声不断；有的主持人老练庄重，缓缓道来；有的主持人热情奔放，出语明快。还有，主持人的喜怒哀乐、思想品德、习惯爱好等等，都会在节目过程中自然而然地体现出来，这也就要求话题的设计尽量符合主持人的个性，使话题的表述与主持人的个性融洽一致，达到珠联璧合的境地。

其次，主持人这个"我"又必须是源于生活、高于生活的"我"。这个"我"是代表广播话题设计人，代表编辑部，代表电台，在党和政府与人民群众之间起喉舌和桥梁作用的"我"，因而主持人讲述的话题又必须具有鲜明的倾向性，并且具有能够给人留下深刻印象的倾向性。

再次，话题的个性特色自始至终伴随着主持人。当主持人与节目融为一体的时候，主持人就是节目，节目就是主持人。而话题的个性体现，也就成了节目的灵魂。这也是一旦某主持人调离节目，在一些听众心目中该节目就此失去魅力的原因。话题与主持人个性的强大感召力由此可见一斑。

广播话题因听觉特点和时间的限制，不宜长篇大论，全面周详地叙述，因而其个性的设计在考虑以上两方面因素的基础上，往往通过选材来把握：

一是以小见大。从热点新闻中的一件小事切入，展开议论，看似平常，但独具慧眼的分析、开掘，可以得出新意，形成"独家"话题。

二是平中见深。从日常生活中被人熟视无睹的事着手，分析开掘，"从一粒米看大千世界，从一滴水见太阳的光辉"，找到不凡的话题。

三是由表及里。以某一带有情节性的事件为由头，将听众引进话题，以此生发出令人深思的问题。

四是由此及彼。即运用类比的方法，举一反三，由一个问题类推到其他相近相似的问题上，使话题产生言在其中，意在其外的效果。

总之，话题越是角度小（切口小），转换多，信息量大，越有展现个性色彩的余地，越能吸引听众。

五、广播话题的分类设计

设计广播话题首要的一条就是要考虑选题有无价值。也就是说，要从内容入手设计广播话题。因此，按照内容属性分类设计广播话题较为合适。

1. 热点话题

热点话题即新闻话题。热点话题是比重最大、分量最重的广播话题，它往往是广播言论的延续。有的热点话题干脆将广播言论取而代之，身兼言论、讨论（议论）、结论数重意义，可谓淋漓尽致，一贯到底。

热点话题的选题必须取自热点新闻或新闻的热点，满足听众在获取某一引起思想、情感震动的新闻后急于了解社会舆论，急于发表所思所感的愿望，如潘平毁容事件及该案犯罪分子被判极刑；徐洪刚挺身而出勇斗歹徒；杭州连续出现几位古稀老人奋不顾身抢救落水者等热点新闻或新闻的热点（在杭州老人抢救落水者的同时，数十位围观者中不乏青壮年，竟无一人上前，即为该新闻的热点），便足以构成热点话题。

在具体设计上既要考虑让主持人对热点新闻作深入明了的解释，又要顾及在听众参与的情况下，如何及时汇集、沟通各方面对这一话题的议论和看法，还要注意运用党和国家的法律、法规、政策，有针对性地引导舆论，同时要从语言逻辑上体现出编辑、主持人客观公正的态度。

2. 思辨话题

严格说来，所有的广播话题都应该具有思想意义，具备思辨的特征。按照内容属性划分的思辨话题，则主要是指社会教育话题、思想政治话题、宣传话题。这类话题涉及的大多数是人生、理想、事业、道德、情操、性格、友谊、爱情、婚姻、家庭伦理问题。

思辨话题的选题应从节目的宣传对象、宣传思想着眼，从分析现象入手，抓住听众心灵深处的矛盾、焦点。通常思辨话题以青年群体为对象，因而选题往往要紧扣青年内心的矛盾、迷惘，着眼于引导青年提高认识，学会分析问题，增强思辨能力。思辨话题也要抓"热点"，但不尽是新闻热点，也不是一般社会热点，而是人们内心的热点——内心的矛盾和焦点。

根据上海台《今晚没约会》节目的经验，在思辨话题的设计上，至少应把握好如下几个方面的关系：

一是雅与俗的关系。把握在雅俗之间，尽量向雅的方面靠，力争雅俗共赏。

二是叙与议的关系。一方面要把握以叙为主，多一点描述，少一点议论，议也是商讨，循循善诱，通过分析"是怎样的"，让听众明白"应该怎样"。另一方面要把握先叙后议，即先叙主题，然后引导听众围绕主题边聊边议，由浅入深。

三是构思与应变的关系。把握话题的思辨性，讲究开始语的设计和主题的逐层深入。议论过程中可以随机应变，掌握时机，启发听众领悟正确的观点。

总的说来，思辨话题的设计应在以理服人，以情动人上下功夫，体现出主持人与听众的推心置腹、促膝相谈和真诚无私。切忌摆出教训人的姿态，生硬灌输空洞理论。

3. 消闲话题

消闲话题又称娱乐话题、虚构话题或设想话题。惟其"消闲"，通常安排在人们的休息和娱乐时段里播出，以满足现代人积极开放的休闲需求，因而更显其难度。难就难在要在轻快的调侃之中给人以启迪和教益，在创意和表述上显示出设计者不凡的品位。

决不能把消闲话题当做充填节目的"逗乐"而丝毫不考虑其思想性、文化性，将其降格到无聊"扯淡"的地步。著名电影导演谢晋曾和人谈起过这样一个令人笑得想哭的真实的故事：有几位来自北国的小青年，劲头十足地爬上黄山主峰后，却不会欣赏风景，只好埋头打扑克。可以想见，这些荒漠的心灵，多么需要注入文化的清泉。所以广播节目中再不要出现那些助长无知、无聊和浅薄的话题了。即令是消闲话题，也要赋予它积极健康的生命。

消闲话题的轻松、机智、幽默和俏皮的风格是需要下力气设计的。

此外，消闲话题在许多情况下表现为某种虚构或设想，如"你买到伪劣商品怎么办"、"假如你是破产厂家的厂长"、"如果你在被劫持的飞机上"，这些游戏式的虚构和设想，展开来讨论，有助于人们增长某方面的知识或抒发情感、表达愿望乃至奉献自己的聪明才智和建设性意见。

4. 服务类话题

服务类话题多出现在推广科普知识、普及法律知识以及医药卫生、保健、心理健康等日常生活方面的咨询服务节目里。这类话题的设计要突出强调科学、准确的要求。一般应请专家把关、指导，或直接请有关专家作为嘉宾主持参与话题的设计和解说。

六、话题的设计与组织

通过哪些途径，怎样采集、设计与组织话题，是广播话题在实际工作和理论研究中的一个重要课题。

一般说来，广播话题可以通过如下途径采集、设计与组织：

通过深入采访、观察、体验，把握时代特点，抓住社会热点，从生活中捕捉到听众关心和感兴趣的话题。

通过听众来信、热线电话和听众座谈会，找到可能构成话题的原始材料。

通过报纸、电视等其他传媒，从有关新闻报道中"二次开发"出新的话题。

通过广播节目向听众征集话题。

通过节目组全体成员充分酝酿，集思广益，大家在一起"商量"话题。

通过有关职能部门了解分管范围内的情况及解决某些问题的方案、举措，设计沟通性话题。

通过名人的生辰纪念日，推出介绍名人生平、成就和作品的话题。

通过报道某些新闻或时事活动，以回答听众关心的问题为话题。

通过某些文学作品、戏剧、歌曲、舞蹈，引发出大众所关注的、能引起听众共鸣的话题。

通过听众咨询的问题请教有关专家、学者，或直接请他们做好话题解说工作。

第四节　听众参与广播

一、听众参与广播的意义

所谓"参与"，就是使原为一个人或数个人所独有的化为两个或更多人所共有的过程。这一论断明确了"参与"就是大众传播与人际传播相结合的本质特征；描述了"参与"必然促进"共享"的积极效果；突破了"单向传播"的观念，而把广播看成一个双向交流的过程；它否定"传播源"仅为传者一方，而赋予受众同样主动、积极的权利；它没有拘泥于某种媒介的局限，在参与的方式上提供了广阔的时间和空间。

听众参与广播活动有着极为深远的社会意义与传播意义：

它体现了我国政治生活的民主原则和社会民主管理的要求。我国人民是国家的主人，这是我们社会主义政治制度的根本原则。按照宪法规定，国家的各项工作都应当放在人民群众的监督之下，这种监督可以通过不同的渠道和方式来实现。广播作为一种现代化的传播工具，对此负有不可推诿的责任。

它适应了听众道德修养和人际关系调适的需求。随着社会主义精神文明建设的逐步深化，现代社会人际交流的日趋广泛，越来越多的听众注意到自身的道德修养及人际关系的调适，希望社会能够提供更多的与社会和他人对话的渠道，而借助大众传媒向他人表达某种意愿，有时要比当事人面对面的接触会显得更婉转、更得体、更有韵味。作为大众传播媒介的广播及时适应了这种变化，满足了听众的这种需求。

它符合听众求知兴趣多样化的特点和自我评价的心理。广播有传播知识的教育功能，现代化建设强化了人们求知的欲望，产生了通过广播获取知识的更大兴趣。随着文化水平的提高和自我意识的增强，听众，尤其是青年听众要求传播方式更具挑战性、成就感，要求传播方式能为他们提供实践的机会，同时通过实践来检验自己。听众参与广播符合他们的求知和自我评价的心理。

它满足了听众自娱自乐的文化消遣欲望。我国民间历来有自弹自唱、自编自演的消遣娱乐习惯。改革开放不仅改变着我国民众的文化知识结构，提高了民众的文化素质，也逐步改变着民众传统的封闭心理。这些因素的形成又改变着民众的艺术审美趣味和文化活动方式，强化了自娱欲望，他们不再满足于在收音机前当"听"众，也渴求上广播一显身手，或者是来个"点菜下饭"，满足自我选择，自我亮相，自我欣赏或通过广播向亲朋好友送去文化温情的愿望。

二、听众参与广播的形式

间接参与——听众没有亲自参加播出环节，而是通过来信、函电等方式间接实现对播出的参与。如"听众信箱"、"听众点播歌曲"等节目多为听众间接参与广播活动。间接参与带有鲜明的个人感情色彩，在听众与主持人之间形成一种特殊的需要和交流，从而使它具有极大的魅力。

直接参与——听众作为嘉宾来到主持人身边，直接出现在播出环节，和主持人共同主持节目或回答其他听众提出的问题并与之交谈。直接参与为听众提供了和主持人面对面交谈的机会，使主持人与听众彼此之间无论是熟悉的程度、了解的深度，还是情感的浓度，都要比"间接参与"更胜一筹，传播效果也比间接参与更好。

间直接参与——又叫录音参与。编辑主持人预先录下听众打来的电话，通过适当的删节、整理、编辑后播出。间直接参与一是可以避免电话直接参与可能出现的政治差错或技术故障，有效地保证安全播音；二是可以通过剪辑录音在限定时间内让更多的听众得到参与机会，同时具有间接参与和直接参与的优势。

直播参与——即通过电话同步参与播出，这是当前听众参与广播的一种最为有效、最具活力的形式，是大众传播与人际交流的美妙结合。

电话直播参与广播的具体形式主要有：

主持人热线，即由主持人接听电话，回答听众关心的各种问题。

听众通过电话点播歌曲，主持人根据听众要求立即播出所点歌曲。

听众在电话中就主持人设计的话题展开讨论，发表看法，寻求共识。

听众通过电话向主持人提供某方面的信息，引发、设计新的话题。

听众通过电话求医，求药，求购，求助，主持人当场作出确切回答，或表明将在什么时候作出回答。

名人热线电话，即邀请社会各界知名人士、新闻人物、歌星、演员等主持电话直播参与节目，直接与听众通话。

专题热线电话，如全运会期间，设"全运会热线电话"，"体育明星热线电话"等。

抚慰、聊天型电话，听众在电话中敞开心扉和主持人谈心、聊天，寻求抚慰，宣泄、沟通情感。

听众通过电话反映某些困难或问题（多为公共服务和商品质量方面的问题），再通过主持人吁请有关部门解决，以此形成社会舆论压力，促使问题迅速解决。

听众参与电话游戏，通过电话回答问题，猜歌、猜谜，娱乐身心。

电话直播参与有如下特点：

同步播出。即在听众参与的同时播出，而不是先录音，然后播出。

开放型。参与听众有很大的自由度和选择性，可以根据自己的愿望接通电话，选择主持人，陈述要求和愿望。

参与者和节目主持人共同完成节目的制作和播出。参与者就整体而言，不是可有可无的点缀，而是节目不可缺少的角色，有时甚至是主角。

电话参与的播出内容不可能剪接、修改。因为参与的过程就是播出的过程，提问也好，回答也好，都是同步播出的。故此，节目的组织者不可能剪辑。但是不能剪辑并不等于无须设计、不能控制。作为节目组织者的编辑或编辑主持人事先仍然需要对节目加以精心设计，在节目中对参与者加以适当引导、提示，必要时加以控制。

三、听众参与广播的传播效果和社会效应

听众参与广播给电台带来积极的传播效果。它不仅丰富了传播的内容，活跃了传播的气氛，增加了节目的色彩，密切了主持人与听众的联系，在更大范围内扩大了广播的影响，而且导致了良好的社会效应[①]：

推动了舆论监督。现代社会分工越来越细，相互依赖越来越甚，当前我国正处于改革开放时期，这种相互依赖关系难免出现失调乃至颠倒、断裂的情况。听众参与广播，和主持人共同实行舆论监督，促进有关部门迅速解决悬而未决的问题，对于协调社会的相互依赖关系，方便群众，安定民心，有着特殊的积极意义，深受群众欢迎。

促进了社会沟通。现代社会由于分工过细，生活节奏紧张，隔行如隔山的情况普遍存在。在这种情况下，社会沟通对于社会稳定更显重要，各行各业，各条战线的听众通过电话参与广播，促进了社会沟通。由于这种沟通极为方便又具有强烈的感情色彩，效果更为显著。

有利于社会救助。现代社会矛盾交错，人际关系相对冷漠，作为大众传播媒介的广播是一种社会力量的象征，主持人通过听众参与广播，了解听众的苦衷和内心深处的矛盾，及时开展劝导、救助，具有特殊意义和巨大力量，是调适人际关系和社会稳定的积极因素。

便于宣泄和寄托感情。听众对节目主持人主动讲述内心深处的秘密，既可获得解脱，又不必担心众目睽睽之下难于启齿，这种宣泄和寄托感情的形式是广播媒介在传播上的独特优势。

提供了生活服务。听众参与广播，可以更加快速、直接地得到服务性节目的帮助。如求医，求药，求购，节目主持人或该节目聘请的专家、学者通过电话立即或按时给予听众答复，为听众提供生活服务。

提供了理性服务。在众多的电话参与节目里，有少量的具有强烈的理性色彩，听众电话参与十分踊跃。其中关于社会和人的话题很多，不少听众要求咨

---

① 朱光烈：《从直播到电话参与：中国新闻改革的传播学道路》，载《北京广播学院学报》1993年第3期。

询，寻求帮助。有些听众电话则是参加某些话题讨论的。当物质生活得到一定满足之后，表现自我价值便成了现代受众的心理需求。广播电话参与节目，正是瞄准了这一契机，让人的心理需求的最高层次——表现自我价值得以实现。

满足了听众的闲暇娱乐要求。目前听众参与最多的节目是点歌、猜谜和聊天。参与节目使听众的闲暇娱乐要求得到满足。

第五节　广播社会活动

广播社会活动是电台组织的社会活动。电台根据各个时期的宣传任务或某些社会问题，从中提出一个有意义而又为公众感兴趣的话题或题目，联合有关单位，在一段较长的时间内，以节目为阵地，组织宣传活动，做到活动促进宣传，在宣传中开展活动。在整个活动中，发动听众参加，务求取得更广泛更深远的宣传效果。因此，广播社会活动又是听众参与广播的一种社会活动形式。

广播社会活动对办活节目，缩短节目和听众的距离，提高广播宣传的社会效果，塑造和宣传电台的公众形象，扩大电台的社会影响，有着积极的作用。

一、广播社会活动的内容

广播社会活动是一种具有广播特色的宣传形式，是广播工作者根据广播特点创造的电台独有的报道方法，近年来各地电台开展的广播社会活动大体上有如下内容：

（1）社会教育活动。如一些电台为破除婚嫁陋习，提倡婚事新办，举办和报道集体婚礼活动；为支持希望工程，走上街头，组织宣传"献爱心"募捐活动；为抗洪救灾，举办义演音乐会；以及节日期间为坚守岗位的人们传递亲人的问候等等。

（2）群众文化娱乐活动。如有些电台举办的有奖竞猜活动；"爱我中华、知我中华"读书演讲比赛活动；征诗、征对联活动；歌曲演唱比赛活动等等。

（3）推广、普及科学知识的各种知识竞赛活动，专题讲座等。

（4）开展精神文明建设方面的评优、评模活动。如广东台社教部联合省妇联、省总工会，在全省大中城市开展评选模范家庭活动；农村节目组开展评选优秀乡镇企业家、优秀专业户活动等等。

（5）台庆活动。电台邀请部分听众以联欢的形式参加本台的一些庆祝、纪念活动，进一步扩大电台与听众的交流，加深电台跟听众之间的感情，同时也宣传了自身形象。

二、广播社会活动的特点和效应

广播社会活动往往和广播宣传结合在一起，整个活动的内容就是电台宣传的内容，并通过播出节目得到反映。如湖北台于20世纪80年代中期推出的大型系列报道《汉江行》、《湖乡行》、《情系大别山》以及他们联合长江沿岸的四川、湖南、江西、安徽、江苏和上海共7家省、市电台，联合采写、制作、播出的系列报道《长江行》，不仅是大型宣传采写活动，而且是一系列广播社会活动。电台派出的数十名记者，在长达数月的采访活动中，沿途宣传开发长江、汉水、湖乡，开发革命老根据地，组织听众座谈，在当地及时播放采写的报道，与当地电台联办节目等，开展了一系列反响热烈的社会活动。同时对这些地区的过去和现在、两个文明的建设和成就，作了全方位、多角度的系列报道，取得了较好的宣传效果。

开展广播社会活动，一般都注意发动听众参加，少则几十几百人，多则几万几十万人。如广东台举办的大型集体婚礼，仅新郎、新娘就有两百多对，连同他们的亲朋好友，有好几千人。武汉台在1992年5月至9月的100天里，同有关方面共同组织了《有诉必查，立体监督——食品饮食卫生热线投诉电话直播》，这一通过投诉、监督、查处，宣传贯彻食品卫生法的广播社会活动，得到武汉市居民的广泛支持，吸引了成千上万的干部群众参加。让听众成为广播社会活动的主体，充当现实生活的主角，自然会使听众产生参与感、投入感和亲切感，从而关注广播社会活动的全过程，对活动主题产生共鸣，引发思考，增强对广播的关心和信任。

通过开展广播社会活动，对某事物、某观点多角度、多侧面、多层次持续宣传，在社会上比较容易形成舆论，为听众所接受。如广东台在评选模范家庭的社会活动中，播出了20个优秀家庭的事迹后，一时间，评选模范家庭成了街谈巷议的话题，不少听众是全家一起每天按时收听。一些单位的工会、妇女组织还组织群众讨论。在许多地方蔚成了建设和睦幸福家庭的风气。

广播社会活动的选题大多是有社会意义又为广大群众关心的问题，宣传上有一定的深度，一定的规模和声势，所以往往能取得较大的社会效果，显示出广播作为大众传播媒介的影响和作用。社会各界从广播社会活动中看到广播的传播优势，也会乐意和电台一起组织活动，提供支持。

在开展广播社会活动的同时，应注意如下几点：一是开展社会活动一定要和节目的宣传紧密结合，选题（活动的中心内容）要有社会意义，有新鲜感，要贴近现实，贴近听众。那些与节目宣传关系不大或意义不大的活动不宜搞。活动太多太滥，会使听众失去新鲜感，以至降低社会活动的作用，同时也会使编辑、记者的精力、时间和节目播出内容过于集中到某一问题上，势必影响日常的宣传工作。二是要严格区分某些广播社会活动与广告宣传活动的界限，不能把广播社会活动办成以盈利为目的的广告促销活动，而让听众成为有偿报道的陪衬。三是电台组织的社会活动（特别是各种有奖竞赛活动，如知识竞赛）需要赠送一定的奖品和纪念品，但价值不宜过高，如果用高档商品来吸引听众，就会违背广播社会活动的宗旨，产生副作用。

第四章　广播稿件与广播语言

广播稿件是经过广播编辑选择、修改、编写或制作的文字或带音响稿件，是广播节目的基本组成单位。将来自四面八方的各类稿件处理加工制作成符合广播传播特点，符合听众积极需要的播出稿件是广播编辑、编辑主持人的一件十分重要的日常业务工作。

第一节　广播稿件的选择

电台编辑部每天都要收到大量稿件。从稿件来源看，有本台记者、编辑采写、编写的稿件和制作的节目；各地电台、广播站采写、编写的稿件和制作的节目；电台约请社会人士撰写的广播稿；新华社稿，《人民日报》稿，中央其他报刊和地方报刊稿；广大通讯员和听众来稿。从稿件形式看，有文字稿件、带音响稿件，也有已经成形的节目。从稿件体裁看，有文字的消息、通讯、评论，也可能有音响报道、配乐通讯或者是广播杂文等等。从稿件内容看，更是方方面面，包罗万象。这些稿件都要经过编辑作出第一次评价。编辑面对众多来稿作出的取和舍、抢和压，体现了电台和编辑的价值导向，确定了电台为听众服务的内容，关系着电台播出节目的质量，必须认真对待。

一、选稿的标准

稿件的选择通常是指新闻稿件的选择。广播新闻稿件的选择要遵循如下三项标准：

1. 思想政治标准

从总体上说，要符合国家、党和人民的根本利益。所选稿件的内容，要有利于两个文明建设；要符合四项基本原则和改革、开放的基本国策；符合新时期党的各项方针、政策。具体地说，要符合当前的报道思想，与节目的编辑方针、宣传主题协调一致。

2. 新闻价值标准

新闻有自身规律。判断一篇稿件是否符合新闻的要求，是否适于播出，主要看它是否具有新闻价值。新闻价值是选择和衡量新闻事实的客观标准，是客观事实本身所具有的足以构成新闻的素质的总和。新闻价值的构成有诸多要素，其中最基本的要素是重要性、时新性、趣味性和接近性。

重要性——指新闻事实能在某种程度和范围内产生较大影响的特性，包括思想性、指导性和针对性等要求和内容。重要性是新闻价值的核心。衡量稿件的新闻价值，首先要抓住重要性这一要素。每年的全国新闻奖评选也都是把重要性作为特别注重的标准来把握、衡量的。

时新性——一是指新闻事实发生的时间近。即新闻事实发生的时间离新闻报道播发的时间越近，新闻价值就越大。二是指新闻题材新鲜感强。如果有的稿件题材内容新鲜，但在时间上过时，就应注意稿件是否交代了新闻根据，以便定稿时由近及远，由新带旧，通过新闻根据带出新闻事实。

趣味性——指新闻事实具有令人感兴趣的有人情味的内容。西方新闻学把受众兴趣作为新闻的试金石，认为衡量新闻价值的真正要素，乃是趣味性。因而只要是人们感兴趣的、具有浓厚趣味的新闻就是好新闻。我们倡导的则是健康、高尚的趣味，坚决抵制那些污染社会及人的灵魂的庸俗、低级的趣味。选择的稿件在趣味上要求有趣不俗，有益无害。

接近性——指新闻事实在地理或职业或年龄或心理或利害关系等方面接近受众的特性。一般情况下，离听众越近，关系越密切的事，越容易引起听众关注。

3. 媒介传播标准

广播稿件必须体现广播特点。广播不同于报刊、电视，它以声音为表述手段，因此选择稿件时要注意发挥声音表述的优势，如果手头上有两份内容相同的报道，从发挥传播特点考虑，应优先选择其中带音响的报道。

二、稿件的处理原则

在选稿过程中，应把握以下原则：

在中心与一般的关系上，要围绕中心，围绕报道思想选稿，对市场经济建设中的重大问题，重大典型的报道，要敢于抓，善于抓，使报道深入人心。在突出报道思想的同时，要适当选择其他方面的稿件，使报道既重点突出，又丰富多彩，以满足听众多方面的需要。

在先进与后进的关系上，要注意多报道先进地区、先进行业、先进单位的先进经验，以先进带动后进；同时也不能忽视对后进地区和单位的报道。在选择稿件时，还要适当注意地区、行业间的平衡；注意各行各业、各条战线的平衡。

在正面宣传与批评报道的关系上，以正面宣传为主，要坚持多报道改革开放中涌现的新人新事、新观念、新风尚，也要实行舆论监督，要揭露坏人坏事。

必须注意的是，报道阴暗面时，对反面行为的具体描述不宜过多过细。心理学证明，人们普遍有模仿他人行为的心理趋势，如果广播报道中出现对不良或犯罪行为过多过细的描述，就可能导致某些听众尤其是心理定势较弱的青少年听众模仿，给社会带来负效应。

在服从宣传纪律与发挥主观能动性的关系上，既要发挥编辑、记者的主观能动性，在选稿工作中独具慧眼；同时也要求编辑、记者有严格的组织纪律性，要绝对遵守宣传纪律，令行禁止，和党中央的步调保持一致，决不允许在广播中出现和中央决定相反的言论。

要严守党和国家的机密，严防泄密事件发生。

另外，还要坚持在选稿标准面前人人平等的原则，防止在用稿上无原则"开后门"，用"关系稿"，也不能因为与作者素不相识，就刻意苛求。

第二节　广播稿件的修改

修改稿件是指对初选稿件审核和加工。修改稿件是一项政治性很强的"把关"工作，凡是广播出去的稿件，电台要对听众负责，对社会负责，对党和政府负责，也要对作者负责。稿件有了差错，或者在宣传上起了不良后果，编辑要负主要责任。

语言学家、编辑学家、教育学家叶圣陶先生曾经在中央台讲过改稿问题，他谈到，编辑改稿，要注意四个方面，第一，注意稿件上讲的道理有没有错。道理有大道理、小道理，例如政治、经济、哲学上的道理是大道理，常识属于小道理。大道理固然要注意，小道理也要注意。大道理要靠学习，小道理要日常生活中随时注意。第二，要注意情味。内容严肃的，文章的格调就不能嘻皮笑脸；内容轻松的，就不能板起面孔讲话，写的文章，讲的话，要跟内容配合起来。第三，要注意语言声音，电台广播尤其要注意。不论什么稿子，一定要通过两道关，一道关是说，另一道关是听。稿子要经得起嘴和耳朵的考验。我们要让听众听起来吃力好呢，还是省力气好呢？当然还是省力气好。第四，改稿子要注意语言的规范。语言的规范就是语法。叶圣陶先生的这四点意见，对指导我们如何修改广播稿，很有启发。

一、修改稿件的基本要求

修改稿件的过程是一个把关的过程，面对每一篇待编稿件，编辑都要从三个方面把关：在思想内容上，要注意把握稿件的导向性；在新闻事实上，要注意审查稿件的确定性；在内容结构和语言上，要注意推敲稿件的适听性。

1. 在思想内容上把握稿件的导向性

修改稿件首先要从思想内容上把握稿件的导向性，对于关系到党和国家根本利益和全局的政治性、政策性问题，在宣传报道上必须和党中央保持一致；对于一切违背马克思列宁主义基本原则，不利于社会主义建设的错误言论，必须坚决抵制。

在宣传报道中，对党的方针、政策的宣传要力求准确，不能随心所欲，马虎大意，更不能唱反调。如某台有篇关于严惩拐卖妇女儿童的犯罪分子的报道，将一个拐卖人口的家族犯罪团伙称为"贩卖人口专业户"。这显然混淆了党的政策界限，客观上贬低了那些在党的富民政策鼓舞下，凭一技之长勤劳致富的专业户。由于疏忽而播送出去的类似错误，可能产生不良影响。所以编辑在编改稿件时，一定要认真考虑是否正确宣传了党的政策，是否有利于社会的安定团结，是否有利于现代化建设，一切都要从大局出发，对党和人民负责。

为了防止宣传报道中出现片面性和绝对化，广播编辑要努力学习唯物辩证法，学会用辩证观点认识、分析事物，还要善于用系统、整体的观点统摄和阐释事物，坚持对立统一的法则，力戒宣传上的片面性。

坚持正确的导向还体现为广播编辑要始终保持清醒的头脑，严格遵守党和政府的政策、法规和宣传纪律，不作违纪、泄密报道。对一时难于判断和把握的稿件，要及时请示有关领导部门后再作决定，不可草率从事，贸然播出，以防造成不可挽回的政治影响或其他损失。

总的说来，在思想内容上把握稿件的导向性，关键是坚持以正面宣传为主的方针，积极热忱地揭示社会主义事业战胜困难曲折蒸蒸日上的本质真实，着力宣传报道鼓舞和启迪人们的内容。具体说来，即：繁荣经济，发展社会生产力的内容；坚持四项基本原则，坚持改革开放的内容；加强社会主义民主和法制建设的内容；推进社会主义精神文明建设的内容；热爱伟大祖国和弘扬民族文化的内容；维护国家统一和民族团结的内容；为推动世界和平与发展而斗争的内容等。总之，一切鼓舞和启迪人们为国家的富强、人民的幸福和社会的进步而奋斗的新闻舆论，都是正面宣传，都应当努力加以报道。

2. 在新闻事实上审查稿件的确定性

稿件的确定性是指稿件在微观上的真实性。新闻的真实性包括宏观真实和微观真实两个层次，缺一不可。

新闻的宏观真实性要求在新闻报道中坚持党的一切从实际出发，实事求是的思想路线，以正面报道为主，"注意和善于从总体上、本质上以及发展趋势上去把握事物的真实性。"① 宏观真实即本质真实,也就是说,将新闻事实放到全局中去观察、衡量,从宏观上看,是真实的、可信的。新闻的宏观真实性,要求用历史的、发展的、全面的观点来观察和分析问题,在总体上反映社会生活的本质真实,防止以现象掩盖本质,以局部代替全局等新闻失实现象发生,努力维护新闻的真实性原则。

新闻的微观真实性主要体现为微观因素的确定性,即时间、地点、人物、事件、原因、背景、数字、引语等等事实的组成要素具有确定性,真实而准确。

时间。时效性是新闻的基本特征,广播新闻尤其强调时效性。时间上出了差错,或时间概念含混,就会影响新闻价值,造成新闻失实。在稿件中交待时间,应注意以下几点:

少用或不用笼统、含混的时间概念。有些报道者为了变"旧闻"为"新闻",在时间上取巧。如故意使用"最近"、"不久前"、"近几年来"、"到目前为止"等含混、模糊、笼统的概念,而有的编辑不加审核,竟出现报道事实发生在一两年前的失误。对这种不符合新闻规范的现象,一定要认真检查、纠正。

合理运用时间代词。在来稿中经常出现一些时间代词,如"今年"、"昨天"、"上个月"等。如果在一月或一年始、终的时候,稿件延缓播出,运用时间代词就容易造成错误。在这种情况下,应尽量避免用时间代词,而改用具体时间。

年份一律要采用全称,不可省略。例如"1994年"不能写成"94年"。

运用我国历史上的各个朝代年号时要加注公历年份。如"清光绪二十六年"应写成"清朝光绪二十六年,也就是公元1900年"。

地点。有些稿件由于报道者粗心大意,缺乏地理、历史知识或采访不深入,弄错地名或出现张冠李戴的情况,编辑应注意查对,改正过来。此外,还应注意:

在一篇稿件中第一次出现的县、市、地区等名称,应当冠以所属省份或地区名,如"咸丰县"在省内电台播出时,应写成"恩施土家族自治州咸丰县",在省外电台播出时,应写成:"湖北恩施土家族自治州咸丰县"。

对于山脉、河流的名称、位置、走向,要认真查对,以免出错。有些地名可能会有变动,所以运用资料时要加以注意。

对于外国的名称——国名、地名、人名,应以新华社的译名为准,确保表述准确。

---

① 《江泽民阐明新闻工作基本方针》,载《新闻战线》1989年第12期。

人物。把握报道中人物的确定性，主要应从人物的外部特征、人物的语言和人物的思想表述上把关。

在人物的外部特征上，报道中人物的姓名、性别、年龄、职务等可能出现差错，甚至在同一篇稿件中存在前后矛盾或表述不一致的情况，对这些有疑问的"关键部位"，编辑应重新向作者或被报道对象的单位查询——为了不影响报道的时效性，大都通过电话查询。对报道中典型人物的姓名，第一次出现时要加以注释，如："见义勇为的英雄徐洪刚，徐是徐州的徐，洪是洪亮的洪，刚是刚强的刚。徐洪刚……"

在人物的语言上，可能出现与人物的个性、身份不符合的情况。如讲到做好事，常常是一谢一答，少不了"这是我应该做的"这句话，可谓千人一腔；还有如谈话不论场合，不论对象身份，满口空洞无物的大话、套话。碰到类似报道，最合适的办法是保留能体现人物个性、身份的"大白话"，毫不留情地去掉毫无用处的空话和套话。

在人物的思想上，常见的情况是作者故意拔高人物的思想。写到先进人物在关键时刻作出壮举时，写上一段"他想"。在写先进人物受到领导接见或表彰后，又写上一段"体会到"、"表决心"的话。这些"想法"、"体会"、"认识"、"决心"往往大同小异，似乎是一顶谁戴上都可以大体上合适的帽子。这种掺杂了不真实思想的人物报道，即使写的全是真人真事，人们也不会相信，因而编辑把关时要特别留神。

事件。看报道对事件的来龙去脉是否交待得一清二楚，有无破绽，有无自相矛盾的地方，在情节内容上要注意如下几点：

稿件中的事实是否真实，有无假造、添加、嫁接、夸张、渲染或"合理想象"等失实现象存在。

在情节、细节上是否有失实或道听途说等不真实、不准确的表述。

在报道同一件事实时，前后表述是否一致，观点与事实是否统一。

对于有关科学知识方面的内容，报道是否符合科学自身的规律。

原因。主要是看报道对因果关系的交待是否符合事物发展变化的逻辑。唯物辩证法认为：世界上的一切事物都处在一定的因果关系中。没有无因之果，也没有无果之因。根据这一原理和新闻的真实性原则，在报道事物的因果关系时，只能从实际出发，是什么原因就报道什么原因，不能妄加变更。在报道某种原因引起的结果时，也只能是如实报道，不能移花接木。有些报道之所以因果不符，问题往往出在为了突出某种原因而排斥其他原因，或把次要原因写成主要原因上。

还有一种情况是，把某种事实当商品，把某种会议精神、某个运动、某一文件、某种"气候"当商标，什么"商标"的"货"走俏，就将"货"贴上什么

"商标"。同是一项成绩，今天可以说成是"反腐倡廉"带来的可喜变化，明天又可以写成是抓物质文明建设取得的丰硕成果。这也是原因与结果关系报道的不实。

背景。报道中的背景材料应经得起检验。巧用背景材料可以深化新闻主题，帮助受众深入理解新闻事件的意义。有的报道不顾事实，编造背景材料去追求背景效应，结果只能是适得其反。如为了渲染某项教育、某项革新的成果，就主观编造教育或革新前的"糊涂认识"，"落后想法"；为了表彰某人、某单位的成绩，就把周围人、周边单位说得一无是处等等。还有些背景材料由于采访不细，资料不全，报道者对新闻事实的认识欠缺，因而无足轻重，甚至与新闻主题相背离，失去了应有的作用。是删，是改，还是调整布局，这些都是编辑应考虑的。

数据。在新闻报道中利用数据进行定量分析有利于增强新闻报道的科学性和准确性，但有些报道在使用统计数据时还存在着一些问题，常见的有如下几种：

一是用单位数据代替统计部门的数据。有些稿件往往将单位数据用来代替统计部门的数据，把微观数据用于宏观分析，以致造成新闻报道失实。所以编辑在审查核实稿件中引用的重要数据时，应经统计部门核实后再播出。

二是统计指标的概念、范围不清楚，使用不当。如"国民总产值"、"社会生产总值"、"职工收入"、"农民收入"都属于不明确、不规范的统计指标。正确的指标名称应是"国民生产总值"、"社会总产值"、"职工家庭人均生活费收入"、"农民人均纯收入"等。指标名称不确切，不仅会造成数字使用不当，而且直接影响到听众对内容的理解，削弱报道的力度。

三是以典型调查的结果想当然地推算总体数量。在来稿中常见以典型调查推算总体数量的报道，其统计数字水分很大，不宜编发播出。

四是因数字过于精确而影响新闻真实性。一般情况下新闻报道对数据的要求是准确。但现实中有些数字是无法精确统计的，如报道某乡积肥积得多，"共积了一百一十五万六千三百二十一担"，统计如此精确，乡里真作过这样精确的统计吗？听众不由产生疑惑。可见，在无法精确统计数字的情况下出现精确的统计数字，其效果适得其反。

常见的其他数据错误，如增长速度计算方法错误；丢掉关键数据保留一般数据导致以偏概全的错误；统计数字单位与数字写法不符合国家统一标准等问题，编辑都应予以注意，努力提高运用数字的准确性和科学性。

引语。对稿件中的引语要认真检查，核对，尽可能交待出处。

3. 在内容、结构和语言上推敲稿件的适听性

广播稿件与报刊稿件的根本区别在于前者作用于人的听觉，后者作用于人的视觉；前者适听，后者适看。修改稿件的最基本的工作就是使稿件适合于听，使稿件的内容安排、篇章结构和语言表述都符合听的要求。

注意内容是否适听——听众收听广播有一个收听耐力问题，根据心理学实验，当一个人无目的地、被动地把自己的有关心理活动指向某种内容贫乏而又单调乏味的事物时，他的有关心理活动对这种事物的指向和集中的时间最多只能稳定地保持 5 分钟；当一个人有目的地、主动地把自己的有关心理活动指向某种内容充实而又富于变化的事物时，他的有关心理活动对这种事物的指向和集中，就可能稳定地保持 10 分钟到 20 分钟，如果允许短时间的分心和休息，这种指向和集中的时间可能更长。而如果不给听众一点分心和休息的时间，就会导致收听效果的降低。

如此看来，广播稿件的内容，一要生动、形象、具体，尽可能引起听众的联想，便于听众从听觉感受中获得视觉形象，从而更为关注广播。

二要主题集中，中心突出，一篇稿件最好只谈一件事，只讲一个问题，层次清清楚楚，便于听众接受。

三要张弛有度，富于变化，在内容的安排上丰富多彩。如：运用音响报道，穿插音乐、歌曲，将硬邦邦地读稿件变为轻松的对话、谈话等等。要注意在听众的耐力极限到来之前就适当地转换节目内容，在一段纯语言内容之后，换上一段音乐、歌曲或广告，甚至讲几句"闲话"，给听众一个分心、休息的机会，有助于听众较长时间地、稳定地把自己的注意力集中到节目内容上来，真正"听进去"。

四要篇幅短小。随着社会生活节奏的加快，听众没有时间，也更缺乏耐心听那些冗长而言之无物的东西。所以，给人听的新闻无论如何要比给人看的新闻写得短。新闻短了，不仅易听易记，还能增加单位信息含量，让听众在有限的时间里吸收到更多的信息。

注意结构是否适听——广播新闻总的结构原则是线型结构和单线发展的有序组合。这是因为听不同于看，报纸一时看不懂，可以反复研究；广播如果前面听不懂，后面就很难听下去。所以广播稿件不适合采用多线条立体交叉的复杂结构。如果线索过多，跳跃性过大，听众收听时就不容易听明白。

为了照顾刚打开收音机，中途开始收听的听众，广播稿件在结构上还应加以必要的重复，短新闻一般在结尾时和前面呼应一下，对关键信息进行一次强调；而长新闻最好是在中间和结尾处各强调一次。

至于每篇广播稿件该采用哪种结构形式写作，则要根据具体内容和受众心理来确定。常见的结构形式有：时间顺序结构、"倒金字塔"结构、逻辑顺序结构和悬念式结构。在写法上多根据时间顺序来安排结构，在新闻的主干部分按照事实发生、发展的时间顺序组织材料，努力做到层次分明，脉络清晰，顺理成章，听起来易懂易记。

一般情况下，突发性新闻适于采用倒金字塔结构；故事性较强的新闻事件，可以采用悬念式结构。

注意语言是否适听——广播稿件在语言表达上的适听化要求：一是通俗。即采用群众习惯的语言和易于接受的方式，深入浅出地把问题和事物说得清清楚楚，明明白白。

二是口语。即在用词造句上符合群众的口语习惯，使广播稿读来上口，听来入耳。广播稿要求口语化，早在延安时期新华广播电台就有严格规定。在1946年6月制定的《新华社语言广播部暂行工作细则》和1947年6月10日新华社语言广播部的《编辑的几点经验》中，都强调了口语化问题，可见我国广播一贯重视口语化。

三是规范。即以北京语音为标准音，以北方方言为基础方言，以典范的现代白话文著作为语法规范的普通话。

广播语言的适听化，还有一些具体的规范和要求，详见第四节——广播语言的运用。

二、修改稿件的具体步骤

修改稿件是一种体现编辑思想政治水平和业务能力以及智慧投入的再创造过程，一定要兢兢业业，认真对待，决不能草率从事，一挥而就。通常编辑从接受稿件到修改播出要经历如下步骤：

1. 审读

编辑对手头的初选稿件，必须从头至尾仔细阅读，一边了解它的内容，一边就下列问题考察稿件：一看它的主题有无现实意义，观点是否正确无误，内容是否真实准确；二看它的材料和观点是否统一，结构是否严谨，层次是否清楚，文理是否通顺；三看它的语言是否准确、通俗，上口适听，语言的格调与内容、体裁是否和谐。

2. 决定取舍

在审读的基础上，要决定取舍，对稿件提出不同的处理方案。符合用稿要求的，采用；从全篇看不宜采用，但其中有可取之处的，留用；内容好，但材料不够充分需要补充的，或其中有交待不清的问题需要澄清的，应尽快向作者查询、补充，完善不足的地方。内容与形式都好，但不符合宣传时机的，可注明留待适当时机采用。

3. 修改

对确定采用的稿件，按照广播稿件的要求修改或改写，注意提高稿件的思想性、指导性和表达的完善性，同时要尊重原稿的事实。

4. 检查

对修改或改写过的稿件，至少从头至尾念一遍，把不准确的用词，不上口的句子，以及错字、漏字、难认字和不易听清的字改过来。

三、修改稿件的常规手段

修改稿件的常规手段有：压缩、增补、改写、综合和摘编。

1. 压缩

挤去稿件的水分，将稿件删繁就简，去伪存真，突出精华的一种新闻手段。常用的方法是：

通过删去与主题无关的过程叙述，突出主题。主题是稿件的中心思想，是作者在报道中所要表达的某种看法，某种观点或某种主张。对那些啰嗦繁复、主题湮没在一般性材料中的稿件，应从中剔除与主题无关或关系不大的过程性叙述，将主题突出出来。如报道某英雄抢救落水儿童，稿件中如果离开主题去写这位落水儿童平时如何调皮捣蛋，以至造成这次落水事故的过程，就要删去这些不必要的叙述，而突出英雄舍己救人的主题。

通过删去多余的相同铺垫突出重点。有些稿件来自部门向上级汇报情况的经验总结，往往面面俱到，铺得太宽，面对这类稿件，编辑应反复推敲，从中抓住重点，删去多余的铺垫。

通过删去空泛的议论，突出事实。新闻写作的基本规律是用事实说话，有些稿件习惯于在事实后加上空泛的议论，或在报道事实前用上一大堆套话、空话，纯属累赘，必须删去。

通过删去繁琐例证和数据，突出主干。有些稿件对采访中得来的例证和数据不加选择，堆砌过多，使稿件主次不分，逻辑混乱。删去繁琐的例证和数据，选出最能说明问题的事例和数据，就能突出主干，使稿件简明扼要，具有说服力。

在压缩稿件时应注意防止出现如下问题：

一是片面追求简练，删去了主要内容和生动细节，造成新闻只剩下一个空洞的架子。

二是删留不妥，出现买椟还珠和其他片面性现象。

三是忽略文章的内在联系和上下文连接，以致报道有因无果或有果无因，前后衔接不上，支离破碎，面目全非。

总之，稿件的取舍，应围绕突出主题进行，决不能损害主题思想，影响文章的特色。

2. 增补

补充必要的新闻要素、新闻背景或其他事实材料。有时稿件中存在主要事实不足，新闻要素不全，背景材料交待不清，论述不够深入等问题。为了使报道观点明确，说理透彻，内容充实，表达完整，有必要增加、补充一些内容。增补的内容必须通过补充采访，深入调查，有的可以要求报道者提供，有的可以通过查找资料获得。要做到事实有据，增补得当，关键的增补内容需要征得报道者的同意。

3. 改写

对原稿作较大的改动。常见的改动有如下几种：

角度的改动。原稿的角度不能充分显示内容的价值，不能吸引听众，这就需要编辑重新选择一个最能揭示其新闻价值的角度，使原稿的主题得到深化，报道更为精彩动人。如变领导角度为群众角度，变介绍经验的角度为报道成果的角度，变暴露阴暗面的角度为促进和推动工作的角度等等。

编辑改变角度必须符合原稿所提供的事实，不能违背事实随意变换角度。改变的角度应该是"最佳角度"：最能体现原稿的新闻价值，最能缩短稿件篇幅，最便于减少熵，增加信息量。

结构的改动。有的稿件结构紊乱、头绪繁多，不符合听觉习惯，需要重新安排材料，组织结构。如把倒叙、插叙改成顺叙；把立体交叉结构改变成单线、前因后果、平面推进的结构；把两条线同时发展，平行交待事件的报道，改成"花开两朵，各表一枝"的说书形式，一一道来……努力做到条理清晰，听起来顺溜、明白。

体裁的改动。稿件的体裁如果和内容不协调，就要选择合适的体裁来改写。也有时是为了在尽可能短的时间内将稿件中的重要内容尽快传播给听众，而将通讯、特写、评论等篇幅较长的稿件改写成消息，还有时是为了更好地发挥音响的优势和适应不同节目的需要，而将一些抒情、写景较浓的专稿改成配乐广播；把内容丰富的稿件改成广播对话；把长篇纪念性文章改成讲话稿等。

表述的改动。随着角度、结构和体裁的改变，表达方法和语言的格调等因素也要随之改变，使稿件各部分的内在和外在联系更为合理，更为融洽。

4. 综合

将若干篇在某些方面具有共性的稿件综合成一篇稿件，称之为综合。综合不等于简单地混合相加，而是经过编辑的分析，提炼，选择，在同一个主题下，将这些稿件的内容重新组合起来，使报道更为集中，精练，更具力度。

综合的形式有横向式、纵向式、纵横交错式。横向综合，展现的是事物发展现阶段的横截面，具有广度；纵向综合，展现的是事物发展进程的纵剖面，具有深度；纵横交错式既有深度，又有广度。采用较多的综合形式是横向综合。

5. 摘编

对新近出版发行的报纸、刊物中具有较高新闻价值的文字稿所作的简短、准确的摘要。摘编节目的特点是内容丰富，覆盖面广，浓缩度高，信息量大。

摘编稿件要注意：

广泛涉猎各类报刊。报刊是摘编节目的信息源，要办好摘编节目，平时就要注意广泛浏览各类报刊，对各类报刊的内容、特点、读者群有一个大致了解，做到心中有数，编辑节目时才能有的放矢地去寻找需要的内容。

精心筛选信息，善于用"文摘意识"对原稿进行优化筛选，不能"捡到篮里都是菜"，而要进行必要的分析、比较和鉴别，然后作出判断，提取有用的信息。

内容要新鲜活泼，时效性较强。摘编节目的内容，以新鲜为上品，摘编时，应尽量选用近期报刊，但要避免单纯猎奇，要做到新而不滥。

把握稿件的准确性。不论是摘编还是浓缩，都必须忠实于原文，不能添油加醋，搞"合理想象"。对有疑问的原文，宁可不用，也不存侥幸心理。必要时应核查有关资料，避免以讹传讹。

摘编稿件要求简洁、精练，对原稿中的冗余信息，如人们已知道的东西、无谓的重复、不必要的背景交代、空泛的议论以及繁琐的细节和数据等要果断删除，力求做到文短而意深，听众感觉不到"水分"。为求简短，有时可采用化整为零的办法。如有篇关于某市出台一系列与国际大都市接轨的改革新举措的报道，内容庞大，这时就可将其按门类分为若干独立的部分，在数次节目中分别播出，以达短小精悍之效。

还要注意将报刊原文中的大量书面语改为广播语言，以适应听众的听觉习惯。

第三节 广播稿件的编写

广播编辑不仅要修改、改编他人的稿件，还要根据报道的需要，自己采集新闻素材和有关资料动笔编写广播稿件，配制音响节目。除音响报道的采制将在第五章论述外，本节将着重讨论广播对话的编写和广播评论的写作。

一、广播对话的编写

广播对话是从"对播"和"问答"发展起来的一种广播形式。"对播"，即一篇稿件，按内容分段由男女两个播音员分播，段落之间在内容上有联系，但可相对自成一节，播音员之间无须语气的连接、交流。"问答"是两个人一问一答，要求问答时双方在语气、内容上有交流，但无须区别人物性格，也不需要情节串联。广播对话是通过两个或两个以上的人物，用互相交谈的方式传播信息。两人对话，有的有人物身份区别，有必要的情节串联；有的没有，只是互相交谈讨论问题。两个以上的人物对话，一般都虚拟了人物身份，有必要的情节串联。

关于广播对话，还有另一种解释，即认为广播对话是广播听众与广播媒体开展交流、对话的一种现代传播方式，广播媒体为一方，听众为另一方，共同进入传播过程。当今普遍推行的听众参与型节目，除其中的点歌、猜谜类节目外，大体上属于此类。美国人则"普遍认为，对话已经成为那些想说出自己意见并希望自己的意见引起重视的人的讲坛，'小人物'的大讲坛"。①

本节的"广播对话"仅就前一种解释展开讨论，而听众参与广播对话已在第三章第四节里作了相关介绍。

广播对话有以下长处：

便于提出问题和讲清问题。

重要处可以有意识地重复、强调，引起听众注意。

有利于帮助听众思考和记忆。

有利于促进编辑记者写稿注意口语、通俗、适听。

便于播音员打破"播音腔"。

在写作上，对话不受一般文章格式的束缚，它有比较具体的情节，可以通过人物之间的提问、回答、讨论、互相补充，有起有伏地交谈；可以通过对比、换算、比喻、引申，一步一步地展开；也可以通过反问、复述、小结、总结，一层一层地深入。这种广播形式符合听觉特点，受到听众欢迎。

编写广播对话应注意如下问题：

①选择适当的题材。一般地说，党和政府新近出台的某项方针、政策、法律、法规，科学技术知识，社会新气象、新风尚和热点、焦点问题以及作为此话题到彼话题的过渡的消闲性题材，比较适于采用对话形式。

②了解社会，体察民情，加强对话的针对性和贴近性。编写对话必须熟悉社会和现实生活情况，了解听众的所思所想所需，才能有的放矢，把话说到"点子"上，满足听众的需求，收到良好的社会效应。

③围绕主题思想，安排好对话的结构。对要阐述的主题，准备分几个问题

---

① 詹姆士·C. 罗伯特：《广播对话的力量》，载《北京广播学院学报》1993 年第 3 期。

谈，每个问题分几个话组，话组与话组之间如何衔接，如何转折，如何发展，如何结尾，要有通盘考虑。

④语言要口语、通俗、朴素、流畅，符合人物的身份。注意前后口径一致。在语言表达上，可以借鉴相声、话剧和广播剧的某些长处，使形式更为生动活泼。

二、广播评论的撰写

一个优秀的广播编辑必定是个优秀的广播评论员。广播编辑必须会写广播评论，尤其是广播新闻评论。广播新闻评论是电台的旗帜和宣言。

1. 广播评论的特点

简短。广播传播特点要求广播评论篇幅短小，用短短几句话就将观点阐述清楚，用百十来字就使议论有分量。

精练。广播评论的语言要力求生动洗练，深入浅出，句句有力度，既符合广播要求，又符合政论特点。

集中。广播传播的线型规律，要求广播评论的表现形式更为灵活多样。近几年，除了常见的"本台评论"、"本台评论员文章"、"记者述评"、"本台短评"、"编前话"、"编后话"以外，"口头评论"、"音响评论"、"广播杂谈"、"广播漫谈"等形式的广播评论也都方兴未艾，焕发出勃勃生机。还有在最近一两年有些主持人节目里出现的热点类话题，主持人和听众一方就话题展开议论，其实也就是他们在发表广播评论。

这些新兴的广播评论体现了广播特点，且不拘一格，说服力、感染力强。如音响型广播评论（简称"音响评论"）运用音响作评论由头、事实论据或作为评论的主干，广播特点十分突出。"广播谈话"将谈话方式引入评论，把正襟危坐的说教式变为循循善诱的谈心式，亲切而自然，使传受双方心理上更为接近。

2. 广播评论的功能

广播评论是电台总体水平和编辑业务能力的重要标志。作为信息总汇、舆论中心的电台，如果没有评论，就不能充分发挥其反映舆论，影响舆论和引导舆论的作用。没有评论，电台的宣传也就失去了灵魂。

作为党和政府的喉舌，人民的喉舌，广播评论能迅速传达和解释党和政府新近出台的各项方针、政策，表达人民群众的意愿，并从中表现出电台的政治倾向性和文化欣赏性。

具体地说，广播评论有以下几项主要功能：

①表明态度，指导工作。广播评论旗帜鲜明地表明电台的立场、倾向，赞成什么，反对什么，从而有针对性地指导工作。

②强化信息，导听新闻。广播转瞬即逝，不留痕迹的特点，加上收听过程中的非专注性，容易导致信息衰减、流失，同时由于文化、职业、思想等层次的不同，人们对同一新闻事实，在理解上存在差异。这就需要对重要或可能引起歧义的新闻用评论加以解释、提示，强化信息，达到导听的目的。

③组织舆论，引导舆论。广播评论结合形势，分析各种思潮、倾向、热点，指导人们正确判断是非曲直，组织、引导和形成积极、健康的舆论中心。

④提供论坛，鼓励参与。广播评论为听众提供论坛，鼓励他们参与传播，及时发表真知灼见，监督党和政府的政策方针的执行，反映群众的呼声，从而沟通党、政府和人民之间的联系，有利于社会的稳定和进步。

3. 广播评论的写作要求

广播评论和一切论说文一样，由论点、论据和论证三要素构成，在写作上具有论说文的共性。同时，由于广播传播特点的制约，广播评论写作在题材、结构和语言上还有其特殊的要求。

①题材上的贴近性。写好广播评论的关键之一是要看选择评论的新闻题材具有多大的贴近性，是否贴近现实，贴近民心，能否唤起听众的共鸣。

广播评论往往针对新闻题材配发评论，在舆论上发挥导向作用，对听众起新闻导听作用。这两项作用能否充分发挥，主要在于所选题材是否和听众贴得近，是否得到了听众的认可。否则，"人都走了，你教育谁去?"(李瑞环语)

②结构上的单一性。广播评论要适听，结构必须线索单一，紧凑连贯。最好一落笔就提出中心论点，因为广播评论篇幅短小，不允许迂回兜圈。为了避免结构线索单一可能带来的单调感，可以在论证手法和语言表述上有所变化；在简单的层次关系上虚实相间，错落有致；在道理与事实的结合上形成恰当的说理层次。

如广东台的一次"编后话"《个体户的挑战》是这样写的：

听众朋友，听完《"永志"鞋屋的生意经》这篇通讯后，不知道你有什么想法?

当然，广州市的制鞋业竞争十分激烈，据我们了解，一些大的皮鞋厂都出现"危机"；而小小的"永志"鞋屋，却顾客盈门，生意兴隆。这是什么缘故呢? 看来，还是经营管理和服务态度上的问题。

俗话说：诚招天下客。"永志"鞋屋的主人是深深懂得这个道理的，他们有一套与众不同的"生意经"。

我们不妨看一下：眼下林立广州街头的个体、集体、国营皮鞋厂，有多少家能特意随鞋送给顾客一张注明"永久有效"的优待证? 有多少家愿意放下架子，一手拿丝袜，一手拿鞋油，屈身帮顾客穿袜穿鞋试脚呢？有多少家敢公开声明：凡是到该店铺购买的皮鞋，一旦磨蚀鞋铮，第一次可以免费换掌面，以后更换只收原料费，而且永远免费翻新保养呢？至于量脚订鞋，送鞋上门等，更是很少听说。

其实，这些服务措施，并非是"永志"鞋屋首创。"永志"的主人告诉记者：一些措施解放初期就有。

这段编后话，论述有起有伏，引人入胜。开篇从大鞋厂与"永志"鞋屋经营情况的鲜明对比中点出主题："他们有一套与众不同的'生意经'。"什么经？作者并不急于告诉你，却用了连续几个反问，使听众先思考，再认识。尔后笔锋一转，告诉听众，不是独创了什么新方法，而是由于恢复了好的传统——热诚待顾客。五六百字的编后话，此起彼伏，有悬念、有埋伏，笔墨浓淡相宜，结构清晰单一，听来声声入耳。

《个体户的挑战》听起来之所以清晰流畅，还因为联结、转折用得恰到好处，体现出结构的完整。像第二段最后的"看来"，第三段开头的"俗话说"，第四段开头"我们不妨看一下"等，一方面起承上启下的联结作用，另一方面每段开头的话又很自然地引出一层新的意思，一层顶一层，一环套一环，线条清晰地揭示了作者的中心论点。

③语言上的适听性。广播评论的语言尤其要讲究适听，惟其简明动听才可能引人入胜。这就要求广播评论的语言既要通俗易懂，深入浅出，又要注意文采，形象生动，使评论具有感染力。

在讲通俗的同时，还要注意到语言的力度，以增强评论的说服力；注意到语言的格调要与内容和谐统一，以情动人，以理服人。

④标题上的震撼性。广播评论一定要有一个足以震撼听众神经的标题。如果广播评论的标题不能抓住听众，接下去的内容是难以抓住听众的。除了"编前语"、"编后话"，三言两语无须标题外，大多数情况下，记者、编辑都要根据评论的内容，精心设计、制作一个画龙点睛式的标题。

制作广播评论标题的基本原则是：虚实结合，写实传神，片言居要，引人入胜。只须用几个字或者一个短语，就能点出评论的要旨，引发人们的联想，激起人们的收听愿望。

虚实结合，要求虚中有实。实，是抓住事实的特征；虚，就是传神，给语言注入神韵。如《大家都来帮助"孙悟空"》、《市长换锅的启示》、《莫把"衙门"抬下乡》、《不要闲着"媳妇"想"保姆"》、《借"火"也能点"灯"》等广播评论的标题，既有虚，又有实，虚实结合，富含韵味，鲜明生动，有振聋发聩的效应。

要求标题"镇"住听众，关键在标题要与内容有必然的联系，要传内容之神韵。离开了内容，便无神韵可传。如广播评论《大家都来关心朱伯儒》，提出了全社会都有责任爱护英雄模范这样一个严肃和紧迫的命题，标题的语言虽然平实无奇，却同样能使听众感到耳目一新。

有些标题能够刺激听觉，收到好的收听效果。如《既要打锣，就不要怕响》，《赞抱不住"西瓜"就拣"芝麻"》等标题，能抓住听众，引起悬念。

此外需要特别指出的是，音响，作为一种特殊的广播语言，近几年常见于音响评论（录音述评）和口头评论，这是广播优势在评论表现手法上的体现，往往收到良好的宣传效果。

评论员面对传声器直接发表自己对某事的看法，即为口头评论。口头评论要求语音标准，吐字清晰。音响评论所配的音响，必须是确能表现主题的典型音响，并且能和整篇评论有机融合，氛围一致。

第四节　广播语言的运用

广播语言，是书面语言的口头表现形式，是经过加工提炼的口语。用广播语言写广播稿，是广播媒介对编辑、记者的要求，也是听众对编辑、记者的要求。

广播语言要准确、具体、形象地反映事物。既要通俗流畅，音调和谐，力求有音韵美；又要准确规范，简洁明快，说起来顺口，听起来顺耳，听得清，记得住。

广播语言的特点主要是由广播的传播方式和接受方式决定的。广播靠声音传递信息，听众靠听觉接受信息，"声"与"听"的特殊性决定了广播对语言的特殊要求，规定着广播语言有自己独特的规则。

一、广播语言的造句规则

1. 多用短语，少用长句

广播是说和听的语言，应按口语习惯造句。口语的一个重要特征就是短句多，长句少。

所谓短语（短句），即一句话中所含词语少，文字少，结构简单的句子。这种句子简洁明快，容易读，也容易听懂，是口语常用句式。所谓长句，即一句话中所含词语多，文字多，结构复杂的句子。这种句子严密、精确；但读起来困难，也不易听懂，口语中较少使用。

造成句子偏长的原因主要是附加成分多，联合成分多，或某一成分结构复杂。这些复杂的成分加在主语、谓语、宾语之前，不但使句子形体加长，而且主、谓、宾被割裂开来，无论是读还是听，都不易抓住中心词。若要句子短下来，就要使主、谓、宾紧密相连，不在其间插入过多的附加成分，不用过多的联合成分或复杂的句子来修饰主、谓、宾，较为复杂的定语、状语，可用分句表示。例如：

　　××市卫生防疫站最近对查出的不合卫生标准的酱油、月饼、汽水、奶粉等十多个品种，价值四千多元的变质食品，进行了没收和销毁。

这个句子由于插入了过多的附加成分而显得复杂，念起来拗口，听起来也别扭。可改为：

　　××市卫生防疫站没收和销毁了最近查出的一批变质食品。这批变质食品有酱油、月饼、汽水、奶粉等十多个品种，价值四千多元。

2. 句式连贯，不用独语句

人们听广播总是一句一句地听，听了前面的，才能听懂后面的，这就要求广播语言要句式连贯，中间不可跳跃，不能使用独语句。

所谓独语句，是指由一个名词或名词性词组组成的句子。如

　　冬。上午。解放军已至郊外，城内人心惶惶。

（老舍：《人同此心》第二幕）

这段文字由两个独语句和其他成分组成。这类文字写在剧本每一幕的开头，人们凭它的书写格式及所处的位置，知道这是表明故事发生的时间和地点。广播只传声，不传形，失去约定俗成的书写格式的帮助，人们很难了解独语句的含义。如果广播开头突然来个"冬。上午。"不与前后文的句子相连贯，听众必然会感到莫名其妙。因此，广播里不能使用独语句，只有把书写格式所代表的意义说出来，听众才会听明白。前面那段文字如果写在广播剧里，要改为：

　　这是1948年冬天的一个上午，解放军已来到北平郊外，国民党官兵和流氓地痞乘机奸淫抢掠，城内人心惶惶。

另外，表示赞叹的独语句，如："好快的速度呀！"表示突然发现的独语句，

如："蛇!""炸弹!"在书面语言里都可以单独使用，但在广播稿里就要用前后连贯的语句明白交待：是谁在什么情况下感叹什么，发现了什么。如："李师傅一进车间，就发现靠墙放着的那个蓝色输油罐在冒火花，他大叫了一声：'火!'"

3. 按照口语顺序安排句子结构，一般不用倒装句式

口语的结构顺序，一般是主语在前，谓语在后；动词在前，宾语在后；状语在前，谓语在后；一般不用谓语提前或宾语提前的句式。例如，不说："多么壮丽啊，汽车城的景色!"（谓语提前了）而说："汽车城的景色多么壮丽啊!"不说："他走过来了，悄悄地，慢慢地。"（状语放在谓语之后了）而说："他悄悄地、慢慢地走过来了。"

在广播稿中，人物语言或引语一般都要放在主格（主语、人名或书刊名）的后面，不能放在主格前面，也不能让主格插在引语中间。例如，在广播稿中不写：

> "我不同意!"小明大声地说。
> "不同意也得留下来，"队长一边走到他的跟前一边说，"这是集体的决定。"

而要写成：

> 小明大声地说："我不同意!"
> 队长一边走到他的跟前一边说："不同意也得留下来，这是集体的决定。"

4. 力求音节匀称，上下对应

汉语的词，有的是由一个音节组成，有的是由两个或更多的音节组成。写广播稿时，如果能使前后两句或数句音节对称，形成工整的排比句；或者音节不完全对称，不能形成排比句，但每句话所含的节拍相同，读起来就会朗朗上口，仿若行云流水，有一定的节奏感。试比较下面两句话：

> 下班后，她也很忙，买菜、做饭、收拾屋里……
> 下班后，她也很忙，收拾屋里、买菜、做饭……

第一句显然比第二句和谐顺口。

汉语的优点之一是字分四声，音乐感很强，写广播稿时，应该很好地利用这个优点，让广播稿像音乐一样富有节奏，和谐动听。

5. 整句与散句并用，长句与短句交叉

结构相同或相似，排列整齐的句子叫整句。结构不整齐，各种句式交叉使用

的句子叫散句。整句的优点是形式整齐，气势贯通，广播中可以多用。但在一篇广播稿中全用结构相同的整句，不但难以做到，而且会因缺少变化而显得呆板，失去广播语言的音韵美，所以我们要求整句与散句交错使用，变换句式以求节奏感。

按照口语的习惯，广播语言要多用短句，但一篇广播稿从头到尾都是短句，也难免显得零乱。为了增加语言的变化，使之丰富多彩，在多用短句的同时，也应适当穿插一些长句。

二、广播语言的用词规则

1. 多用口语词汇，不用现代口语中罕见的书面语或成语典故

有些书面语与现代口语差别不大，广播可以照常使用；有些书面语与现代口语不同，写广播稿时应当停止使用。也有一些书面语，由于它简洁准确、寓意深刻，在现代书面语中经常使用，而现代口语中不用，在写广播稿时，就要把它改成相应的口语。如，"日益强大"，要改成"一天比一天强大"。"须发皆白"，要改成"头发胡子都白了"。常见的改动，如：

迅速—很快	即将—就要	蓄意—存心
睡眠—睡觉	闻讯—听说	恐吓—吓唬
询问—打听	途经—路过	措施—办法

成语，言简意赅，如果它已经融会在现代口语中，一般群众都能够听明白，如："拨乱反正"、"实事求是"、"三思而行"等，广播语言应该吸收。有些成语，比较生僻，听声音一般群众难以明白它的含义，如："贻笑大方"、"并行不悖"、"风雨如晦"等等，在广播稿里就不要使用。

2. 多用双音（多音）词，少用单音词

汉语词是由单音节向多音节发展的。古代一些单音词在现代汉语中大多有与之相应的多音词，如：

应—应该	为—为了	因—因为
利—利益	现—现在	或—或者
比—比较	但—但是	虽—虽然
已—已经	并—并且	能—能够
曾—曾经	像—好像	愿—情愿

我们提倡在广播稿里使用多音词，一是由于和口语习惯相一致；二是由于多音节的词比单音节的词音素丰富，好读，好听，好辨别；三是语意明确，如"时"，在现代汉语中可以指"时候"，也可以指"时间"、"时刻"。区分不同场合，用不同的词，可以准确地表达思想。

3. 不用已经废止了的名词

广播担负着推广普通话，促进语言规范化的任务，有些名词含义不科学、不准确，不应在广播里使用。如说"老革命根据地"，容易造成"老革命家、革命老前辈的根据地"的歧义，应该改为"革命老根据地"。有些名词，有关部门已规定不再使用，广播中也不应当出现。如不说"国营单位"，而说"国有企业"；不说"洋灰"、"水门汀"，而说"水泥"。关于计量名词，国家也有明确规定，不用十六两计量；不说"公尺"、"公分"，而说"米"、"厘米"；不用"斤"表重量单位，而用"公斤"等等。

4. 不用不通行的简称

有些简称，已有确定的含义而又普遍使用，如"少先队"、"四化"、"五讲四美三热爱"，广播稿里可以使用。有些简称，含义不确定，如"蹲调"、"流歹"、"'五大'生"，就不容易听懂。在广播里，对于这类简称，要等全称出现以后再用简称。

5. 不用流行范围很窄的方言土语和俗语

有的人片面追求"通俗"，喜欢使用流行范围很窄的方言土语或俗语，如"贼多"、"灵醒"、"你吓我"之类，弄得一些听众晕头转向，不知所以然。

方言是指普通话里不用，只在某一地域使用的语言。方言的地域有大有小，在很小的地域里使用的方言又叫土语，只在部分农民或小市民中使用的方言叫俗语。广播的宣传对象是全社会的人，广播又担负着推广普通话的任务，因此，在广播稿里，最好不用流行范围很窄的方言土语和俗语。

6. 不用或少用专业术语

专业术语，是从事某项专业的人共同使用的语言，一般通行的范围比较窄，文化水平低的人更难以听懂。所以，以整个社会为服务对象的广播媒介，一般不播送科技专业学术论文，也不用或少用专业术语。非用不可时，应作必要的解释。

7. 少用代词，避免指代不明

一般听众都有这样的经验：打开收音机，听到里边说："这个工厂……他们……"到底是哪个工厂？因为没听到头，不知道。如果是看报纸，可以回过头去看看，甚至一看标题就知道了。但除非像济南台那样实行"异步传播"，通常情况下广播不能回过头来听，没听到的，也补不上，有时甚至听完，也不知道"这个"到底是哪个。广播有稍纵即逝、不留痕迹的弱点，因此广播稿里的名词要适当重复，不要一个劲地用代词，所用代词也不要离所代的名词太远。

在书面语言里，有时使用相同的代词代替不同的名词，经过琢磨，也许可以知道那个代词在什么地方代替哪个名词，但在广播里，听众来不及琢磨，不免要感到混乱。例如：

> 在事故现场，×××向蒙受损失的民工家属说："请允许我代表他们向你们，并通过你们向他们表示深切的歉意。"

如果用电视图像显示这个场面，受众可以从说话者的手势上了解他话中的指代；用广播报道则必须将两个"他们"改为明确的指代。

代词"他"、"她"、"它"写在纸上很容易明白其所代，但在广播里是一个音，因此在它们有机会同时出现时，要重复所代的名词，不用或少用这几个音同义不同的代词。

8. 数量词不要"分家"

"××煤矿第一季度原煤产量、掘进尺比去年同期分别提高5%、7%"。这种把数词与量词分家的句式，听众不易听清楚，不符合口语习惯，要改为"×××煤矿今年第一季度与去年同期相比，原煤产量提高5%，掘进尺提高7%"。在广播新闻中类似的例子很多，要注意改正。

9. 对数字应尽可能作形象的说明

数字是抽象的，干巴枯燥的数字不容易记住。为加深听众的印象，可对数字作些说明，最好是形象化的说明。如，说"无线电波的速度是每秒钟30万公里"，"30万公里"是什么样的速度？如果在后面加上一句："这就是说，无线电波每秒钟可以绕地球赤道七圈半"，就显得形象具体，有助于加深听众对数字的理解，帮助听众记住主要数据，以免听众收听时自己去算账，影响收听效果。

10. 防止过多的数字连用

广播有时需要用数字说明问题。它不同于报刊能够用表格表示较多的数字，不但可以少占版面，显得精练，而且还能起到对比的作用。广播给听众的只是声音，没有图像。太多的数字连在一起使用，听众往往是听了后面的，忘了前面的，如：

> 钢产量、销售收入、实现利税、上交利税分别比技术改造前增加23.4%、78.2%、55.4%、51.8%。

这么多的数字堆积在一起，不仅枯燥无味，也无法让人记住。所以，在需要用数字说明问题的时候，只需要选用能说明问题的关键数字，并用汉字表示，而不必将一大堆数字连在一起使用。

三、广播语言的语音规则

1. 正确使用音同义不同的词

广播只传字音，不传字形。凡是在具体语言环境中因为音同义不同可能被误解为它意的词，要改为它的变音同义词，或用相同含义的词组、短语来代替。如："他走近高炉"，写在纸上，读者知道是"走近"；只听声音，如果认为是"走进高炉"，就会因此产生误会。在广播稿里要写作："他走到高炉近旁。"在现代汉语中，这种音同义不同的词很多，下面是一些经常遇到的同音异义词：

费尽—费劲	娇气—骄气	期中—期终
居留—拘留	油票—邮票	石油—食油
全部—全不	切记—切忌	注名—著名
献演—现眼	水道—水稻	走近—走进
计委—纪委	施礼—失礼	上调—上吊

在使用这些词时，应换个说法，比如把"走进"改为"走了进去"，把"全部"改为"全都"，把"期终"改为"期末"等。

2. 给人名、地名、专业术语中的异读字注音

广播语言是有声语言，语音的正确与否至关重要。有些异读字，根据上下文义是可以知道它的正确读音的，播音员不会念错。但人名、地名、专业术语中的异读字，播音员很可能念错。如"四川省涪（fú）陵县"、"单（shàn）先生"、"楔（xiē）子"等等。这就要求记者、通讯员写稿时一定要给人名、地名、专业术语中的异读字注音；编辑编稿时要保留注音。如果稿件上没有注音，编辑应查阅有关工具书，加上注音。

3. 运用好双声叠韵词

声母相同的词叫双声词，如"慷慨"、"澎湃"。韵母相同的词叫叠韵词，如"辗转"、"糊涂"。《贞一斋诗说》云："叠韵如两玉相叩，取其铿锵；双声如贯珠相连，取其婉转。"双声叠韵词运用得自然，能使语句跌宕起伏，节奏鲜明，具有音韵美。如：

钟山风雨起苍黄，

百万雄师过大江。

> 虎踞龙盘今胜昔，
>
> 天翻地覆慨而慷。

"苍"、"黄"为叠韵；"慨"、"慷"为双声。

有些字，虽然也是双声，但音调差别不大，或都是平声字，或都是仄声字，读起来很吃力，听起来也不易分辨。有些字，声母的发音部位相近，平、仄又相同，发音时来不及变换舌位，读起来也很拗口。如"八班战士在山坡打炮"，八（bā）班（bān）是双声，但都是平声，不好读。八（bā）、班（bān）、坡（pō）、炮（pào）中的 b、p 都是双唇音，放在一起读，也很不得劲。

编稿时，没有时间去分辨每一个字的读音，但一边改稿，一边审读，发现拗口的地方就改动一下，是可以办到的。

四、广播语言的书写规则

1. 不用一字多音的表义符号

在广播中使用化学分子式、公式或其他代号，会给播音工作带来许多不便，播音员缺少必要的知识，可能念错；也无法准确计算字数。所以广播稿里不用一字多音的表义符号。在书面语言里，有时用化学分子式表示物质，如用 NaCl 表示食盐；用一些固定格式表示物量间的关系，如 100m/分，表示每分钟行 100 米。遇有这类情况，在编稿时，一律改为一字一音的汉字。如，不写"100kg/m²"，而写"每平方米一百公斤"，不写"100A"，而写"一百安培"。

有些表义的标点符号，要译成有声的汉字。如马老师："现在开始上课。"把"："改成"说"，写作马老师说"现在开始上课"。又如"长江——中国的第一条大河"将"——"改为"是"，写作"长江是中国的第一条大河"。

2. 一般不写两位数以上的阿拉伯数字

广播稿中书写阿拉伯数字，播音时要临时数位，影响播音速度；同时，不便于准确计算字数。如 864 832，写在纸上占三个字的位置，读时要发 11 个字的字音；1200 000 000，书写时需占好几个字的位置，朗读时只有三个字音。字数不准，会影响节目的安排。因此，在广播稿中，除了表示年份的阿拉伯数字以外，一般不书写两位数以上的阿拉伯数字，而用一字一音的汉字表示。

五、广播语言的篇章结构规则

1. 一般不用插叙和倒叙

广播语言是一种有声无形的流动，听众收听广播要受这种"流动语言"的制约，只能是播到哪里，听到哪里，难以超时空提前或挪后。报纸上的文章则是有形的，一次性全部呈现在读者面前，读者可以从头看到尾；也可以从中间选出一段先看。如果作者用了插叙或倒叙，读者不难从比较中看出哪一段是倒叙，哪一段是插叙。如果广播稿使用倒叙或插叙，听众就会感到茫然、困惑。

从我国传统的民间故事和书肆文学来看，"书中暗表"式的插叙用得也不多，大多数还是按照故事发生的先后，从头说到尾。从头说到尾，少用倒叙和插叙，既适合于听的要求，又适合于我们的民族表述习惯。

2. 语言要有适当的重复

为弥补广播稍纵即逝的弱点，广播语言应有必要的重复，以帮助听众扫除收听中的语言障碍，加深对重要内容的理解和记忆。

常用的重复形式有以下几种：

其一，同义重复——用意思相同的语言解释可能造成错觉的关键词语。如《亲鱼催产技术》科技广播稿中，是这样采用"同义重复"辨析有关同音词的：

> 亲鱼是指将要发情产卵的鱼，亲鱼的"亲"字是"亲热"的"亲"；而我们平时所说的"青鱼"是指鱼类家族的一个种类，后面这种"青鱼"的"青"字是青颜色的"青"。

这样的同义重复使听众一听就明白，不至于产生误解。

其二，变句重复——将重要的词语放在不同语句里重复。如：

> 张技术员：兑水稀释要掌握好标准，一般两毫升矮壮素，兑水 50 公斤。
> 小李：哦，两毫升矮壮素兑水 50 公斤。我记住了。
>
> （广播对话：《施好矮壮素，控制棉花生长》① ）

其三，提要式重复——对节目或广播稿中的主要内容，作概括性的介绍。如《新闻和报纸摘要》节目开头和结尾播送的"内容提要"就是这种提要式重复。

其四，问答式重复——先提出问题，重复后再作回答。如：

"被动吸烟对人体有哪些危害呢？被动吸烟对人体的危害主要表现在以下三个方面……"这里先提出问题，让听众有个思想准备，再听下去就容易加深印象。

---

① 王克珑：《新闻采编漫谈》，中国广播电视出版社 1991 年版，第 102 页。

其五，指代式重复——对人名、地名、物名的必要重复。多用在广播广告中。如中央台播出的郑州嵩山制药厂的"嵩山"牌维酶素的广告：

（男）："嵩山"牌维酶素，胃病、食管炎的克星；

（女）："嵩山"牌维酶素，显著预防胃炎、食管癌的中华之宝；

（男）："嵩山"牌维酶素，荣获全国首届百病克星大赛银牌奖；

（女）："嵩山"牌维酶素，国营郑州嵩山制药厂首创出品。

（男女合）：欲购"嵩山"牌维酶素，请与国营郑州嵩山制药厂联系。

这则广告多次重复产品名称，以"指代式重复"突出宣传产品，发挥了广告效应。

3. 不用数字变体表示不同段落和层次

相同的数字，有着不同的书写形式，同是一个"一"，可以写作①、1、一，还可以写作"壹"。在写作中，人们习惯用数字的不同形体，表示不同的段落和层次，如，在一、二、三……中再套上1、2、3……在书面上，人们凭借不同的形体不难区分这些变体数字所表示的不同层次，但在广播里，听声音都是 yī、er、san……无法辨明文章的层次；如果用所谓"大一"、"括弧三"、"阿拉伯数字4"来播讲，就会弄出笑话。

广播稿短小精悍，一般不需要多层次的结构。如果广播稿很长，层次又重叠，广播时只能用语句表示，如说："这篇文章共有三个部分，下面播送第一部分的第一个问题……"，"下面播送第一部分的第三点……"，等等。只有如此，才能让听众听明白各个段落层次。

六、广播用语的一般规则

1. 叙事论理，形象具体

辩证唯物主义的认识论以及心理学的规律告诉我们：抽象概括的信息，要经过必要的思维过程才能被人们所感知。感知抽象的概括，不但需要一定的知识作基础，而且要花费必要的思维时间。和抽象概括的语言相反，形象生动的语言，由于它特有的生动性，容易引起人们的"注意"和"兴趣"，听众感兴趣就愿意听下去。由于它的形象性、具体性，听众花费少许的思维就能感知，容易被人接受。广播的过程，是个连续不断地传送信息的过程，中间不会给听众留下较长的思考时间，听众来不及停下来思考。广播过多地使用抽象概括的语言，听众必须花费较多的思维才能接受；广播不能提供足够的思维时间，听众听起来就会觉得"吃力"。如果听众的思维过程落后于信息的传播过程，一句话还没听懂，下一句话马上又跟了上来，听众的思维和记忆就要混乱，什么也听不明白。

因此，广播叙述事实的用语要具体形象。如报道一个致富专业户，无须用"吃苦耐劳"、"苦干加巧干"之类的词语去修饰，而要具体形象地介绍他利用专业特长致富的故事；报道某工厂企业的变化，不必套用"今非昔比"、"天翻地覆"之类的感叹，而要写出它们变化前后的具体情况，让听众从生动的事实对比中了解它们的变化。

同样的道理，广播中的理论性文章，一般不要太复杂，要尽量做到深入浅出。写广播理论文章时，表述论点要简洁，阐述观点要多用具体形象的例证，少用环节复杂、拐弯太多的逻辑推理。

2. 用语通俗，易懂易记

广播传播得快，消逝得也快。一张报纸可以反复地看，有看不懂的地方，可以停下来想一想，不认识的字，不明白的词，可以去查字典，或者向别人请教。广播稍纵即逝，一听而过，不能停下来让听众想明白了再播。广播的接受对象是全体社会成员，他们之中有的连字都不识，如果使用艰涩难懂的词语，那就等于存心不让他们听。广播的特点，接受对象的要求，决定着广播语言必须通俗。

只有通俗，才易懂，只有懂得了，才能记得住。广播语言要通俗，就要使用在群众中普及了的词语，不用大多数人不懂的名词术语；要用群众熟悉的事物来比喻，不用生僻的形容词；要用现代口语句式，不用欧化句式，也不用半文半白的"书生腔"。

3. 语言文明，切忌粗俗

广播语言要文明，这不但是建设社会主义精神文明的需要，也是提高广播威望，使其更好地发挥教育作用的需要。广播语言是经过提炼的口语，但在提炼时，决不要把粗俗的口头语提炼进广播中。广播语言要文明，有一点要特别注意，那就是有些字本身并不"脏"，但在与另外的字组成词时，看字形没问题，而要读出声来，就变成粗话了。如，问："这件好事是谁做的？"答："是小王吧！"这种情况稍不留神就可能发生，编写广播稿时应注意避免。

此外，《美国之音》的专题节目，为了吸引听众，在广播语言的运用上规定的十条守则，亦可供我们借鉴：

①写作之前一定要知道你写的是什么，不清楚的时候先别动笔；

②一句话只包含一个意思；

③采用最简单、最短的句子结构；

④用最能表示具体动作的词，动词一定要靠近名词；

⑤一句话中避免用插入语；

⑥不要用太长的头衔；

⑦不要用太多的数目字；

⑧写稿简单些，但并非儿童作品，在需要用1 500个常用词以外的词汇时，要加以解释，有时可以换用；

⑨不要用罕见的词语、成语、典故、隐语和借用词；

⑩写好以后朗读几遍，看看能否再简化，把可有可无的词句删去。

第五章 音 响 报 道

音响报道是一种带现场音响和人物讲话的广播新闻体裁，经常运用于有音响特点的新闻事件或可能引起受众关注的新闻人物的报道。我国广播界习惯于将这类报道称作"录音报道"。近年来，随着现场报道、现场同期声报道的增多，录音报道领域不断拓宽，逐渐为含义更加广泛的音响报道所取代。而过去划在音响报道范畴内的实况转播、配音（乐）广播、广播讲话等广播形式，则往往单独称谓，不再属于实际意义上的音响报道。

西方新闻界一般把音响报道称作"实地报道"、"现场广播报道"或"从现场发来的报道"，十分强调报道的现场性和报道时间的同步性。这类报道始于第二次世界大战初期美国哥伦比亚广播公司（CBS）记者爱德华·默罗在欧洲主持的实地报道，其代表作是他 1940 年 8~12 月主持的《这里是伦敦》的现场广播专题报道。

20 世纪 40 年代以来，随着录音机的推广使用，广播记者们纷纷把新闻事件的现场实况音响和人物谈话用录音机记录下来，通过剪接、录制，然后由电台播送出去，给人以真切的听觉感受，满足了听众通过广播了解新闻，如闻其声，如见其人的愿望，受到听众的普遍欢迎。

我国广播媒介于 20 世纪 50 年代初开始运用录音报道——音响报道传播新闻。40 多年来的新闻实践和理论研究证明，音响报道是最能发挥广播特点的新闻体裁。无论是广播记者还是广播编辑，都应该熟练掌握音响报道的各类表现形式和采制合成手段，通过音响报道，更为真切、生动地把新闻信息传播给听众。

第一节 音响报道的特点

一、音响报道的构成要素——声音

音响报道通常由两个部分构成。一个部分是新闻现场的实况音响，又叫现场音响，包括现场环境中不以记者采访活动为转移的自然音响和人的社会活动音响，特别是现场的谈话声音；另一部分是人物讲话，包括记者采访的人物讲话、记者的口头述说，以及由播音员播读的文字稿描述。

无论是新闻现场的实况音响，还是人物的谈话录音，都是声音的记录、反映。声音是音响报道最基本的构成要素，音响报道以声音为素材组成报道。从这个意义上说，音响报道成功与否取决于声音特性的运用。

声音有哪些特性对音响报道产生影响呢？

1. 物理性——声音本体所具有的自然特性

声音是物体振动的结果。声音的传播，就是物体的振动在媒质中以波的形式传递。声波的测定有三个主要因素：频率，波长和波速。如图所示：

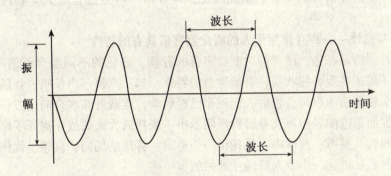

单位时间内声波振动的次数为频率；两个声波的波峰（或波谷）之间的距离为波长；频率的数值与波长的数值相乘之积便是声音传播的速度。在气温为0℃，一个大气压的空气中，声音传播的速度（声速）为每秒 340 米。声速取决于媒质的特性。无线电波的速度为每秒 30 万公里，那么，以无线电波为载体的声音的速度也是每秒 30 万公里。这就是为什么坐在千里之外的收音机旁的听众实际上比坐在演唱厅内离演员不过几十米的观众先听到歌声的奥妙。

声音所具有的音调、音色和音量都属于声音的物理性范畴。音调的高低主要由发声体振动的频率决定，单位时间内声源物体振动的次数越多，频率也就越高，人感觉到的音调相应也就高。音色是由泛音的数量及强度所确定的复杂声的一种特性。泛音与原来音调之和是音色差异的主要原因。音量即声音的大小。声波的振幅大，音量则大；振幅小，音量也小。

声音的物理性特征还表现为它具有立体感，也就是方位感与空间感。振动物体的声频像波浪一样向四周辐射，辐射到不同的方位，便在不同的方位上留下互有差别的声响。声音的这种方位感、空间感，即立体感特征，为听众准确地把握声音，依靠声音辨识现场情景创造了条件。

2. 心理性——声音作用于人的听觉器官后具有的特性

声音通过听觉引起人的心理活动与心理感受，这就是声音的所谓"心理性"

特征。准确地说，应该是人对声音的一种心理的感觉。

人对声音的感觉、感知，与对其他事物的感觉、感知一样，具有认同或逆反的心理。人们听到自己感到亲切、快乐的声音，如崇敬者、亲爱者的话语，著名歌星的演唱，便会声声入耳，陶醉于心；而对自己厌恶的声音，则又惟恐避之不及。

声音就是这样通过听觉引起人们的思维、联想或条件反射。由于人们的生活经历、文化教养、审美观念各不相同，声音引起的心理效应也各不相同。近年兴起的北京摇滚乐令青年人闻之若醉，如痴如狂，而在恪守传统的中老年人看来，简直无异于世界末日的来临。由此可见，声音借助听觉器官对人类心理产生的影响。

3. 写意性——声音作用于人的听觉器官后具有的特性

声音的特定态势，声音的力度，声音的音调、音色的不同组合诉诸于听觉，便具有了描述客观事物状貌，表情达意的特性。如：汽笛一声长鸣，伴随着空咚空咚的车轮滚动的声音，告诉人们列车已经启动，运载着旅客奔向远方；呼啸而来的短促而急迫的警报声夹着警铃声昭示出一场扑灭大火的战斗揭开了序幕……欢腾热烈的谈笑声、鼓掌声，烘托出一个热闹、喜庆的场面；哀怨、忧伤的哭泣声则显然是在讲述一个令人肝肠寸断的故事……

同样一句话，用不同的声调、不同的语气去表现，可能会得出截然不同的反应。这似乎是一个连幼儿园的孩子都懂得的道理。有篇童话，题目叫做《万灵的话》，说的是：有个小姑娘，吵着要奶奶刚烙好的千层饼，奶奶偏不给。后来，有位路过这儿的白胡子老公公告诉小姑娘一句"万灵的话"，小姑娘就用这"万灵的话"打动了奶奶，马上得到了她想要的千层饼。有意思的是，这篇童话恰好描述了声音借助听觉具有的写意性、表情性特征。

不同的语声能够传达出不同的意义。声音外延出的这一写意性特征提示我们在制作音响报道时有效地利用声音的表现力。

二、音响报道的新闻优势

音响报道属于新闻报道的范畴。通常，它以"录音"为手段，通过记录新闻现场的实况或新闻人物的讲话报道新闻，这是音响报道与其他形式的新闻报道最根本的区别，也是它与文字新闻相比较的优势所在。

1. 可靠的新闻传真性

心理学家证明，人们对于自己耳闻目睹的事，比较容易相信。音响报道能准确地将新闻现场的实况音响和人物的讲话录音传播给听众，使听众听到真实可信的声音，认为新闻可靠，从而对传媒产生信赖感；音响报道的新闻传真性因此得到证实。

从新闻真实性的检验标准来看，音响报道中的实况音响和讲话录音，直接来源于新闻现场，来源于新闻事件和新闻人物本身，是新闻事实的直接反映，客观上具有显著的实证性和确定性，体现了新闻传真性。改革开放10多年来，我国的残疾人康复事业取得了举世瞩目的成绩。中央台曾播出过康复后的聋哑孩子在普通幼儿园、小学唱歌、念书的音响报道，从最能证实这一新闻真实性的角度进行报道，使新闻事实具有无可置疑的可信性。

从信息论的观点来看，音响报道之所以比文字新闻更具新闻传真性，是因为音响报道能使听众听到真切实在的音响，得到准确可靠的信息，起到消除"熵"值的作用，也就是起到消除听众对客观事物认识的不确定性的作用，从而达到增加"负熵"，即增加新闻信息量的目的。

具体地说，音响报道所用的新闻素材主要是新闻现场的实况音响和新闻人物的讲话录音，这些声音直接来自新闻现场，又直接作用于听众的听觉器官，因而具有传播信息的直接性，能促使大脑飞快地产生真实可信的新闻形态，较好地消除"熵"值，减少新闻信息的不确定性。而单纯的文字报道，新闻信息仅以语言为中介，只能通过视觉器官，间接作用于大脑，受众既不能亲眼目睹新闻现场的情景，又不能耳闻新闻现场的音响，可信度自然不如来自新闻现场本身的音响，因而消除"熵"值的效果不如音响报道。

2. 鲜明的新闻现场感

音响报道的这一优势，是由人的听觉和视觉的通感作用产生的。中外一些生理和心理学家经过研究得出结论：人的听觉和视觉具有"通感"功能。《全后汉文》卷中有一篇马融写的《长笛赋》，文中有这样一句："尔乃听声类形，状似流水，又像飞鸿"，讲的就是这种通感作用。现代人设计的音乐喷泉，其思路也正是源于对人类通感功能的开发。由于听觉与视觉的通感效应，加上声音通过听觉器官产生的心理效应，使得人们在听到某种音响后，会产生联想，在大脑中建构音响表述的具体景象。当听众听到音响报道中的音响场面时，就可能将听觉形象转化为视觉形象；听到人物讲话的声音时，也往往会感到这个人的存在，甚至仿佛看到他站在自己的面前，从而产生拂之不去的现场感。

前苏联广播学者巴宾科说："录音报道是录音记者运用广播手段重现某一或某些事件的一种音响图画。"① 在收听过程中，声音是怎样转换为活动着的图画；听觉形象是怎样转化为视觉形象的呢?

---

① 转引自汪苏华：《录音报道概说》，新华出版社1992年版，第26页。

这是一个在瞬间完成的心理运动过程。

人们收听广播，接触到声音通过听觉器官带来的听觉形象，这些听觉形象反映到大脑神经中枢，必然激起人的心理、意识活动，调动大脑中储存的对客观世界的感觉、知觉及其表象，再借助于联想和想象，进行新的思维活动，得到新的具体形象。这种新的形象，再通过大脑的转换，转化为视觉形象，仿佛一幕幕图画，在听众眼前再现。

归纳起来，听众收听广播的这种心理转换过程，可以大致分为如下三个阶段：

①感知阶段：唤起感觉、知觉与表象。听众从广播里接受的是第二信号系统，即符号系统传递的信息。音响报道由音响、词语等声音符号构成。孤立地看，这些符号本身所表现的只是某种概念，并不展示形象。但是，音响报道将这些符号有机地组织在一起，通过具体的描述，便可以构成能够意会的空间立体图画，唤起听众的感知，引发听众对以前感知过的事物形象的回忆。这样，音响报道的现场感、形象感便通过听觉得到了初步的体现。

②想象阶段：通过联想与想象，诱发再造想象。音响报道是新闻报道，它提供的大量信息都是听众过去没有感知过的、陌生的。正因如此，听众才会感到新鲜，有联想的兴趣，此其一。其二，音响报道运用真切可信的音响证实了这些信息的可靠，说明这些带响的画面并非无稽之谈，因而听众才乐意将想象活动结合声音对大脑的心理感应继续下去，经过头脑的再造想象，造出和形成新的形象。

③转换阶段：通过心理活动，经过再造想象，将新闻现场的情景再现在眼前，幻化为有声有色的活动立体画面。

视觉和听觉是人类接触客观世界，认识客观事物的主要器官。人在接触外界事物时，往往是开动所有感觉器官，留下全息摄影式的复合记忆。当这一印象的某一部分重复出现时，人脑就会重现复合记忆，调动起当时的各种感觉。这些感觉通过大脑的心理效应，可以互相转换和引发。音响报道一旦被听觉接受，通过大脑的转换，听觉形象就可能转化为视觉形象。由听觉产生的这种视觉形象再进一步作用于大脑，经过思维的强化，新闻现场感就可能深刻地留在人们的记忆中。

3. 强烈的新闻感染力

音响报道运用多种音响表现新闻事件或新闻人物的典型特征，直接、准确地将记者和当事人的真情实感传达给听众，故而能产生强烈的新闻感染力。

人的情感的变化，往往是外部因素作用的结果。新闻报道要想打动受众，引起受众的共鸣，除了取决于新闻自身的价值因素外，还要看新闻的表现形态是否传真、传神，是否能唤起受众大脑中的表象与联想，激起受众情感的共鸣。与文字报道相比较，音响报道在这方面占有明显的优势。

一是因为新闻现场的实况录音是新闻事物运动状态的生动记录，能真实地再现新闻现场的感人情景，使听众如临其境，同新闻人物心灵共振，情感共鸣。

二是因为人物的讲话录音是人的思想、情感的直接反映，可以把讲话人的喜怒哀乐准确地表达出来，直接地感染听众，影响听众的情绪，具有直接的传情性。

三是因为记者的述说或播音员的播讲，是他们在准确地理解新闻内涵的基础之上进行的。优秀的记者或播音员在将文字转变为声音的过程中，能够较为准确、真实地表现出新闻作品的立场、观点、情感和逻辑关系，并且注入自己的爱憎，因而播出的声音富有感情，能直接打动听众。文字报道中的通讯，虽然也包含着情感，但它是渗透在字里行间的，要靠文化素养较高，或者有类似经历的受众去细心体会，并经过大脑思维的数次转换，才能受到感染，不如有声语言那样直接和强烈。

由于音响报道具有上述长处，其传播效果往往优于文字报道，因而被广播新闻界广泛采用。

第二节　音响报道的形式

音响报道通常指的是录音报道和现场报道。

录音报道包括录音新闻、录音通讯、录音访问、录音特写、录音述评和录音剪辑等形式。

现场报道可分为现场录音报道和现场同期声报道等形式。

如果记者从新闻现场发回的报道不包括实况音响，就被称做口头报道或有声报道。也就是说，全部音响只是记者自己的声音。这种情况往往出现在无法利用实况音响的时候。如，市委负责人正在就某种紧急情况同有关人员开会商量，那么，让记者报道这一新闻就比单纯让播音员念稿子好。如果会议结束时，市委负责人或别的领导对记者发表谈话，在下一次滚动播出的新闻节目里便可以采用这一实况音响，发回完整的音响报道。

本节主要讨论各类录音报道，现场报道将在第四节单独介绍。

一、录音新闻

录音新闻是运用音响的消息。也有人将狭义的录音报道称为录音新闻。不过习惯上称之为"录音报道"的录音新闻，一般地说，篇幅稍长一些，内容更为丰满，更具深度。

　　录音新闻是音响报道中篇幅最短、时效性最强的报道形式，在广播新闻中经常出现。

　　录音新闻的特点主要体现为它在内部结构和写作上的特殊性。

1. 录音新闻内部结构的特殊性

　　录音新闻和其他新闻一样，一般由标题、导语、主干（主体）、结尾、背景五个部分组成。但录音新闻的各个部分都有它的特殊性。

　　标题——广播新闻中的文字新闻一般不要标题，而录音新闻一般有标题；报刊的标题有引题、正题、副题之分，录音新闻的标题没有引题。也有些录音新闻没有标题，而用导语来代替。在播报录音新闻时是否安排标题要根据报道的内容和节目的前后承接情况来确定。

　　导语——录音新闻要充分发挥用现场音响报道新闻的优势，就要尽可能做到在报道的开头——即导语部分尽快出现新闻音响，让听众尽早体会到新闻现场的气氛，获得收听录音新闻的新鲜感。

　　此外，为了更好地体现录音新闻的音响特点，适合文字新闻的某些导语形式，如结论式导语、引语式导语等在录音新闻中一般不采用。

　　主干——其一，用典型音响阐发导语中提出的观点、思想或问题，以揭示主题。录音新闻的导语只能简要地道出主要新闻事实，或者提出某个观点，摆出某种问题，详细地介绍新闻事实和说明观点，回答问题，必须由主干部分来完成。

　　其二，主干部分的音响最为丰富和集中，因此音响的安排要注意层次分明，逻辑性强。

　　其三，避免音响互相重复，音响和材料内容不能雷同。

　　结尾——录音新闻的结尾没有固定的模式，也不必刻意造作。最好是把事实交代完以后戛然而止，不留尾巴，自然收尾。

　　背景——录音新闻要求用精当的音响和精练的语言，概括反映新闻事件的全过程或某一精彩片断，简要明白地把事情告诉给听众，节奏明快，现场感强，所以对新闻事件的背景和性质不作过多的介绍和交代，也很少发表议论。

2. 录音新闻写作的特殊性

　　①主线单一，中心突出。一篇录音新闻只围绕一个中心来组织安排音响材料，只报道一件事，阐明一个观点。这是因为广播属于线型传播，听众的空间感觉呈"线型"状，没有选择的余地。录音新闻在音响的组织和安排上考虑这一特点，使报道集中表达一个内容，传递某种信息，形成明晰的思路，便于听众接受。同时，为了避免拉长报道的篇幅，一篇短小的录音新闻，必须主线单一，中心突出。

　　②文字和音响配合默契。录音新闻要充分发挥音响的作用，依靠音响来表达

主题。能用新闻音响表达的意思，尽量不用文字叙述。但也并不意味着音响越多越好，还是要根据报道的需要，选择最恰当的音响来表现和说明主题。

成功的录音新闻，音响和文字是相互依存，水乳交融，不能独自成篇的。在写作中二者必须有机地结合起来，融为一体。

在报道中录音新闻常用于报道各种重要会议的开幕、闭幕、重要工程的开工、竣工、欢度节日、隆重典礼以及文娱、体育、外事等各类社会活动。

参见录音新闻：

我省最贫困的清远白湾镇
百名失学少年今天重返校园

（学校喧闹声。压混）记者：今天是 9 月 1 号，是全省中小学生新学年开学的第一天。也许对于城市的孩子们来说，这是习以为常的事，可是在连温饱都还没有解决的粤北石灰岩山区清远市白湾镇，今年的新学年却充满着不同寻常的欢乐。"希望工程"使这里因为没有钱读书的一百名失学少年儿童终于背上了书包，高高兴兴地走进学校。

一大清早，太阳刚从山坳升起的时候，记者看到不少孩子，有的穿着新衣服，有的光着脚，有的手里拿着文具盒和书本，有的背着书包，从四面八方汇集到一条黄泥石路上。他们穿过一片枯干的玉米地，向着他们心目中神圣的地方——学校走去。记者随着孩子们来到被石灰岩山环抱的白湾镇中心小学。（出录音）"白湾镇中心小学开学典礼现在开始。今天是我校曾经失学的儿童重返校园的大好日子，我们以热烈的掌声欢迎他们（掌声）。"（压混）记者：在这个不寻常的开学典礼上，全校 400 多名师生多次以热烈的掌声对这些一度失学的同学重新回到欢乐的校园表示祝贺。这些孩子从镇领导和校长手中接过"希望工程"资助就读证的时候显得十分激动，他们紧紧地把小小的绿色证书揣在怀里，记者上前采访了他们。（出录音）记者："你叫什么名字？"

女学生答："姚勇燕。"

记者："今天重新读书，心情怎样？"

女学生答："很高兴喽，好好读书，拿到好成绩回去报告父母喽。"

记者："哪一年停学的？"

男学生答："5 年级。"

记者："停学以后做些什么呢？"

男学生答："想赚钱读书，再去读书喽！"

（录音完）

记者："读书，再读书！"孩子们这番话流露出他们对上学读书的渴望和重返校园的喜悦。像这些渴望读书又无钱读书的孩子在白湾镇还有许多，目前全镇还有二百多名该上学念书的孩子因家庭贫困而无法踏进学校大门。

今年我省开展希望工程活动之后，珠江三角洲富裕地区不少社会人士纷纷慷慨解囊，资助贫困山区的失学儿童。在广州市搞运输服务的个体户欧国良，一人就资助了白湾镇10位失学儿童，今天他还专门托人带来了10份文具用品，送给这10个孩子。白湾镇中心小学校长陈显南感慨地对记者说：（出录音）"‘希望工程’资助解决失学儿童入学的困难，体现了国家和人民对我们山区贫困少年儿童的关怀，具有深远的意义。我们白湾镇的失学儿童感到很荣幸，高兴啦，衷心地感谢！"

（出录音，歌声《社会主义好》起）

记者：听，现在孩子们唱起了《社会主义好》，歌声在沉寂的山谷中回荡。这歌声，不仅仅唱出了孩子们的心声，也唱出了白湾镇未来的希望。

这是本台记者在清远市白湾镇的报道。

（广东台1992年9月1日播出）

二、录音通讯

录音通讯是带新闻音响的通讯，是用语言和音响结合再现新闻，表情达意的通讯形式。

录音通讯跟文字通讯的主要区别在于：它不仅要求记者描述细节，还要求用音响来展现细节，要求有"细节音响"。录音通讯跟录音新闻的区别在于：它反映新闻事件更为深刻、具体，描述典型人物、事件更为生动、形象、感人。

采写和制作好录音通讯的关键在于表现手法要灵活多样，富于变化，尤其要注意音响的运用手法。录音通讯的音响运用手法源于文字通讯的表现手法，但并不是所有的文字通讯表现手法都适用于录音通讯。下面介绍几种常用的音响运用手法①：

1. 用压混代播或压混解说将音响驭繁以简

如录音通讯《在世界冠军的母校》里有这样一段：

---

① 李应凤：《录音通讯中音响使用技法初探》，《广播记者》，1993年第2期。

（出音响）学生："陈老师，您以前教过周继红大姐姐，您能不能给我们介绍一下周继红大姐姐在学校里的学习情况？"陈老师："好。同学们，周继红原来在我们学校是一名普通的学生。她从小就好动，热爱体育活动"……（压混）

同学们不光从老师那里了解到周继红大姐姐小时候刻苦学习训练的事迹，还从报纸杂志上收集了许多有关她的事迹的图片、资料，装订成画册，随时学习。他们还把她的一张胸前挂着奖牌的大照片挂在墙壁上……

可以想见，一个普通的学生成长为一名世界冠军，该有多少内容介绍。这篇录音通讯侧重写冠军母校的同学们如何"向周继红大姐姐学习"，因此，在处理这段音响时，编辑大刀阔斧地将老师介绍周继红当年在校的情况予以删减，简单出几句音响后，便压混解说，达到了驭繁以简的效果。同时主题也得到了更好的体现。

2. 用背景音响烘托和深化主题

背景音响是指那些用以说明新闻事件发生的历史、环境与原因，解释事件发生或人物成长的主客观条件及其实际意义的音响材料。背景音响虽不是音响主体，却是录音通讯中不可缺少的部分。成功地运用背景音响，往往可以起到烘托人物，解释过程，说明环境，深化主题的作用。

录音通讯《情满天山路》中背景音响的运用恰到好处：

（出炮声，数秒后压混。）
青年朋友，你听，这石破天惊的声声巨响！噢，对了，你可不要以为这是硝烟弥漫的老山前线。
（炮声扬起几秒，渐隐）
这炮声，来自海拔三千五百多米的天山深处。是修筑天山公路的开山炮声。它，在天山的冰峰雪岭中已经响了十三个年头了。

作者在介绍人民解放军天山筑路大军十几年如一日，不怕条件艰苦，不怕流血牺牲，用128条生命筑起500多公里天山路的事迹之后，在通讯结尾重复使用了这段背景音响：

（出炮声数响，压混）
当我将要离开天山深处的时候，冰峰雪岭之间又回荡起阵阵开山炮声。在这声声巨响中，不知又会出现多少感人肺腑的故事。……

这里的炮声成了文中之眼，格外扣人心弦。从一声声沉闷而滞重的炮声中，听众仿佛看到天山公路在延伸，战士们在无私奉献。炮声强化了牺牲者的悲壮，增加了勇士的豪情，烘托和深化了主题。

3. 用对话音响直接叙事

在录音通讯中用对话音响直接叙事是一种常用的手法。它可以使文章直接、简明，把事实或问题交代清楚。它要求提问单一、明确，最好围绕事件、情理的逻辑顺序进行，回答应简明准确，不要答非所问。

使用最常见的对话是一问一答，也有一人问众人答的。

4. 运用和主题密切相关的音响首尾照应，引起听众回味

好的通讯都讲究"照应"。通常是前有提问或交代，后有呼应或照应。录音通讯要做到首尾照应，就要善于捕捉与主题密切相关的音响素材，引起听众的回味。如前面列举的《情满天山路》，首尾就照应得很好。

5. 让人物自己出声说话，抓住听众

录音通讯中最能直接体现声音特点、最能打动听众的往往是新闻事实中的人物对自己、对他人思想、行为的概括、评价、感觉；对事件经过的准确描述；或是人物与人物的对话；或是人物的内心独白。这些东西最能抓住听众的注意力，进入人物或事件的感情细节之中，直接调动和激发听众的共鸣。

如录音通讯《决不让赌博酿成的悲剧重演》中有这样一段话：

> ……老人听说我们来看她，忽然间似乎想起了什么，从身边的抽屉里拿出了一张照片。（出音响）"你看，这是我的大双的相片，你说我看了揪心不揪心，你说我看了难过不难过哟！（边哭边说）都是养儿养女的人，你说我难过不难过哟……我这个房子空了啊！……"

这段人物讲话，迅速把听众带入现场氛围，使人急切地想了解事件的经过，人物的命运。同时，一位母亲失去儿子那种肝肠寸断的悲痛，更能引起人们对赌博公害的憎恨，从而收到教育群众的效果。

三、录音访问

用录音手段访问、谈话的报道叫录音访问。

录音访问的形式有录音专访和答记者问两种。

1. 录音专访

录音专访是围绕某新闻人物、新闻事件或热点问题进行专题性访问的一种音

响报道形式。通过访问活动的现场音响，尤其是人物说话的音响，加上记者的述说、解释，展开报道。

如中央台播送的录音专访《父子画家》：

> ……（出谈话实况：有关李苦禅身体情况的谈话混播）
> 李燕在家里接待了我。他告诉我，父亲大病初愈，还处于恢复阶段。为了老人的身体健康，我决定不打扰李老先生。
> 阳光从明亮的玻璃窗外直射进来。墙上挂着一幅幅画着老松、雄鹰、顽猴、水禽、人物的图画，使屋里显得趣味盎然。李燕和我坐在藤椅上聊了起来。
> （出李燕谈话录音：混播）
> 李燕说："我父亲教学，一向非常强调人品和画品。……"（省略号为本书作者加，下同）
> 李燕告诉我，他父亲刻苦作画的精神对他影响很大……
> 李燕一边回忆一边说："我父亲对我的基本功要求非常严格，尤其是速写。……他认为合格的让留下，认为不合格的让烧掉。"
> 说到这里，李燕和我都笑了起来。我觉得，李苦禅、李燕父子在性格上有许多相同的地方。但比较起来，父亲更直率豪爽，儿子的性格中似乎更多一点温情的味道。说来有趣，李苦禅、李燕父子在性格上的小小差异，在他们作品的题材和笔墨中也明显地表现了出来。
> 我问李燕，他对他父亲的艺术风格有怎样的看法，他沉思片刻，说道：
> （出李燕谈话录音，混播……）

这里既有记者和李燕的谈话，又有记者的描述和感慨，还有李燕谈话的神态。记者和李燕情感的交流，构成了这篇专访内容生动、行文变化多端的特点。和单纯的录音讲话比较，录音专访具有更丰富的表现力，更为活泼，听觉不易疲劳。和文字的专访比较，录音专访更具传真性，感染力更强。

2. 答记者问

用记者提问，被访问者回答的形式组成的录音访问称作"答记者问"。播出这种录音访问时一般有两种不同的开头方式：一是由播音员或节目主持人以跟记者不同的身份开头，然后引出一问一答的谈话录音；二是由记者本人开头，以第一人称交代访问的时间、地点和背景，然后引出一问一答的谈话录音。

如陕西台1990年12月5日播出的录音访问《和"锅巴王"谈产品结构调整》。开头部分，记者直截了当地提出，解决企业产品产业结构调整问题是全国经济战线的一项重要任务。接着简要介绍了"锅巴王"的事迹：

> 被人们称作"锅巴王"的李照森在探讨产品结构调整上，做了一篇好文章。他学的是机械，搞了大半辈子手表零件，在企业濒临破产的时候，转产小食品，使企业起死回生，产值迅猛增长，今年产值已突破两亿元大关。（仅用产值说明企业的成绩是该报道的不足之处。一年后"锅巴王"受挫也与他们单纯追求产值有关。——本书作者）

接下来播放的是记者采访"锅巴王"李照森，两人一问一答的访问录音。

这类答记者问式的录音访问在开头略作交代后，就由记者直截了当地提出问题，请有关权威人士发表看法，解答问题。用这种形式反映的问题一般都是群众普遍关心的，具有较强的针对性，谈话主题比较集中。有时由于时间紧迫或访问对象一时抽不开身，也可以通过电话录音访问。

四、录音述评

录音述评是以实况音响为素材构成的广播述评，亦称音响评论。

录音述评以述为主，有述有评，述的部分核心材料采用实况录音，评的部分既可以口播评说，也可以采用音响录音评论，即借用群众的议论或权威人士的评议作评论。

如辽宁台1991年12月27日播出的录音述评《补上市场意识这一课》，以采访录音道出的沈阳商业城开业出现的奇怪现象为话题，展开议论，说明补上"市场意识"这一课的重要性和迫切性，议题深刻，论据极富典型性。在写作上，把记者对话和具有典型性、说服力的采访录音融为一体，形成鲜明的对比，夹叙夹议，有据有论，进一步增加了录音述评的分量。

五、录音特写

录音特写是运用新闻现场音响的特写，它是一种抓住新闻事件的某一侧面、横断面或新闻人物的工作、生活片断加以"放大"、再现的音响报道形式。

1. 录音特写的特点

①报道内容上侧重展示横断面。录音特写不同于录音新闻，后者大都要交代新闻事件发生、发展的经过；也不同于录音通讯报道事物时以纵剖面为主，着重反映事物的发展变化过程。录音特写抓取的是新闻事物发展过程中的某一场面，某个瞬间，以及事物在这个短暂时刻的运动状态。如体育报道中经常用录音特写向听众介绍球赛中的几个精彩镜头或击剑比赛的某一扣人心弦的场面。

②写作手法上侧重动感画面的描绘。录音特写在写作手法上较多描绘，用音响和文字描绘新闻事件发展进程中的一个或数个具有动感的画面，写活动着的情景，表现活动着的人物。

如吉林台 1992 年 8 月 20 日的报道：《我省最后一个无电屯通电》，其中有这样一段精彩的录音特写：

男：下午，水龙山屯的人们早早地就收了工。全屯 200 多口人像办特大喜事一样欢聚在屯东头新安装的变压器周围，等待着合闸通电时刻的到来。

女：各位听众，现在是下午 5 点整，通榆县县委副书记王林走上了临时搭设的讲台：

（出王林录音）

"现在我宣布合闸通电！"

（出掌声、鞭炮声和欢呼声）

男：伴随着一声口令，水龙山屯顿时一片光明，家家户户透出了明亮的灯光。

女：屯里的人们新奇地东张西望，继而喊着、蹦着，有的扭头使劲儿往家跑，附近院墙旁边，有几个妇女正擦着喜悦的泪水……

这段特写通过新闻人物——县委副书记王林的一句点题性的录音讲话和掌声、鞭炮声、欢呼声几个现场音响的运用，生动地突现出了新闻现场——水龙山屯通电那一刻的隆重而欢乐的情景。穿插在现场音响背景下的文字，和音响相辅相承地描绘出动感强烈的现场立体画面。这些画面，既有洋溢着浓烈的现场气氛的音响，又有"欢聚"、"等待"、"走上"、"伴随"、"东张西望"、"喊着、蹦着"、"扭头使劲儿往家跑"、"擦着泪水"等活泼泼的动感，显得真切而富感染力。

③表现形式上侧重现场音响，解说只起辅助作用。录音特写中的"特写镜头"和活的画面，光靠文字是无能为力的，只有运用现场音响才能充分表现。

2. 录音特写的音响使用原则

①防止一般化音响。录音特写的着眼点在于突出典型音响。如果音响不典型，报道中就出不了生动的画面，发挥不出新闻场面的镜头效果。所以录音特写的现场音响应该具有典型性特征。

②防止将音响作为文字特写的点缀。录音特写是以音响（包括人物讲话）为主的特写，文字是音响的依附，只能为表现音响服务。假如颠倒音响和文字的关系，在文字特写上加几段音响，那就喧宾夺主，不叫录音特写了。

③防止音响的资料性和文艺性。录音特写的音响必须是直接从新闻现场录制的典型音响，不能用音响资料库的音响来代替，不能配以非新闻事件的实况音响或音乐。因为录音特写不同于广播特写，后者属于文艺性广播，允许以真人真事为基础用文艺手法对事物加以"艺术概括"。录音特写属于新闻报道，在音响的使用上同样不能违背真实性原则。

六、录音剪辑

录音剪辑是由经过剪裁、压缩的实况录音和记者的简要解说组合而成的音响报道，又叫录音集锦。

录音剪辑强调录音实况的新闻性，通常由表现同一主题的一组不同情节、不同场景的录音片断构成，有时也可能由一组性质相同的录音新闻组成，集中而突出地报道某一方面的活动和成就。一般情况下，各录音片断都具有相对的独立性，或用实况，或用录音，或用解说串连起来，构成一个完整节目，故又称录音集锦。

1. 录音剪辑的特点

①题材重大，实况典型。录音剪辑经常用来报道重要政治集会、重大庆祝活动、一些受群众关注的体育比赛、某些有意义的报告会、座谈会。这些题材能体现社会生活，反映时代面貌，且音响典型，收听率较高。

如1987年天津台获全国广播好新闻特等奖的《市长办公会实况录音剪辑》，把一个高层次内部会议的决策过程公开化，体现了人民代表参政、议政的主人翁地位和活跃的民主氛围，题材重大；实况录音由各具性格和语言特色的数位代表性人物讲话组成，典型而不单调。

②音响完整，主题集中。原始的新闻实况录音多数是在"有闻必录"的情况下采录的，内容繁杂、冗长，剪辑的机动性大。经过剪辑的音响片断具有很强的独立性，是可以单独成篇的完整部分。同时剪辑过的音响通常是围绕同一主题展开，内容集中，中心突出。

2. 录音剪辑的制作要求

①删节恰当。剪辑的过程，就是删节制作的过程，删节是采制录音剪辑的重要一环。在删节音响时，要注意以下几点：

注意紧扣主题，删去与主题无关或关系不大的音响。

注意少用或不用听众不感兴趣的音响，删去可能引起听众反感及不利于听众身心健康的音响。

注意通过比较，选取含意深刻、精练明了的音响。

注意选择有代表性的音响。切忌堆砌意义相同的音响，造成音响重复。

注意挑选口音好懂、吐词清楚、表达清晰的人物讲话，避免出现口音难懂、逻辑混乱的人物讲话。

②突出中心。录音剪辑里的音响，要能集中表现报道所反映的主题。因此在制作过程中，编辑、记者要吃透音响素材，弄清每个音响的内涵。在此基础上，认真提炼主题，把反映同一思想内容的音响归纳在一起，成为一个有机的整体，为表现和突出同一个主题服务。

③精心剪裁。录音剪辑的音响，是在众多而复杂的音响素材基础上精心剪裁得来的。在剪辑过程中，要不惜从大段讲话中一个字一个字地"抠"，一句话一句话地剪接，精心识别和取舍音响。但同时一定要注意保持其讲话的连续性。

④注意音响的完整性。录音剪辑的音响具有相对独立性，这就要求制作者在剪辑音响时，力求做到一个音响表达一个完整的意思，体现一个完整的场面或情节。不要把录音磁带剪得太短，以免使实况音响变得莫名其妙和毫无意义。

第三节　音响报道的采制

音响报道是一种独立的广播新闻报道艺术。采制音响报道则是一种美学实践活动，一种建立在真实基础之上的美学实践活动。而真实本身就属于美的范畴。因此音响报道必须讲究采制技巧，赋予美的报道形式，带给人美的享受。

对于音响报道的采制技巧，不能简单地理解为只是采录和剪辑的功夫。它是一个从选择题材、洞察内涵到精美表达的系统过程。音响报道采制者的能力首先体现在较高的思想政策水平、广博的知识和艰苦深入的作风上。任何成功的音响报道，都不是单纯的技巧作用，而是有新闻价值的内容和有美学价值的形式的有机的统一。

一、题材的选择

选择什么样的题材是采制音响报道首先要考虑的问题。题材选得好，报道便成功了一半。选择题材要从内容和适合这种内容的表现形式两个方面来考虑。第一，要考虑题材本身的新闻价值；第二，要考虑新闻现场有无合适的音响可录。那些既有新闻价值又有丰富多彩的音响的题材才适宜于音响报道。

1. 音响有丰富内涵的重大新闻题材

音响报道要特别重视新闻价值和宣传价值，注意对重大社会活动和政治生活大事的报道；也要重视新闻的生动性、多样性，不放过平凡而有特征的新人新事；要追求富有意义的主题。开国大典是重大的政治活动，当"毛主席扭动了电钮，第一面五星红旗正在天安门广场的旗杆上冉冉升起"的声音通过无线电波传遍祖国大地之时，中华儿女无不欢欣鼓舞，为之自豪。而20世纪90年代的今天，当广东台新闻台播出音响报道《你好，南极人》时，从收音机里传来的南极探险者讲话的声音，同样牵动着亿万听众的心。这些音响有丰富内涵的重大题材，适宜于开展音响报道。

2. 有人物活动音响的新闻题材

人是音响报道的主体，人的活动音响是展示新闻的主要音响。所以对音响报道的题材的选择，还要从有无人的活动音响来考虑。要抓住人物活动的音响，抓住有活跃的群众场面的新闻题材开展报道。如体育比赛、文艺演出、群众集会、节日游行等，场面热烈，情绪欢快，音响丰富，特别适合于音响报道。

3. 音响能反映社会舆论的题材

"社会舆论是一种社会意识形态，是指人们对社会现实事件和事实以及不同社会集团和组织活动的态度。"① 社会舆论总是和现实问题交织在一起，体现出群众对诸如住房、就业、子女升学、物价、交通、社会服务之类问题的看法、意见和要求。反映社会舆论，实行舆论监督是新闻传媒义不容辞的责任。但是这种反映和监督必须是确凿有据、令人信服和有利于社会安定的。记者只有深入第一线，采录到有代表性的群众的发言、呼声，才能开展音响报道，正确有效地实施舆论监督。

4. 音响能展示新闻特点的题材

能展示新闻特点的音响，也就是能直接揭示报道主题的典型音响。有时候新闻现场可能没有这种音响，记者在采访活动中可以"引诱"出这种音响。如记者报道新出土的古乐器编钟，听文物管理人员介绍这种乐器今天还能奏出美妙的乐音时，记者不妨请人当场奏上一曲。作为音响报道，这种音响能很好地展示新闻的特点，体现新闻的魅力。

综上所述，凡是没有丰富音响的题材，音响缺乏特点的题材都不适于音响报道。有些题材音响不够清晰、悦耳，主要新闻人物的口齿不清、嗓音嘶哑或者乡音浓厚，难以听懂，也不宜采用音响报道。

二、音响的采录

1. 音响在音响报道中的作用

根据音响在音响报道中的不同作用，通常人们将音响报道中的音响划分为主体音响、背景音响和结构音响。

---

① 刘建明：《当代中国舆论形态》，中国人民大学出版社1989年版，第32页。

①主体音响。音响报道中的主体音响，指被报道的主要事物或人物发出的声音。主体音响与主题的表达有着密切的关系，故又称典型音响、骨干音响或主题音响。在报道中，主体音响起直接揭示主题，直接展现人物精神境界和事物本质特征的作用。

新闻事物本身发出的音响（含新闻现场人物的讲话），新闻人物的发言，可以从声音的角度反映事物的某一重要发展变化过程或事物的某些特点；可以展现人物的个性要素或新闻特征。这样的声音作用于人的听觉，可以使听众产生联想，加深对新闻事实本质的认识。因此，音响往往比文字更能有效地揭示客观事物的本质特征。如一位喉癌患者手术后装上了人工喉，以他用人工喉说话的声音表现人工喉为喉病患者带来了福音这个新闻事实，就要比文字叙述来得真切、生动；我国西昌卫星发射中心成功地发射了澳洲一号卫星，用发射现场的实况音响就能有力地展示发射现场的壮观场面，更好地表现报道主题。所以广播记者、编辑在采制音响报道时，十分注意捕捉主体音响，运用主体音响直接揭示主题，增强新闻的说服力。

主体音响是音响报道的骨架和支柱，一篇音响报道能否成功，关键在于典型音响，也就是主体音响是否选得准确，采录得是否成功。

②背景音响。又叫环境音响、气氛音响。指与被报道的事或人发生联系的其他事物发出的声音，以及被报道的事或人所在环境中的各种声音。背景音响在音响报道中能起到再现新闻现场场景，烘托报道气氛以及表现新闻时间、地点、场合和条件等作用，增强报道的现场感和感染力。如录音特写《第三次登上世界高峰的英雄儿女》，在中国女排姑娘们登上领奖台，现场响起中国国歌的主题音响后，记者接着述说："亲爱的听众，在这激动人心的日子，您还记得中国女排的光辉历程吗？1981年11月6号在日本大阪举行的第三届世界杯女子排球赛，中国队与日本队决赛双方在前四局打成了二平，第五局中国队曾以14比15落后。下面我们一起来听这一段惊心动魄比赛的最后结局吧！"（放比赛现场实况的一段录音）这段音响就是历史性背景音响，起深化主题的作用。

背景音响在音响报道中只起辅助、陪衬的作用，不能喧宾夺主，代替主体音响。如果一篇音响报道中只有背景音响而没有主体音响，那就是本末倒置，谈不上报道的特色了。

③结构音响。指贯穿整个节目的线索音响和衔接时空变化或转场连接的过渡音响。结构音响在音响与音响、场景与场景、段落与段落之间起连接作用，达到连贯上下、照应首尾的效果。

结构音响用特定声音（如钟声、歌声、鸡鸣狗吠声或其他现场声音）将不同类型、不同作用的音响，不同时间、不同环境的场景连贯在一起，构成音响报道的和谐整体，对听觉起导听作用。所以，结构音响并不是可有可无的音响，同样需要精心选择、利用。

总之，一种音响在报道中起什么作用，要根据它在报道中的地位和位置来确定。在音响报道中，以上音响所占比重也要视其内容、题材来决定。通常主体音响是所有的音响报道都具有的，背景音响和结构音响则要视具体情况来定，有时可能没有，有时可能只具备其中一种。

2. 音响的运用原则

音响的运用原则归纳起来有如下几点：

①坚持音响的真实性原则。真实是新闻的生命，也是音响报道的生命。音响报道能再现新闻事件与人物的声音，使听众如临其境，如见其人，因而受到普遍的欢迎。音响报道如果弄虚作假，就会失去优势，失去听众。所以在采录音响时，要坚决杜绝录制广播剧式的音响制作方式，如：用脸盆滴水的声音代替下雨的模拟音响；导演摆布的假现场音响；记者在日常生活中积累的"备用"音响（除非文艺性广播的需要，记者不应该为音响报道积存非新闻背景资料所需的音响）等。

为了保证音响报道的真实，除了没有特定时空限制的泛指性音响（如自然界音响）以外，不允许事前录音或事后补录音响。

②注意音响和记者描述、音响和主题、音响和音响之间的合理布局，以体现音响报道的美感。

音响报道的合理布局意味着：第一，在谋篇布局时，要从全篇音响报道的结构上考虑，妥善安排新闻音响与记者描述的顺序、位置，让文字与音响互相穿插、配合，均衡出现，在结构上体现出音响美。第二，在选择音响时，既考虑表达主题的需要，又考虑音响本身是否中听，是否自然、清晰、协调，使内容与音响和谐一致。第三，在运用音响时，注意围绕主题合理使用主体音响、背景音响和结构音响，使音响错落有致，各司其职。如前面列举的录音特写《第三次登上世界高峰的英雄儿女》，先是运用主体音响点明主题，接着运用背景音响深化主题，然后巧妙地将专程参观奥运会的各国朋友和华人观众的欢呼声、鼓掌声，作为结构音响，既突出了现场的热烈气氛，又起到了连贯上下、照应首尾的效果。第四，尽可能运用音响将听众带入现场，增强报道的现场感。通常在音响报道的开头部分安排音响，便于发挥音响报道"用声音说话"的优势，也符合听众的收听心理。

③紧扣主题，精用音响。音响报道是运用音响的报道，但音响的运用要恰当，过多的音响势必湮没报道的主题，还会导致篇幅的拉长。音响报道成功与否，诀窍不在音响的数量，而在音响的质量。制作一篇音响报道，关键是抓住几

个有特点的典型音响，用典型音响说明报道的主题。典型音响是指能揭示新闻特征的音响，或者能够表现事物某一侧面的音响，也就是有新闻特点、有代表意义的音响，与主题关系密切的音响。音响报道的主体音响必须是典型音响。

三、人物讲话的采录

音响报道的主体是人，人物讲话在音响报道里至关重要。恰当地运用人物讲话，不仅能增强音响报道的传真感和感染力，而且能更好地表现人物的形象，加大报道的力度。

1. 人物讲话的选择

讲话对象的选择——音响报道中的人物讲话，一般要选择这样几种人：一是新闻人物或者与新闻事件有关的人物；二是在某些方面或对某个问题的看法有代表性的人物；三是对新闻事件有发言权的人物（权威者、目击者）。在此基础上，选择口齿清楚、表达能力强的人物讲话。万一对方不善言辞或语音难懂，可以采取压混或混播的办法补救。

讲话环境的选择——作为音响报道的人物讲话，应根据报道内容的要求，选择有利于调动讲话人情绪的典型环境作为谈话录音场所，同时要考虑外界声音干扰小，录音效果好等因素。

讲话内容的选择——讲话内容应坚持如下三条基本原则：一是要引导谈话对象讲有特点、有个性的内容，切忌空洞说教，泛泛表态；二是讲听众关心的内容；三是讲谈话人熟悉的内容，以便增强真情实感，同时讲话也会较为流畅、中听。

2. 人物讲话的采录要求

采录人物讲话的关键在提问。提问技巧如何，往往直接影响人物讲话的质量与效果。因此提问是采录人物讲话的重要环节。

采录音响报道里的人物讲话，通常需要一次性完成，所以对提问有一些特殊的要求。这些要求不仅记者要掌握，广播编辑也是需要了解的：

提问要具体。提问时要从具体事实入手，引导对方作具体的回答。提问越具体，对方的回答也就越具体，报道也就越深刻。

提问要明确。提问越明确，采访对象越容易明白，回答也就越清楚。所以记者提问时要尽量用深入浅出、通俗易懂的话语来表达，不用文绉绉的词语和晦涩难懂的话。

提问要能引导对方说出事实。事实让采访对象讲比记者讲更令人置信，更具说服力。即使记者此前已经了解清楚事实，为了音响报道的需要，也要通过巧妙的提问，由对方口中讲出事实。

提问内容必须为对方所熟悉和对方愿意回答的，不要强人所难，以免造成尴尬局面和报道内容的失实。

提问形式忌用抽象的闭合式问题。因为这样的问题对方只能用"是"或"不是"回答，讲不出事实。如果对方回答出现"是"或"不是"，则必须追问"为什么?"以利于将问题深入下去，引出具体事实。

以上提问技巧的运用要以和谐友好的谈话气氛为基础，谈话对象消除了紧张感和思想压力，不需要讲话稿，谈话才可能自然、生动，有感染力。

四、电话采录

1. 电话采访与电话采录报道

以电话为媒介采访新闻事实叫电话采访。电话采访是新闻采访的常规手段之一，常用于某地发生了新闻事件，路途遥远，记者来不及赶去当面采访；或者急于请新闻人物就某事件表态，发表意见；或者有些材料、事实、数字、人名、地名在发稿前需要请采访对象进一步核实、补充，都可以运用电话采访。有些电台还备有专用电话，以便听众提供新闻线索或新闻事实，交流情况，发表看法，解难答疑等。记者、编辑将电话内容记录或录音后，进一步向对方了解，然后核实报道。这也是电话采访。

近几年，电话采访被广泛应用于听众参与活动——我们已在其他章节里讨论了这个问题。本章仅就电话采访运用于音响报道略作探索。

电话采录报道是将记者同采访对象的电话谈话录音下来，向听众广播。近年来，有的电台直接把记者同采访对象的电话谈话播送出去，叫做电话直播。上海东方台的《东方大哥大》原来是电话直播节目，改为电话录音节目《东方传呼》后，内容更紧凑，编辑的选择性更大，也增加了听众的参与机会，节目的思想性、安全性进一步得到保障。

2. 电话采录的要求

电话采录要特别注意新闻来源的准确性。除了注意核实，力求慎重外，一般应选择有权威的、能全面准确地掌握事实真相的人物作为电话采访对象。采录中要注意在电话上把人名、地名等核对清楚、准确，注意同音或音近的字、词，不要记错。

英国汤姆森基金会1985年出版的《新闻机器》一书认为，电话是收集新闻的最重要渠道之一。电话采访的准备工作也和面对面采访同样重要，记者必须将要求对方回答的问题事先列出一个提纲，以确保在电话采访过程中不发生尴尬的停顿，"免得使那些不愿意接受采访的对象找到一个因沉默而挂断电话的借口"。

《新闻机器》一书认为，如果记者在给采访对象打电话之前已经掌握了一些情况，也不要在电话中一口气全兜出来。因为记者假如把自己所知道的和盘托出，那么得到的可能只是采访对象对记者所述事情的抽象的证实，而不是具体事实的介绍。

3. 电话采录报道的运用

近年来，随着邮电通讯事业的发展，电话在我国城市和部分农村大范围推广，进入千家万户，为音响报道开辟了更为广阔的采访、报道天地。从近几年各地电台播出的电话采录报道来看，听众对电话采访内容录音播出的形式是欢迎的。这种形式，不受距离限制，时效性强，节省人力，具有较强的现场感，越来越多地运用于音响报道之中。如：1991年厦门特区创办10周年之际，台湾《自立晚报》冲破禁区，用几个版的篇幅介绍了厦门特区令人瞩目的成就，并在醒目的位置刊登了邓小平同志为特区的题词，在我国台湾引起轰动。这是一条大新闻，但我们的记者又不能前去采访。厦门台于是利用广播的时空优势，电话采访了《自立晚报》，并用电话录音方式作了报道。又如1991年夏秋两季，珠江台和安徽、江苏、浙江、湖北四省台通过电话采访对我国南方部分地区遭受特大水灾的联网直播报道；广东台新闻台的电话直播专题新闻节目《你好，南极人》，也都是电话采录节目的成功范例。

五、音响报道中的记者述说

音响报道中的记者述说，或曰记者描述，是指新闻音响和人物讲话之外的文字。除录音访问、录音剪辑外，其他形式的音响报道既有新闻音响或人物讲话，又有记者描述。记者描述可由播音员播讲，也可由记者本人述说。编辑应和记者通力合作，写好"记者描述"，以详尽生动地报道新闻事实，增强报道的感染力。

1. "记者述说"的范围与作用

①介绍新闻事件发生的基本情况，如时间、地点、人物、事件经过等，属于陈述性的介绍，用作全篇的引子和骨架。

②交代新闻事件的有关背景材料，帮助听众了解新闻事件的前因后果，来龙去脉。

③介绍从新闻现场观察到的情况，对现场音响作解释、说明，加深听众对新闻事实的认识。

④抒发记者的看法、见解和情感，揭示和深化报道的主题。

⑤由述说引出现场音响和人物讲话，用来转换段落，压缩过长的人物讲话。

2. "记者述说"的写作要求

记者述说与现场音响在内容上要有机结合，水乳交融。记者述说以现场音响为依托，现场音响通过记者述说显示出活力，记者在说明新闻音响的同时，对新闻现场的有关情况及背景材料应作必要的解释，使听众不仅听到新闻音响，而且能加深对新闻事件总体性的把握。

记者述说与现场音响在形式上要协调有致，结合自然，不能自相矛盾。布局时既不要大段大段地堆砌音响，也不要大段落地出现空白。同时音响与记者述说在程度与情绪上要一致。如记者述说："听众回报他的是一阵热烈的掌声"，报道中出现的掌声就不能是稀稀落落、有气无力的。

记者述说与现场音响人物讲话在衔接上要自然、和谐，体现音响报道整体的美感。

记者述说与现场音响的衔接，通常有以下几种形式：

一是先出音响，后出文字，以音响引出文字。如录音通讯《情满天山路》中以隆隆的开山炮声引出记者述说。

二是先出文字，后出音响，以文字引出音响。

如：武汉台1990年12月28日播出的录音报道《"特困户"的节日》：

　　在一辆满载家具刚刚开进小区的卡车旁边，正在搬家的户主周正华及他的妻子和女儿争先恐后地告诉我们：（出讲话录音）

三是音响启发文字，文字承接声音，借声音发挥。如：湖北台播送的录音杂谈《和农村青年媳妇话家常》中有这样一段：

　　（出朱明瑛演唱的《回娘家》，混入）
　　正月间回娘家，大概是每个家庭都有的事。大家听，提起回娘家，朱明瑛唱得多甜呀！青年媳妇们，你们是不是这样呢？

记者述说与人物讲话的衔接，通常有以下两种形式：

一是直接引出法，即把讲话人的姓名在讲话录音出现之前直接报告给听众。

二是间接引出法，即通过对某一人物的背景材料的介绍或对某一事件的介绍，引出人物讲话。

记者述说与现场音响、人物讲话的衔接方式应富于变化，以免使报道陷入单调、沉闷。

记者述说的用语要准确、通俗、形象，有节奏感。述说内容要避免与人物谈话的内容重复。切忌出现如下情况：

> 记者述说："××市长认为，菜篮子工程大大改善了我市蔬菜供应状况，今后还要抓下去。"
>
> （放市长讲话录音：）"我认为，菜篮子工程大大改善了我市蔬菜供应状况，今后还要抓下去。"

音响报道的采访、编辑与制作是一项体现广播编辑、记者、播音员、录音师和其他技术人员新闻职业素养、展示广播节目声音优势的整体工作，随着广播工作者素质的提高和广播传输技术的发展，音响报道这一听众喜爱的广播形式将会在实践中不断更新、充实和完善。

为了避免重复，音响报道的后期制作部分将在第七章《广播节目制作》里统一阐述。

第四节 现场报道

现场报道是广播记者或编辑在新闻现场一边观察，一边采访，一边述说，一边录音或作同期声报道的一种音响报道形式。比前面介绍的几种音响报道更具现场感和真实感，时效性也更强。

由于现场报道发挥了广播以快速和音响见长的优势，受到听众的欢迎，得到越来越广泛的应用。无论记者，还是编辑，都应该熟练掌握这一报道形式，生动活泼地开展新闻报道。

一、现场报道的特点和规律性

现场报道的特点集中体现在报道与新闻事件在时间上的同一性上：记者在新闻现场边看、边听、边采、边说、边录，融采、录、编、播于一体。

如珠海台 1992 年 3 月 9 日播出的现场报道：

珠海市重奖科技人员大会纪实

听众朋友，你们好。

今天是 3 月 9 号，珠海市 1991 年度科技进步奖励大会就要在珠海影剧院召开。

现在会场外鲜花锦簇，鼓乐齐鸣。

在这次大会上，珠海市将以百万元重奖科技工作者。这一举动，在中国科技史上前所未有，真正体现了"科学技术是第一生产力"的精神。

今天，珠海电台记者殷亚敏在现场向各位进行报道。

（录音：去年11月12号发出申报重奖通知，到12月12号申报截止的30天时间内，有十多个单位和个人提出申报要求。）

珠海市副市长、市科技奖励评委会主任梁耀明在会上介绍了这次获奖项目的特点。一是技术水平高，二是经济效益明显，获特等奖的项目，利润都在五百万元以上。

今天一共有5个项目在大会上获奖，5个项目的获奖者分别是：

珠海特区汉胜特种电线有限公司研制的藕芯电视电缆获四等奖，首席获奖者寿伟春同志和他的助手共获得奖金8万元；

珠海市江海电子股份有限公司研制的盒式磁带收录机机芯获一等奖，首席获奖者查雁群同志和她的助手们共获得奖金二十四万四千三百二十元，还奖给查雁群同志香洲胡椒园新村6幢住宅一套；

珠海特区丽珠制药厂的丽珠得乐冲剂获"特等奖"，首席获奖者徐庆中同志和他的助手们共获得奖金一百一十一万二千一百三十六元。还奖给徐庆中同志奥迪牌小轿车一台，香洲胡椒园新村15幢住宅一套；

珠海特区通讯技术开发公司的系列程控用户交换机获特等奖，首席获奖者沈定兴同志和他的助手共获奖金二十一万九千八百零四元，还奖给沈定兴同志奥迪牌小轿车一台，香洲胡椒园新村住宅一套；

珠海特区生化制药厂研制的凝血酶获特等奖，首席获奖者迟斌元同志获奖金二十六万七千一百八十四元和奥迪牌小轿车一台，香洲胡椒园新村住宅一套。

现在，中外摄像记者纷纷把镜头对准了5位获奖者。现在正在由中央、省市领导同志把现金支票、获奖证书以及住房证、住房钥匙和汽车的钥匙交给这些获奖者。

3位特等奖获得者他们应该得到的小轿车现在就停放在珠海影剧院外面。听众朋友，现在全场的观众以热烈的掌声向5位获奖者表示衷心的祝贺。感谢他们在珠海经济特区的建设中以科技推动经济发展做出的重大贡献。

记者："我发现一个很有趣的现象，今天获奖的大部分都是江浙一带的人。你是哪里人？"

寿伟春："我是上海人。"

记者："查总呢？"查雁群："我是无锡人。"

记者："那位徐先生是江苏人，台上发言的沈总是上海人。看来江浙一带确是人才荟萃呀。"

记者："那你们觉得为什么到珠海特区才发挥出聪明才智，能不能谈谈这方面的情况？"

寿伟春："我们珠海特区更加好地执行党和国家的改革开放政策，使我们的积极性得到更好的发挥，对我们科技人员的价值也得到了进一步的肯定，我觉得我们在珠海工作一年做出的成绩相当于在上海起码两年以上，等于说以梁广大同志为首的珠海市委市政府坚决执行党中央的改革开放政策，给我们科技人员的生命延长了一倍。"

记者：听众朋友，珠海市的知识分子对这次重奖有什么看法，我采访了一位参加大会戴眼镜的年轻同志。（出采访录音）

记者："请问你贵姓？"何同志："我姓何。"记者："你从事什么工作？"何同志："在市工业委员会。"记者："参加今天的重奖大会你有什么感想？"何同志："我感到很高兴。因为谈了多少年尊重知识、尊重人才，一直都是空话。通过这个事情确实能说明知识就是力量，就是能创造社会效益，个人也能获得实际效益。"

记者："你觉得这次是不是奖得太重了，有人说奖得太重了，会造成不平衡，你怎么看？"何同志："我觉得不重，只占利润的百分之六，不重的。如果全国每个人都能这样创造效益的话，那国家就很富了。他们得百分之六，我觉得还是小头、小小头，国家拿了大头。"

记者：全国政协副主席叶选平同志出席了今天的科技奖励大会，并作了即席讲话。（出录音）

叶选平："今天珠海的这种奖励的精神和奖励的办法，我觉得也是一个突破。希望能在这么一个难突破的奖励领域，起到一石激起千层浪的作用。"

听众朋友，珠海市1991年度科技进步奖励大会结束了，现在3位特等奖获得者开动他们的黑色奥迪牌小轿车，驶出会场。大家以锣鼓、鞭炮和掌声欢送他们。

我们相信，我市重奖科技人员的行动，一定会在我国科技领域和奖励领域起到一石激起千层浪的作用。重奖之举，也一定会在中国科技史上留下光辉的一页。

（珠海台 1992 年 3 月 9 日播出）

珠海台的这则报道较好地体现了现场报道的特点，揭示了现场报道的一般规律：

1. 记者的口述，实况录音都是在新闻现场同时录下来的。

2. 记者的表达方式是直观，直述；边听，边看，边采，边录，边说。

3. 新闻的时间和地点要素由记者在口述中交代。

由此看来，现场报道比一般音响报道有明显的优势。

一是时效性更强。记者在新闻现场同时完成述说、采写、播音、录制工作，省去了记者写稿、编辑改稿、播音员播稿、录音员复制合成等工序，为及早播发报道争取了时间。

二是传真感、现场感更强。现场报道中，记者将现场情景用直观语言报告给听众，如同将听众带入新闻现场，有强烈的传真感、现场感。

记者在现场采、录、播，个人的感受容易直接传达给听众，使听众受到感染。

现场报道中，新闻现场音响的变化、起伏，往往会激起听众感情的波涛，产生强烈的共鸣。

二、现场报道的采制

1. 选择合适的题材

现场报道对题材的一般要求是：

新闻事实内容单一，层次清楚，便于记者在现场有条理地采访，自如地解说。如果新闻事实内容复杂，头绪繁多，记者在现场一下子难以说清楚，听众就不容易听明白。

新闻事件正在发生和进行之中。只有正在发生的事情才具备现场报道的条件。记者在现场报道中只能用进行时态（现在时）描述，只能用直观的语言表达。

新闻发生的时间跨度小，便于记者在受到限制的广播时间里边观察，边采访，边述说，边录音，采、录、播在现场一次完成。如果要报道一项重大工程从头至尾的建设过程，就不适宜采用现场报道的形式。

2. 选择合适的新闻现场

适合采用现场报道形式的新闻现场通常应具备如下条件：

既有气氛音响，又有典型音响。现场音响是音响报道反映新闻事实的重要材料。音响丰富，才会带来浓烈的现场气氛，使报道富有现场感。但仅有现场气氛音响是不够的，还要看有没有现场典型音响。现场典型音响是报道的骨干和灵魂，有了典型音响才能生动形象地说明新闻事实，突出报道的主题。

不同的新闻事实有不同的现场典型音响，有的是以人的声音（包括人物讲话）为典型音响，有的则是以新闻事件发出的声响作为典型音响，有的是二者兼而有之。对典型音响的认识要具体情况具体分析，根据报道的主题来确定。

新闻现场的地点还应较集中，空间跨度在记者的视觉范围内，便于现场观察、采访、解说和录音。反之则不宜采制现场报道。

3. 现场报道对记者的选择

现场报道是一个双向选择过程，记者要选择合适的题材，合适的现场开展报道；而现场报道又要求记者具备一定的新闻素质，才能完成其报道使命。

在现场报道中，记者的述说是报道的重要组成部分。记者通过形象、生动的述说把听众引到现场，使听众对新闻现场有一个形象的、立体的认识；通过画龙点睛的述说，进一步表现主题，完成段落之间、音响之间的衔接和过渡，使现场报道最终形成一个完整的统一体。

具体地说，现场报道对记者有如下要求：

能用准确、形象的语言和条理清晰的述说将新闻现场的情景展现在听众面前，跟新闻事件有机地联系在一起。

能用符合现场气氛和节奏的语气、基调传情达意，使述说和现场实况融为一体，把听众带入现场环境。

能处理好现场述说与音响的关系：

一要让听众听到音响后再进行解说，以便把听众自然地引进新闻现场。

二要敏捷地抓住典型音响表达主题。如现场报道《上海市进行一次大规模控制爆破》中，记者在现场口令声、爆破轰鸣等直接揭示主题的音响以后，紧接着述说道：

"各位听众，现在我们听到的就是爆破声音。随着一阵轰鸣声，这个坚固的框架变得松散，一股巨大的尘烟腾空而起，刹那间，整个建筑倾倒，塌落在原地，成为一片废墟。整个爆破分十几段进行，一共才十来秒钟。既没有乱石飞舞，也没有剧烈的震动，周围建筑物安然无恙，爆破成功！"

这段述说恰到好处地解答了听众在听到爆破声后心头产生的疑问：建筑物是否炸塌了？周围建筑受没有受影响？听到记者的述说后，这些疑问会释然而散。

三要注意音响之间和音响与述说之间的衔接，不至于让听众产生突兀和摸不着头脑的感觉。

第六章 广播节目导播

导播是广播编辑工作的重要组成部分，是指导广播节目录制与播出的中心环节，节目的成败与导播水平有着密切的关系。

在国外和港、台地区的一些电台，有专司导播的职务，称之为 director，是广播节目的重要负责人。我国的电台对导播称谓不一，做法各异，大体上有如下三种情况：一是由总编室或节目部负责；二是由值班编辑具体执行；三是由各节目部负责人承担。导播工作通常分为这样三种类型：其一，编导合一，由编辑兼导播；其二，编导分开，编辑只负责编，另设专人负责导；其三，一些直播的日常节目和现场直播的临时节目，由导播人员分工负责。

鉴于导播在广播节目制作和播出中的重要地位，而在实际工作中往往重视不够，这就更需要我们进一步明确导播职责，健全导播制度，以实现广播节目的整体优化管理。

第一节 导播的职责

导播的主要职责有：组织并指导节目的制作与播出；及时调度节目；组织并指导日常直播节目；组织并指导现场直播节目；组织并指导专题广播讲话；指导节目音响的处理与运用；审听和监听节目等。

一、组织并指导节目的制作与播出

省、市以上电台一般都有两套以上节目，有的还形成系列台；县级台（站）也至少有一套节目。节目时数长达十几或几十、上百个小时。如何组织并指导节目制作、播出，包括节目的录音、制作合成，安排发播、播出时间、重播次数、节目调度、调整、审听和监听等项工作，直接关系到安全、有序、协调、优质播出，关系到传播效果和社会效益。因而，导播的首要任务就是组织并指导节目的制作和播出。

通常导播应依据广播节目时间表组织和指导节目的播出。节目时间表是电台节目设置和播出时间的具体反映，节目的设置、构成、比例、时间安排、各类节目之间的关系等，均能从节目时间表上得到体现。而对于每一个独立的节目播出单元，从策划到制作、播出的每一环节，都需要导播独具匠心的创造和指导。

二、及时调度节目

广播节目播出运转中，需要做节目调度工作，一般设节目调度员或值班员，由担任导播的编辑负责。

节目播出前，调度员应根据节目时间表或节目播出单，及时到播控中心或录音机房检查当天的播出节目，包括节目内容、播出日期和时间，磁带号码和记录票、重播票与节目单是否一致；是否错排节目，还缺什么节目；哪些节目超时，哪些节目余时；需要哪些补充音乐等。一经发现问题就要及时处理，不得马虎和延误。

节目播出中，调度员应针对播出过程中发生的各种难以预料的问题，及时作出正确处理。有时突然收到重要新闻，有时发生突发事件，有时出现技术事故等，都会影响节目正常播出。如果遇到这类情况，凡是涉及增加或撤换节目，都要及时请示值班领导，抓紧解决。调度员未经授权，不得擅自作主。遇到技术问题，则应与值班员配合，迅速排除故障，或采取其他紧急措施自行解决。

如果节目经值班领导决定临时调整，调度员应及时调度好节目，保证节目继续有序播出，协调运转。

三、组织并指导日常直播节目

凡直播的广播节目，都需要导播。直播和听众电话参与的新闻性节目，更需要导播。新闻节目导播，一般由责任编辑或值班编辑承担。在导播时需要通过调音台或导播手语同播音员或有关机务员联系，如通知播音员临时增播刚刚收到的重要新闻，收到听众就广播话题打来的电话或变更原先的播出程序，延长节目的广播时间等。

四、组织并指导现场直播节目

电台经常对一些有重大意义的会议、体育比赛、竞技活动、文艺晚会等，进行现场直播，这些报道活动都需要现场导播。如：何时由播音员播报，何时播出现场实况，何时转播会议主持人、主讲人或代表人物的讲话实况，何时插播记者的报道或访问录音，等等，均由导播决定。现场直播时还需进行现场监督，用导播手语向播出人员传达意图，使之更好地配合拾音工作，达到节目播出的优质要求。

五、组织并指导专题广播讲话

此处的组织并指导广播讲话与有悖新闻报道真实性的"导演"讲话不可同日而语。在实际工作中，电台请人作广播讲话，请什么人，讲什么问题，讲哪些内容，怎样播出等，需要组织与指导。对那些不习惯上广播，或不会写稿，不善于表达的讲话人，需要耐心帮助和指导。要和他商量讲哪些内容，怎样讲，讲时忘了可以提醒他，讲远了可以引导他。这些工作都属于导播。

六、指导节目音响的处理与运用

围绕广播节目的主题思想，指导播出人员正确处理有声语言、录音资料、音乐以及各种自然的、社会的音响，是导播的职责。通过指导，有声语言的运用要达到准确、鲜明、动听、简练、好懂、易记，使人喜闻乐见的效果。导播必须善于运用多种录音资料，特别是那些生动感人的谈话录音、现场感强的实况录音以及作为节目组成部分的歌曲、音乐、间奏乐等，力求使节目内容、文字表达、播音员的声音、选配的音乐等协调一致，起到突出节目主题思想，刻画人物心理，展示情节发展与烘托现场气氛的作用。

七、审听、监听

审听、监听是导播工作不可缺少的一环。为了保证广播节目正常、优质播出，在发播节目磁带前应坚持审听制度。播出节目，尤其是在直播节目时，要进行监听，以备万一出现问题或故障时，采取紧急措施处理。重播时要重审、复审。节目审查工作一般采取导播分级负责的办法，由台长、总编辑审定重点的、事关全局的、政策性强的节目。日常的审查工作，则往往由台长或总编辑授权导播人员——编辑部主任或责任编辑、值班编辑承担。他们既是从制作到播出的哨卡，又是节目质量的检验员。在审听节目时，从内容到形式都要斟酌推敲，发现问题或疑问要同有关节目负责人或执行人员商量，及时妥善处理。

审听、监听节目不仅可以保证安全、优质播出，还可以促进编播质量的提高。一定要形成制度，长期坚持下去。

第二节　导播运作细则

导播运作细则，包括如下几个方面的内容：

一、播出前的准备

1. 修饰与审定文字播出稿

不论是带音响节目还是文字节目，都需要有文字播出稿。如前所述，包括直播与听众参与的主持人节目在内，播出前都应该通过文字，思路清晰地表述出编辑对话题的设计考虑，表述出渗透着编辑对节目的理解、认识和要求的"节目阐述"；以避免广播节目播出的随意性，避免广播节目流于闲极无聊的说长道短而丧失掉其作为大众传媒所应发挥的积极效应。总之，所有的播出节目，都应该有文字稿或填报详细、清楚，相当于文字播出稿的节目单。

修饰与审定文字播出稿的目的在于制作出一个优质高效的广播节目，并使节目在规定时间内完成。通常是一面研读、推敲播出稿，一面在播出稿上极为简略地用符号（如用△表明重点）标明需要强调的重点；对生僻或可能出现读音错误的汉字标上拼音符号等。对文艺性节目的播出稿则要标明分场（情节的转换）、气氛、语言表情、语调、音乐、音响效果、高潮、次高潮及传声器开关等的暗示。这类暗示多数情况下已由编剧或写稿人标明，导播只要依据底稿指导其他人员录制节目即可。

由于广播节目受时间的限制，加上听众只能依靠听觉获得信息，所以广播节目中的分场不宜太多，以免过于繁复。至于广播剧情节的转换手法，则常用音乐转换、音效转换、声音的渐隐或渐现转换、报幕转换、稍停转换等手法。

不论是音乐还是音效，作为广播剧或配乐通讯，都必须尽力使听众对事件发生的时间和地点，有时空感、现场感。

2. 对播音员及参与播音人员的安排

通常节目设男、女两位播音员或仅设一位节目主持人时，导播只要请播音员或节目主持人作好播音准备即可。若节目中有访问对象出现，导播就必须事先考虑好介绍访问对象的方式：或在节目开始时介绍，或在节目进行中逐一分别介绍。人物介绍的次序，要依据人物的身份及节目的进展情况来决定。

如果是广播剧或配乐通讯，导播对人物的安排，主要是依据演员的音调、音色来决定。对每位演员承担的角色，在声音上都要有个性要求。角色对白的声音，应有明显的不同。广播剧和配乐通讯中出场的人物，一般以不超过4人为宜。

3. 对转播节目的新闻现场和背景的事前采访

对转播节目的各种有关时间、场地、现场转播条件、新闻活动的内容与程序、新闻背景等各方面的情况，在转播前，导播应亲自到新闻现场作必要的采访，掌握有关新闻现场的背景和新的变化情况，最好能获得第一手资料，作为参考和依据。同时通过对现场的观察和了解，能对诸多的转播记者（或编辑）的最佳拾音方位等问题作出安排。

如果转播的是一次盛大的庆典活动，包括导播在内的所有参加转播的工作人员事前都须参加庆典的预演，以便掌握全部过程，顺利完成转播任务。

二、导播手语在节目制作或进行中的运用

当节目制作或正在播出时，导播当场或在控制室中隔着玻璃指挥播音室中的人员，最简便的方式就是使用导播手语。使用手语指挥的基本原则是：手势动作要确实、固定、有力。运作时，决不可犹疑不决，以避免播、演人员无所适从，造成混乱。

国际上通常采用约翰·凯利尔所著《广播节目的制作与导播》一书里所绘制的导播手语图。如：

预备（手心朝面部）

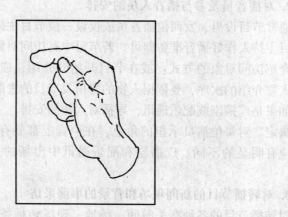

节目开始（食指伸出，指某一人时为：你开始）

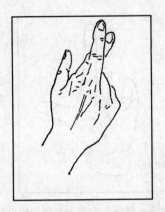

重做一遍（食指与中指交叉）

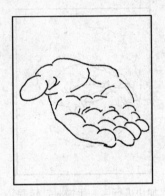

继续演奏（手心朝上）

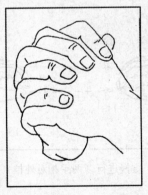

全部播出，避免临时切断（双手抱拳）

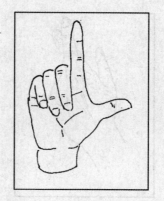

只播一部分（大拇指与食指伸出）

加快进行（一手逆时针转圈）

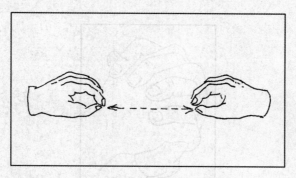

缓慢进行（两手相对外拉）

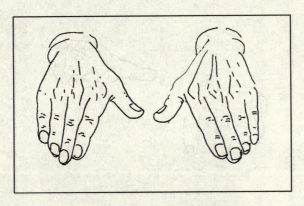

注意平衡（双手朝下，置于胸前）

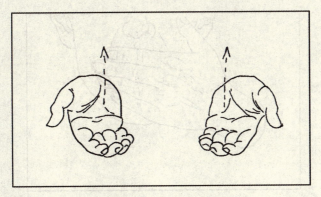

音量加大（双手上抬）

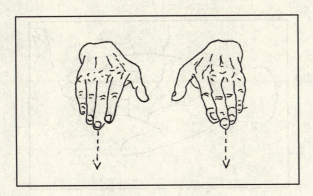

音量减小（双手下压）

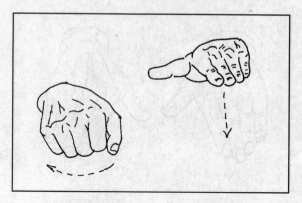

音量渐至消失（一手下压，一手握拳）

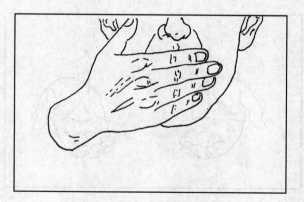

靠近传声器（手心向嘴唇靠近）

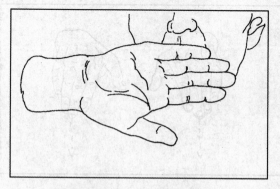

远离传声器（手掌从嘴边移开）

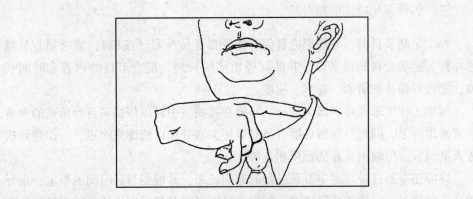

关闭传声器电路（食指从颈部拉开）

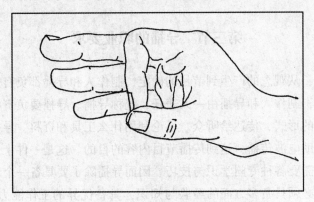

顺利，很好（大拇指与食指成"O"型）

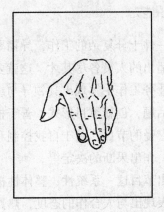

停（一手下压，停住）

三、对预习和排练的指导

每次录制节目前，导播都应督促和指导播音员预习（备稿），要求播音员熟悉稿件，能融会自如地播讲，并能就播出稿的长短，配合节目的内容和时间长度，把握好播音的语调、音节、速度。

排练工作要求在传声器前进行。导播在控制室中可以依据调音台传来的声音了解播出效果，同时一面指导播音员对表述欠缺处加以修饰或改正，一面指导机务人员调节，传输出良好的音乐和音效。

导播还应通过排练测定节目进行的时间长短，并根据节目时间的要求，指导播音员和机务员加快或减慢速度。如发现播出稍与节目时间不符，需作增删处理时，一般可采用加减播讲速度或改变音乐播出长度的方式予以补救。

第三节　导播的职业要求

一个节目，从观念的产生到节目的确定，制作人和导播都负有成败之责，在大多数情况下，制作人和导播由一人兼任，统称导播。导播要负责将节目的观念通过广播节目的形式，传达给听众。不论利用什么工具和资料，导播都必须运用声音符号。借助电波传播，达到传播节目内容的目的。这是一件十分复杂、充满困难的工作，需要各种专门学识与技巧。因而导播除了要具备一个新闻编辑应有的素养外，还必须具备多方面的经验与知识，具备优异的工作能力。概括地说，一个优秀的广播导播，必须具备以下三个方面的长处：

一、良好的领导与组织能力

制作与播出节目，是一件十分复杂的工作，导播要能领导、协调整个节目的制作，使所有参与制作、播出的人员各尽其才。这就要求导播必须具有良好的领导与组织能力，在具体的业务工作中体现出其领导与组织大家的权威性。如善于构思节目布局，设计广播话题，创新节目形式，善于根据听众的心理判断播出稿的价值，把观念变成听众喜爱的节目，善于自我控制和约束，在嘈杂的制作过程中冷静地思考和分析问题，作出果断的决定等。

同时，作为制作与播出节目这一系统性、整体性极强的工作的中心人物，导播应事事以身作则，处处表现出与人合作的态度，热忱地领导和组织全体节目参加者互相合作，群策群力，使节目观念得到完整的表达。

二、丰富的学识与经验

导播必须具备丰富的学识与经验，才能对节目制作与播出的全过程进行正确、有效的指导。

在学识方面，导播至少要具备如下与业务密切相关的知识：

音乐知识——导播应具备优秀的乐感及丰富的音乐知识。音乐在广播节目中占有极为重要的地位，任何广播电台都离不开音乐，任何节目都少不了音乐。当前，除了快速便捷的信息传播，除了方便实在的服务举措，除了直播与听众电话参与外，广播最能与电视相竞争的"拳头"项目就是音乐、音响。如何使文字与音乐及其他音响密切配合；如何表现音乐与内容的统一；如何通过音乐打动听众等，都必须依靠导播优秀的乐感及丰富的音乐知识来指导和处理。

文化知识——制作和播出广播节目，可以说是从事新闻文化工作。新闻文化，是一个极为广泛的概念，它包含社会学、政治学、经济学、心理学、广告学、商业学等许多直接或间接地与节目制作、播出密切关联的知识和内容，只有具备了广博的文化知识和深厚的文化涵养的人，才可能制作出高水准的节目。

文学戏剧知识——广播节目讲究艺术地表现。导播具备了文学、戏剧知识和修养，处理节目自然流畅、生动感人。

语音知识——指导播音员正确、自如地播讲是导播的重要任务之一，因而导播必须具备声学和语音学知识：会正音，懂方言，必要的时候能够"说文解字"，帮助播音员理解语意，更好地表达节目内容。

手语知识——导播必须掌握为便于指导节目制作而特设的导播手语，能及时作出正确的手势，指导演播员作完美的排练和播出。

在经验方面，导播必须具备如下经验：

广播经验——导播通常应由广播经验丰富的熟练编辑担任，必须具有从事或主持广播工作和节目的经验，对广播的特点和各种原理原则有透彻的了解，才能有把握、有信心地主持和组织节目工作，得心应手地制作和播出节目。

舞台经验——广播电台别号空中舞台，舞台经验对节目制作的控制与把握大有好处。如广播剧中为客人倒杯茶，或进入房间敲门用多长时间才表现得体？可笑处如何把握住适当的时间，使听众的笑声不致掩盖住接下来的谈话等，如果导播具备了一定的舞台经验，便可以"内行"地对节目的排练进行合乎实际的指导。

生活经验——导播应该注意积累生活经验，平时留心观察日常生活中各种人物的特征与习惯，留心观察周围事物的变化，随时记下自己的感受和体验。这些经验和感受往往会变成思想的火花，意想不到地给节目制作工作注入创造的活力，给听众带来新鲜的感受，使节目在不断创新中受到听众的喜爱。

三、熟练的机务技术与操作技巧

导播是整个节目生产线上的指挥，虽不必亲自操作每种传输机件和仪表，但必须十分熟悉它们的使用原则，熟悉声音传播的特点，熟悉各种广播机件和仪表的连带关系、最佳效果，尤其是对音乐、音响、音效有直接影响的传声器、调音台、录音机、电唱机、录音场所音响效果等要有深刻的认识，了解并能熟练地运用。因为针对各种机件的特性，加以熟练的技巧的运用，可以产生出各种不同的特殊效果，使节目面貌焕然一新。

第七章　广播节目制作

　　节目制作指的是按照广播文稿（包括广播稿、剧本、乐谱以及记者采录的原始音响素材）的要求，播音，录音，剪辑，配音配乐，制作合成，把广播文稿加工成以声音为符号的广播节目的过程。

　　制作广播节目是一项创造性的精神劳动。各类广播文稿、音响和音乐，经过以导播为中心的节目组编播人员的精心制作和机务人员的共同配合，加上听众的积极参与，就可能成为一个个内容和形式各具特色的广播节目。

　　要制作好广播节目，首先要端正对节目制作工作重要性的认识，了解它的特点和规律性，从而树立正确的节目观念，精心制作好节目。

第一节　节目制作工作的基本特征

　　节目制作在电台的业务工作中占有十分重要的地位。在大多数情况下，广播节目必须经过节目制作这个环节，才能优质高效地播出。

　　即使是现场报道与听众参与的直播节目，也并不意味着不需要节目制作。不同的是，现场报道与听众参与的直播节目，其节目制作环节往往是与节目的播出同步进行的。

　　节目制作工作是广播编辑工作与报刊编辑工作的根本区别。广播编辑除了从事一般编辑所从事的选稿、编稿和组合稿件等工作外，还要从事节目制作工作，如同报刊编辑要从事其特定工作——编排版面一样，广播编辑也要从事其特定工作——把各类广播文稿、音响、音乐加工制作成各具特色的广播节目。

　　制作广播节目是广播编、采、播人员和机务人员（录音师或复制员）的一项重要基本功，它关系到电台播出节目的总体质量，关系到电台的公众形象，甚至关系到电台的存亡。因而，精心制作广播节目，是电台编、采、播人员和有关机务人员的一项十分重要的任务。

节目制作工作具有如下基本特征：

1. 思想性

这是广播传播媒介作为党和人民的舆论工具这一基本属性决定的。它贯穿于广播传播的每一个环节，节目制作工作也无一例外地具有这一基本特征。

通过编播人员和机务人员，有时还有听众参与制作的广播节目，是电台播出内容的表现形式，是报道思想、编辑方针、节目质量的集中体现，是党和政府以及广播电台联系人民群众，联系广播听众的桥梁、纽带，也是国家和政府藉以提高全民族精神文化素质和社会物质文明水平的重要媒介，因而具有明显的思想性、政治性。

2. 技术性

制作广播节目的过程，也可以说是导播音响的过程。这个过程既涉及录音机件的使用知识与录音技能，又涉及电声学、电磁学、建筑声学、声音美学等知识。广播节目的质量，固然取决于广播文稿的质量、演播者本身的水平、录音场所的声学条件、录音设备及其技术条件，但是，音响录播水平的高低，也会直接影响广播节目的制作质量。如音响导播者本身的美学修养，对现代声学条件的利用情况，对设备功能的发挥水平以及对音响好坏的判断能力和录音实践经验等因素都会对广播节目产生明显的影响。

3. 业务性

制作节目属于广播编辑的业务范畴。其业务特征体现在：以广播新闻学的基本理论和采、写、编、播的规律性为指导，根据各类广播节目和各种广播报道形式的特点和要求，高效率、快节奏地制作出色彩纷呈、品格各异的广播节目。

在节目制作的过程中，业务性随处可见。如，在采制录音新闻等音响报道时，新闻现场音响如何恰当使用；人物讲话如何恰当安排；播音基调如何掌握等，都带有很强的业务性。

4. 艺术性

广播节目体现了编辑和制作者的艺术修养和品位。文艺节目尤其如此。制作文艺节目要求音响导播对所录制的作品有深刻的理解，对作品的表现手法、艺术风格、时代背景达到融会贯通的境界，并且通晓相关的文学艺术知识，熟悉所有适于广播的艺术形式，以便对录制工作进行全面的艺术构思和设想。这样呈现给听众的广播节目就不仅能满足他们的信息需求，而且能带给他们艺术的享受。

第二节　节目制作的设备与技术条件

必要的设备与技术条件是制作广播节目的基础。通常应从如下方面考查广播节目制作的设备与技术条件：

1. 播音室的隔音与共鸣效果

播音室是电台的基础设施。条件差的电台，至少配备 1~2 间播音室。条件许可的电台，则可以根据用途的不同，配备十数间甚至数十间播音室，分别作为直播室、录音室、演播室、复制室等。用作各类节目的播音、录音、复制、演播广播剧及举办音乐演奏会等。

播音室的优劣，直接影响播音、录音效果，所以必须在设计与节目制作时考虑如下因素：

一是隔音效果。通常播音室的天花板、墙壁、地板，都需要隔以夹层。墙壁外面，应另有外墙。窗户用双层玻璃，入口还要用双层门。最好在室外有一条走廊，走廊入口再设一扇门，避免外界杂音渗入播音室。

二是共鸣效果。在室内听到的声音，一部分直接来自声源，一部分则来自共鸣。共鸣的作用，会造成续响的效果。一般标准，续响时间以 0.8 秒至 1.2 秒为佳，在此标准之内，声音听起来较为舒适。如果超过 1.2 秒以上，则容易使一连串声音变得模糊不清。

影响共鸣效果的原因可能出自室内壁板、天花板及地板材料对声波的反射及吸收能力，也可能出自室内空间的大小。

如果室内共鸣续响时间超过标准，可以使用吸音材料如石棉、软木、粗质麻布、厚布幔或甘蔗吸音板补救；如果共鸣时间不够，则可以用质地光而有硬度的材料补救。

2. 控制室的有效控制

有些广播节目，由于较为复杂和要求较高，在录制过程中需要导播和制作技术人员具体指挥、控制及操作节目的录制与播出。这样既要求对播音及录制实行有效控制，又必须避免对节目产生干扰和杂音。因此必须另辟一处场所，让导播及机务人员在里面指挥、观察和操作。这处场所就叫"控制室"。

控制室紧连播音室，以双层玻璃与播音室隔开。导播和制作技术人员可以透过玻璃，用导播手语或通过调音台联络，指挥演播人员演播。

3. 传声器的频率响应与指向性效应

传声器又称话筒、麦克风。传声器的传声原理是利用声波可振动空气媒质的特点，将声波信号转换为电波信号。

声波的本质是机械振动或气流搅动引起周围弹性媒质发生波动，因此声波又可称为"弹性波"。引起声波的物体也就是声源，声波所及的空间范围称为声场。

传声器的固有指标包括灵敏度、失真度、输出阻抗、频率响应、指向性效应等。频率响应亦称频率特性，是指传声器灵敏度在工作频率范围内变化的情况，它对拾音后的音质有决定性影响。传声器的指向性亦称方向性，表示其灵敏度的方向特征。一般采访机配备的传声器只要使用人员注意指向性效应即可。因为其他几项指标在设备配备时已经作了综合性考虑。

根据传声器的指向性效应，即灵敏度的方向特征，传声器可划分为单指向性传声器、双指向性传声器和全指向性传声器等类型。

单指向性传声器又称心形传声器，其极坐标图形类似心脏形状。单指向性传声器是在实际工作中使用最多的一种传声器。由于它只对某一方向入射的声波有效，所以当它应用于会场、剧场等公共场所的扩音系统时，可以防止因扬声器反馈而引起的啸叫，还可以避免室内混响声和听众噪声的干扰。单指向性传声器的工作距离在 0.3 米至 0.6 米之间，可以产生低频提升效应，也称"近讲效应"。根据这一特点使用传声器，有助于增强拾音效果。当工作距离大于 0.6 米时，声音会显得单薄；工作距离小于 0.3 米时，容易引起锉磨声、爆裂声和轰鸣声，使频率响应发生畸变，采录到的素材清晰度下降。只有把握住"近讲效应"，合理使用，才能使声音清晰适听。

双指向性传声器又称"8"字形传声器，其极坐标图形呈"8"字形状。在实际工作中，这类传声器应用也比较广泛。如需要男女两人对话的拾音，可以让两人相对而坐，将传声器置于中间位置进行拾音。

全指向性传声器指拾音时对来自各个方向的声音都具有相同灵敏度的传声器，其极坐标图形呈圆形。由于外壳的声障作用，全指向性传声器后部的灵敏度有所降低。该传声器适用于声源范围较宽的场合。如对人声嘈杂的商场拾音，能有效地拾取来自各个方向的声音。但当声源范围很小时，则存在目的音以外的声音也同时被拾取的缺陷。

传声器的指向性可以通过如下简易方法鉴定：用一个声级恒定的声源，在距传声器 0.3 米处，以传声器为中心作圆周运动。如果传声器输出信号的值基本恒定，则判断是全指向性传声器；如果出现某相对方向输出信号较大，而另两方向输出信号较小的现象，则判断是双指向性传声器；如果仅在某一方向输出信号较大，其他方向信号很小或无信号输出，则判断是单指向性传声器。

传声器的种类如果根据振动膜片受力情况的差异来划分，可分成压强式传声器和压差式传声器两大类。目前广泛使用的动圈式传声器和电容式传声器都属于压强式传声器，各类带式传声器则属于压差式传声器。市面上常见的传声器有：动圈式传声器、电容式传声器、驻极体电容式传声器（又称自极化电容传声器或预极化电容传声器）、铝带式传声器、立体声传声器、无线传声器、强指向性传声器（抛物面反射传声器和枪式传声器）等。

4. 调音台对信号的处理

调音台是一种对多路输入信号进行放大及处理，然后按不同的音量混合，产生一路或几路输出的设备。它广泛地用于广播、演播室录音及音频节目后期制作等场合。通过调音台，还可以对声音进行监听。

调音台可分为输入部分、输出部分和监听部分。如图所示：

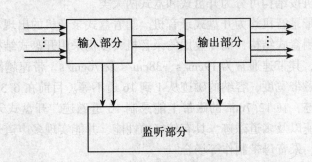

输入部分包含了多个输入通道。每一个通道包含了前置放大器、均衡器、输入音量控制、开关矩阵等组件，其作用是对输入信号进行放大和处理。对输入部分的操作主要是均衡器的调节，输入电平的控制以及输出开关矩阵的选择。

输出部分有多个输出通道，每个输出通道包含了调音电路、主音量控制以及监视仪表等。调音部分实质上为一个混合放大器，它含有多个输入端，接收所有选中该输入通道的信号，也接收来自外接混响器返回的信号，然后将这些信号混合。主音量电平控制用来控制该输出通道输出的电平。监视仪表用来测量该通道输出电平的大小。

监听部分主要用来监听调音或录音的质量。监听部分实际上也由开关矩阵以及混合放大器构成。由于监听可分别使用扬声器或耳机，因而还需配置一个功率放大器。开关矩阵用来选择送入混合放大器的信号，由混合放大器将这些信号混合放大后供监听用。监听部分是一个完全独立于输出部分的配件，因此监听部分的操作不会影响输出通道的信号。

通过扬声器和耳机监听的内容不仅送给调音台操作人员，还送到录音室，以便录音室的人员在放音时监听录制的内容。

通常有如下方面的内容需要监听：

①输入通道的内容，即输入信号的内容。

②输出通道的内容，即调音台的输出。

③录制的内容。由调音台输出，录音机录音后输出的内容。

④对各输入通道的信号进行混合，监听其混合的内容。通常用于补录某一通道的信号时，输送给演播员监听，以便他们同步演播。

⑤在补录某一通道的信号时，只监听需重新录制的节目内容。

5. 录音机和磁带的配合

录音机是音响设备中用来记录和重放信号的重要设备。声音信号通过录音机记录在磁带上，必要时再由录音机重放出来。在节目制作过程中，往往使用录音机先把各种节目的声音记录下来，经过复制最后合成完整的节目。

磁带录音机按结构可分为开盘式和盒式两大类。

早期的磁带录音机均为开盘式录音机。随着盒式录音机的出现和推广，家用录音机一般采用盒式结构，而专业用的录音机大多仍采用开盘式结构。专业用的开盘式录音机，其带速通常为 19cm/s、38cm/s 及 76cm/s。带速越高，频率响应越好。不同的磁带宽度，容纳的磁迹从 1 到 16 道不等。目前在 6.3mm 的磁带上能录制 8 道磁迹，在 12.7mm 的磁带上能录制 16 道磁迹。开盘式录音机由于采用了较高的带速以及多道磁迹，具有较好的性能，并能实现多声道录音，因而常用于节目制作、录音母带制作等场合。

盒式录音机采用盒式磁带，大多作为家用，比较小巧，使用起来也方便。还有一类在家用盒式录音机基础上推出的大盒式录音机，采用 6.3mm 或 12.7mm 的磁带，带速为 9.5cm/s 或 19cm/s。大盒式录音机既具有普通盒式录音机使用方便的优点，又具有开盘式录音机的高性能，并能实现多声道录音。通常这类录音机和小型调音台安装在一个机箱内，构成"微型录音室"，操作更为方便。

磁带是录音机在记录和重放过程中不可缺少的介质，用来记录和存贮信息。磁带的质量直接关系到录音和放音的质量。

根据制作材料的不同，录音磁带可分为普通带（氧化铁带）、铁铬带、铁钴带、二氧化铬带及金属带。普通带以 $r—Fe_2O_3$ 磁粉为材料，一种是低噪声带（LN），其低、中频特性好，但高频特性较差，一般不适于录制频率范围较宽的音乐节目。另一种是低噪声高输出带（LH），它的高频特性好，灵敏度、信噪比、动态范围均较好，一般用来录制音乐节目。铁铬带、铁钴带、二氧化铬带和金属带比普通磁带录制效果好，但只能用于有磁带选择器的高档录音机中。

根据所用录音机的不同，磁带又可分为开盘式和盒式两大类。开盘式磁带用于开盘式录音机，盒式磁带用于盒式录音机。

录音磁带的选择一般按两种形式分：一种是根据使用的录音机来确定。一般的普通录音机选用普通带。具有磁带选择开关的专业录音机，如 SONYTC—D_5 专业采访盒式录音机，当磁带选择开关置于 TAPE Ⅰ 位置时，应选用普通带；置于 TAPE Ⅱ 位置时，选用铁铬带；置于 TAPE Ⅲ 位置时选用二氧化铬带。另一种是根据录音内容确定，一般语言录音和音域不宽的音乐录音可选择普通带，专业音乐录音应选择铁钴带、铁铬带或二氧化铬带。

6. 其他附属设备的配备

节目制作的设备与技术条件，除了以上主要项目外，还需要配备一些其他的附属设备。如：混响器、降噪器、计时器、音响效果器、电唱机或激光唱盘，以及资料室等。

第三节 录音的基本制式与技术要求

一、录音的基本制式

目前，国内外的录音制式，主要分为如下三种：单声道录音、双声道（立体声）录音、多声道录音。它们的录音原理各不相同。

1. 单声道录音

将信号记录在磁带的全轨道上的录音叫单声道录音。它的特点是将三维立体空间的声音信号，通过电声手段混合压缩在一起进行记录。这样录下的音响，失去了声源信息的立体空间感，形成了一个点声源的信号，使听者分辨不出声源的不同空间方位。我国大多数电台的新闻、教育和服务性节目，采用单声道录音制式，也有的文艺节目采用这种录音制式。

2. 双声道（立体声）录音

通过电声手段再现原始声源三维空间的立体声场的录音制式叫双声道（立体声）录音。其录音原理是依据人的双耳效应。人的双耳对声音的先后、强弱有较强的辨别力。双耳与声源的不同距离，可引起时间差、强弱差、音色差、相位差等感觉效应，即双耳效应。双声道（立体声）录音依据双耳效应原理，以两个通路记录与再现原始声场，通过左右通路的不同强度与延时，有效地使双耳的听觉产生预定的强度差和时间差，实现空中定位，从而产生方位感。

根据强度差、时间差的差别，双声道（立体声）的拾音可细分为如下四种形式——

AB 制式。以时间差为拾音原理，将两只型号、性能完全匹配的传声器分置左右，并拉开一定的距离。这样录制的音响效果，时间差明显，有方位感。

XY 制式。以强度差为拾音原理，将两只型号、性能完全匹配的传声器上下重合起来录音。由于两只传声器同轴放置在一个点上，时间差可以忽略不计。但由于两个传声器的膜片在安置时呈一定的角度，使声波到两个传声器的入射角度产生差别，从而产生不同的声音强度，形成了录音效果的强度差。

MS 制式。所用传声器与 XY 制式相同，只是用以重合的两只传声器方向性不同，一个在前方的中间，一个在后方的两侧。立体声信号的产生，是通过两种传声器的强度差实现的，属于强度立体声。

人工头制式。这是一种新型的拾音方法。它用塑料等材料制成人的头型，将两只全方向性传声器装入这个头型的两只耳朵内拾音。通过对人头的摹拟，借助于双耳的时间差、强度差、相位差等的真实记录与重放，获得最佳的听觉效果。这种拾音法具有许多优点，但因重放时只能使用耳机而不能使用扬声器等原因，目前仅在一些音响要求较高的录音中使用。

3. 多声道录音

若干个单声道与双声道立体声分别同步拾音，记录并最后合成一个单声道或一个双声道（或四声道）立体声音响叫多声道录音。它综合概括了单声道录音与双声道录音的原理，集中了两者的长处，录音效果比较理想。不仅适合于中小型音乐会的录制，还适合于大型传统音乐会的录制。

利用多声道录音机的多声道录音技术，给多路传声器设置的节目制作方式带来极大的方便。前期可以分别不同声道集中精力拾音，后期可以认真、细致地处理合成。每条声道的记录既可在同一空间的不同时间录制，也可在不同的空间、不同的时间录制。多声道录音机的工作步骤如下：

①根据录音内容决定分期录制的顺序。根据录音内容决定分期录制每条声道的合理的录制顺序，是完成全部录制工作的前提。

②根据录音内容分配声道。在多声道的录音中，同一条录音带上必须容纳多条声道，如果在记录过程中，各声道分配合理，则后期的合成工作将进行得更为顺利。

③记录"起始信号"。在录音正式开始前应预先记录"起始信号"，即"示入"。起始信号可以是导播的讲话声，如"第二个节目，5、4、3、2、1开始"等，也可由控制室内的调音台产生某种信号，以表示记录的开始。

④记录基本信号声道。在规定的一条或数条声道上记录规定的声部。首先必须记录基本信号或节奏乐器声部。

⑤叠录。叠录是指以先期记录的声道的声音为标准，同步录制某些新声道的过程。叠录时，演播者用耳机收听先期录制的声音，并同步演唱（或演奏），把拾音输出信号记录到预定的声道上。用这种方法，可一次叠录一种或数种声部，直至完成全部工作。通常对人声和较安静的旋律声部作叠录。

⑥用"插入""插出"方法进行修改。对已录制完成的某声道中的某一段声音不满意时，不必抹掉整条声道重录，只需要利用多声道录音机上的"插入""插出"开关，便可将改正后的某段声音插入原位置之中。

⑦结尾。一般乐曲结尾部分的"淡出"效果，是后期在调音台上完成的。所以录音时应留有足够的结尾素材，以便收到良好的"淡出"效果。

二、传声器拾音的录音方法

传声器拾音的录音方法有如下几种：

1. 单点录音法

只采用一个传声器，不附加其他辅助传声器拾音的录音方法叫单点录音法。单点录音法主要用在单声道录音中，立体声录音有时也采用这种录音法。目前我国多数电台的节目，是采用这种方法录音的。

2. 主传声器录音法

在录音中将几个传声器全部使用，并以一个为主录传声器，其他的则为辅助传声器。这种录音方法称为主传声器录音法。由于主传声器与其他辅助传声器离声源的距离不同，录下的声音存在强度差与时间差，从而使声音效果具有方位感。这种录音方法，一般在立体声录音中采用。

3. 多路传声器录音法

几个传声器无主次之分，在录音中发挥同样的作用。这种录音方法叫多路传声器录音法。多路传声器录音法常用在中小型音乐作品或配器不够的现代音乐作品的录音中。由于这种作品音响不平衡，声源中多种因素变化大，需要通过试音与调音进行加工制作，所以采用此种录音法最为合适。

三、录音制作的技术要求

录音制作的根本目的在于通过美的电声音响，真实地再现生活原型，艺术地表达节目内容，引起听众的心理共鸣。要达此目的，在录音制作技术上有如下要求：

1. 根据声源音响的特性录好音响

声源即声音的发源地，也就是发声的物体。把握声源音响的特性，对于选择录音制式与录音方法，设计声音形象，选择录音场所和传声器的型号，以及对于调音、延时或混响的选择及均衡手段的利用，都有重要作用。对声源音响的特点认识得越深刻，对各种声源的结构和声学特点、演唱特色与技巧等掌握得越全面，就越有利于录好音响。

声源音响可分为语言声源音响、现场声源音响和音乐声源音响，各类声源音响都有自己的特点。如，同是乐器声源，弦乐器、管乐器、打击乐器和电子乐器，在声音特色和声学特性上就很不相同，录音的方法也应有所区别。

掌握声源音响的位置变换和出现的时机，对于录好音响，也有很重要的作用。录音音量大小与传声器离声源的距离成反比。在相同的条件下，距离越远，传入的音量越小，录的声音越弱。所以应事先摆好或及时调整传声器的位置，使之与声源保持理想的距离。同时，要根据音响出现的时机，适时调整各路传声器的音量。这样，既能录好音响，又不至于因传声器放置的不当而影响节目的演播。

熟悉和理解声源音响的程度，熟悉和理解被录作品主题思想、艺术特色及风格流派的程度对节目的录制质量有着重要的影响。导播对声源音响和被录作品理解越深刻，越能把握好音响的表现力，越能在录制过程中保持和发扬作品的艺术特色和演播的艺术风格。

2. 注意改善录音场所的声学条件

录音场所的声学条件是决定录音音响质量的因素之一。录音音响的组成，不仅有声源发出的直接声，还包括录音场所的反射声、混响声和外界噪声。录音场所的声学条件不良，如反射和扩散特性不好，混响时间与混响强度不合适，频率响应特性不均匀等声学欠缺，即使声源及其他条件再好，都不会产生优质录音音响。因此，除非在熟悉的电台录音室录音，导播在正式录音前都要对录音场所的各项声学条件逐一了解、分析，如发现某些声学条件不良，应采取相应措施改善。如前所述，设置隔音屏风、反射板、地毯、挂布、垫板以至隔音活动房、玻璃反射室等，有助于改变录音场所的不良声学条件，实现录音的各种音响设计。

3. 妥善选择与安置传声器

传声器是录制节目的关键器材。各种不同的传声器，在灵敏度、失真度、指向性、频率响应、动态范围等方面各不相同。导播和节目制作人员应对各类传声器的电声性能有深入的了解，以便在录制时选择最合适的传声器。

选择传声器应考虑如下因素：

声源特性因素。如小提琴音域宽阔、泛音丰富，在录音时，应选用频带宽、频率响应平坦的传声器；而大提琴低音浑厚丰满，只须选用一般的动圈式传声器就行了。

录音制式、录音方法与使用功能因素。如果采用不封闭多路传声器录音法，宜选择泛指向性、低灵敏度传声器；如果采用 AB 式录音法，则宜选择两个性能一致或基本匹敌的传声器。选择的对象亦不相同。

场地因素。不同特性的录音场所，需要选择不同方向特性与频率响应特性的传声器。

传声器的安置是否恰当，对录音效果的影响也不能忽略。传声器的安放，应根据声学原理，确定传声器距离声源位置的远近、高低、偏正与俯仰，以求得到较为理想的直接声和混响声，以及较为合适的声源频率特性和频率响应。也就是说，传声器的最佳安放位置首先应是不同方向性声频辐射的均衡点。通过离开均衡点的不同变化，可以得到音响设计中需要的音响，实现不同的音响处理。其次，传声器的最佳安放位置，应在直接声与混响声比例合适之处；应避开室内的颤动回声、空调通风口噪声、死寂点；应远离室内强反射界面。

4. 熟练掌握和运用录音技术

新闻、教育和服务性节目，一般采用单声道录音，录音技巧相对容易掌握一些——只要将合适的传声器安放在恰当的位置上，将音量调整好，并注意选择好录音场所，录音效果就会比较理想。

文艺性节目的录制则应根据录音场所的特点和声源的特性，采取相应的录音方法。如果声源比较单一，如独唱，可采用单点录音法；如果声源比较多，队形排列不整齐，可采用多路传声器录音法；如果声源多，队形整齐，声音又比较一致，则可采用主传声器录音法。

文艺性节目的录音距离要根据录音室的特性，声源的大小和传声器的性能来确定。一般说来，在大型混响录音室或大厅堂中录制大型交响乐或大合唱等节目，采用远距离拾音整体效果好，深度层次自然、真实。为了求得整体感与融合度，有时在小型混响录音室中也采用这种录音技术。在小型混响录音室中广泛采用的近距离拾音技术，其距离在1厘米到1米之间，选用的传声器要求低灵敏度，动态范围宽阔，以避免失真。近距离拾音技术对于"咬着话筒的唱法"（即传声器近得几乎与嘴唇相接触）是适用的。对于传统唱法中的弱音唱法、半音唱法与假声唱法也是合适的，对于电子乐器中的电子琴、电吉他和常规乐器中的大提琴，也可采用直接拾音法，即以固体振动传导或以电磁振荡传导的方法直接拾音，将传声器接近乐器的扬声器，或将传声器贴紧在乐器面板的下方，用这种方法拾音的效果一般不如前者好。

第四节　节目制作流程

一次完整的广播节目制作流程，包括采访、写作、编辑、播音、录音、剪辑、配音配乐、合成、审听等业务环节。本节仅就狭义的节目制作流程——从制作前的准备到播音、录音、剪辑、配音配乐、合成直至审听等具体的业务环节展开讨论。

一、节目制作的准备工作

节目制作是一项严谨、细致，充满活力，展示想象力的工作，制作者必须在进入操作前认真做好准备，以保证制作工作高效、有序地进行。

1. 人员准备

要求所有节目制作人员到岗到位，明确职责，立即投入工作。节目制作人员可以身兼数职，如节目监制可身兼导播、编辑，但职责不能削减。节目制作人员包括：

导播（亦称节目监制）：通常由节目负责人或责任编辑担任，是节目制作的主轴。担负着统筹安排和指挥节目的编辑制作；阐述节目意义和制作要求；指导节目制作业务；把握节目制作全过程的重任。

编辑：负责该节目的组稿、选稿、改稿和编排工作。在节目制作中，担任节目阐述和节目制作的有关具体工作。

播音员（节目主持人或演播员）：播讲广播文稿；主持、串联广播节目；演播广播剧或广播广告。

机务人员：操作各种广播传输机器；根据导播和编辑要求制备各种音响效果；负责录制和播放的硬件工作。

2. 技术准备

在录制前对所有录制器材进行一次例行检查和试录。以录音机检查为例，通常要作如下检查：

检查电源。将录音机处于放音状态，看电平表指针是否在绿线范围以内。指针在绿线范围内，显示电源能量正常，反之不正常。

检查磁带。看所用磁带是否与磁带选择开关位置相符。

检查输入衰减。当使用传声器输入时，MICATT 置 0dB 位置，当使用线路（调音台）输入时，MICATT 置 20dB 位置。

检验录制效果。试录一次，检验采录到的信号是否传真。

检查录音机各功能是否正常。即检查快退、停、放音、快进、录音、暂停各功能工作是否正常。

清洗录放磁头。

注意放带有杜比降噪磁带时，DOLBY NR 是否置于 ON 位置。

注意耳机监听输出电平调节钮正常与否。

3. 制作准备

①节目阐述。节目阐述内容包括节目宗旨、节目主题、节目梗概和具体的制作、播出要求以及有关注意事项。通常由导播或责任编辑进行口头阐述，但阐述内容应形成简明文稿，或根据节目阐述卡片逐项填写，用后存档备查，以避免节目制作的随意性。节目阐述有助于编辑和所有节目制作人员加深对节目的理解，增进节目制作的有序化，所有节目制作人员都应该在录播节目前听取节目阐述，并就此展开必要的讨论、研究。

②角色分配。由导播或责任编辑对播音员、演播员进行角色分配，指派机务人员（录音师）负责音响效果配合，操作机器，复制，合成录音等。

③注释底稿。对已修改编写好的广播文稿作简要说明，并在稿件上注明加重语气的字句和注意发音的字、词；注明音乐、音响或广告插入的地方、时间以及

场幕变换的要求。对有关实况音响的录音，必须精确地指出磁带的长度，并加以提示。录音开头的前几个词叫"示人"，结束前的几个词叫"示出"。

④备稿。参与节目的播音员、演播员都要将修饰过的底稿反复诵读若干遍，并练习相互配合，直到熟练。

⑤试播。在传声器前进行非正式播出（不录制）。导播根据耳机听到的情况同时调整每位播音员、演播员的音调、音量或与传声器距离的远近，指示音乐、音响的配合。

二、播音

广播节目制作工作，通常是从播音开始的。播音员的播讲，是整个广播节目的重心，因而一定要把握好播音工作的每一个环节。

1. 熟练掌握传声器的运用技巧

播音员在运用传声器时，应注意以下要点：

①一般情况下，传声器与嘴唇的距离，以 0.15 米至 0.3 米之间为宜。太近，容易把呼吸声播送出去；太远，被渗入的杂音成分就会增多，播出的语音也可能太弱。为了准确掌握传声器与人的有效距离，播音员同样需要事先弄清楚传声器的性能和灵敏度。

②定向传声器杂音较少，有利于播音。但录制音乐时，亦可用双向或无指向的传声器，不过需要根据录音场面大小随时调整。

③播音员的嘴唇应正对传声器。

④播音时应避免咳嗽和掀稿声。播音稿件只写一面，可以不必掀稿。稿件上的大头针或回纹针在播音前都应取下，松开稿纸粘接处，让播稿者播完一张，便可轻轻拿掉一张，避免发出掀稿声。

⑤嘴唇与传声器之间，不要被稿件或其他东西挡住，以免影响声音传真。

⑥男声、音调较低者，应离传声器稍远；女声、音调较高者，可离传声器稍近。

2. 注意播音技巧的运用

播音员的音调是否动听，可能影响听众对一个节目欢迎的程度。因此播音员平时要注意嗓子的保养，播音时要特别注意音调运用技巧。

注意放大音色——张大口形和嗓子，用中等力量发出声音，做到发音正确，咬字清楚彻底。播音开始时，发声力量尤其不能过大，否则数分钟后就会感到嗓子疲劳。

注意掌握速度。播音速度在每分钟 150~200 字之间为宜，前后速度应均匀一致。每篇稿件之间应有适当间隔，一般间隔时间为 3~5 秒钟。

发声要自然、亲切，语调与内容相吻合，并按语意表情而抑扬。

除了我国听众习惯的新闻节目采用庄重的诵读语调外，一般节目最好用谈话语调播音，更为贴近听众。

3. 导播与播音员的密切合作

导播对节目制作全过程负有组织指挥和业务指导责任，播音员应和导播密切配合，完成播音任务。一方面，播音员要认真领会节目的编辑和制作思想，根据"节目阐述"的具体要求播讲好节目；另一方面，导播应积极、主动地行使职责，在控制室可以通过调音台与播音员取得必要的联系，并通过导播手语或操作调音台控制设备进行联络和指挥。

三、录音

1. 语言的录制

一般的语言节目，如播读新闻稿、人物专访、现场转播等，对于语言（谈话）的录制，其效果只要求宜时、宜地。如果是在播音室内录音，谈话者的音调和音量跟平时的讲话相当即可。在播音室外录音，如果四周声音嘈杂，谈话声调要提高到足以压倒周围杂音。通常情况下则应尽可能避免高声嘶喊。这是谈话语音的录音原则：清楚、明白。

广播剧或广告的语言录音，技术上较为复杂。因为剧情或设计的需要，人物的音色要求具有个性特征，对谈话声音的要求也各不相同。加上参与录音者，有的嗓音含有尖锐陪音，听起来尖细刺耳；有的嗓音迟钝陪音较多，听起来粗重压抑。这就需要经过一定的音响处理。如，使用调整器补救，或在有固定音色的播音室中，将传声器置于中央位置，音响效果就会有所改善。如果同时使用多个传声器，效果往往更好一些。

有时为了增加节目的气氛，还可以运用一些录音技巧改变声音的粗细、远近或高低等。如：

使声音迟钝或嘹亮：使声音迟钝的要诀是避免回音进入传声器。避免的方法是使用小型播音室或户外录音，或者将传声器放置在一个有吸音效果的角落里也可以让声音听起来迟钝。相反，要使声音更嘹亮，可以用回声加入的方法处理。例如增加播音室的回音效果，使用较大的播音室等。如果备有共鸣箱（回声箱），则更为简便易行。

强调人多：表现群众场面，强调人多时，可以让播音员们聚集在传声器前说话，造成人声嘈杂的效果。

谈话人的距离感：为造成人物移动的感觉，通常用改变声音远近的方式处理，常用的处理技术有：声音强弱变化、利用滤音器处理、插入音乐或音效等。

角色的对比：导播对于各个角色的声音位置、声音高低，应特别注意对比性的分配。假如剧中有两位角色对话的场面，偶尔可以适时插入配角的声音，造成对比，也可以增加气氛。如果在不必一定要求真音而要强调对比时，可使用滤音器改变声音周波的方法处理。如，使男声更粗或女声更尖，都可用滤音器来改变。

2. 音乐的录制

音乐在节目制作中具有广泛的用途：

一是作为节目的构成部分。无论电台大小，音乐在各电台的节目中都占有极大的比重。可以说，没有音乐就没有节目。所以在节目制作中应特别注重音乐的质地、音乐的组合和音乐的利用，保证音乐节目的制作质量。

二是为听众提供音乐娱乐和音乐享受。听众只要打开收音机，即可收听到各种音乐，还可以根据个人爱好或情感需要，点播各种音乐、歌曲。

三是作电台和节目的标志。为了吸引听众，或为了加深听众印象，使听众容易识别电台和节目，电台的台标音乐、节目的开始曲和主题音乐，都有一段固定的音乐作为标志。

四是用作配乐广播。为文字报道配上音乐，借以渲染气氛，抒发情感，增强报道的感染力。

五是用作间隔音乐。不论是广播剧还是其他类型的节目，在一个完整的节目下，常分有几个小段落。节目与节目之间，段落与段落之间，可用音乐来连接，表示节目情绪的变化。同时便于听众在收听过程中得到短暂的休息，引起新的收听热情。

一个优秀的节目制作人或导播，应能从节目的标志音乐（开始曲）起，到节目的背景、转场、效果及至结束，运用音乐完美、自然地引导节目发展，制成一个美妙的节目。

此外，音乐还能用作情绪的烘托或音响效果。在语言节目或广播剧中，常用音乐衬底，造成一种气氛来配合节目中演员的情绪，或以音乐来表达某种情感或特定的音乐效果。

音乐节目的录制原则：

一是选用能够促进听众身心健康，纯正优美，以民族化、现代化为主的音乐作为主要的制作方向。

二是音乐格调应根据听众的欣赏水平决定，有高有低，以适应大多数听众要求的大众音乐为主。

三是对音乐的诠释时间不宜过长，以简明扼要、引人入胜为宜。

四是节目中的歌曲及音乐的选材应有变化，有调节，避免雷同。

录制音乐有一定的技术要求。

主要是注意传声器的运用。录制音乐节目使用的传声器，以双声道（立体声）和多声道传声器为主，节目制作人员应充分掌握各类传声器的性能，将传声器的位置、角度、高度作良好的安排，以能摄取平衡的乐声为原则。大型演奏会不妨多用几个传声器，便于获得平衡效果。在失真度方面，以愈接近真实愈好。不过，有时为了增加音乐的气氛，可使用回声箱加入若干共鸣效果。

使用传声器录制音乐还有如下技术要点要引起注意：

传声器与音乐声源的距离，一般以 0.15 米至 0.3 米为宜。传声器的灵敏度高或声源音量很大时，距离不要太近；反之，若传声器灵敏度稍差，或声源音量较小时，距离可近一些。

传声器应对着声源，否则会有失真的感觉。

男女对唱时，男的音调低，最好离传声器略远，女的则最好略近。

大型音乐会中，为了便于听众听到每一种乐器的声音，传声器绝不可太靠近音量大的乐器。

此外，在音乐演奏进行中，应严防任何噪音侵入。包括扩音器的声音再经传声器传送出来的回馈声、主持人插话声、走动声、器具移动声、人员联络声等。

录制音乐节目时，导播还应注意做好记录，如每支乐曲的长度、曲名、节目名称、播出日期、时间、演奏者、指挥者以及其他需要记载的事项，以便作为音乐资料保存。

3. 音响的录制

如前所述，音响和语言、音乐共称广播三要素。广播音响既有一般物质声波运动的共性，又有现代大众传播媒介的个性，它是运用电子技术手段对广播节目需要的各种声源音响素材进行实录或模拟形成的。节目音响是能够使受众在收听过程中，产生真实而和谐的心理美感的一种特殊声音，具有与有声语言、节目音乐诸要素彼此融合，相辅相成，使节目内容与形式、传播与效应和谐完美的特殊功能。如本书第五章《音响报道》所述，根据节目主题和结构的需要，节目音响大致可分为主体音响、结构音响和背景音响三种，此外，有价值的节目音响还可作为历史资料音响留存备用。

在新闻现场实录的音响，主要用于音响报道。音响报道中的音响的采录已在第五章介绍。在节目制作中往往还要考虑模拟或作为资料的音响——音响效果的运用。一般说来，音响效果（音效）有如下作用：

①表达情绪，渲染气氛。如敲锣打鼓显示欢乐的气氛。

②表示时间或场地。如公鸡啼叫表示清晨，嘈杂的叫卖声表示市场等。

③加强动感。如隆隆的车轮声使听众恍若置身于行进中的列车之上。

④说明过场或创造蒙太奇（Montage）效果。蒙太奇效果是一种高速度的场次法，即用音效代表一段相当长的时间，以表达场次的高速度转移。

⑤节目或广告的代表讯号。如"打的打"的喇叭音响是中央台《小喇叭》节目的前奏，一听到"打的打"，小朋友听众就知道《小喇叭》要开始广播了。

⑥表示特定场景或特殊情况。如急促的行进声表示赶路；凄凉、阴森森的风雨声夹着一两声怪叫展示出恐怖的画面等等。

录制音效，最简易的办法是使用音响效果器。但目前大多数电台多采用音效录音带或音响资料，也有的临时使用各种道具和技法制造或模拟某种音响。如"百鸟齐鸣"、"滂沱大雨"等声音多采用资料库收集的音响资料录音带播放；而敲门声、叫卖声等现场易于制造的声音，则可尽量由演员现场制造，让音效的录制和语言的录制同步进行。

音效表达的意义，有真实的层面，也有抽象的层面。在抽象的层面上，往往可以使用音乐来代替音效。因为音乐本身具有艺术效果。巧妙地运用音乐代替音效，可以使节目达到更高的艺术境界。如表达激动人心的热烈场面时，仅播放一阵掌声和欢呼声，似嫌一般化。如果在掌声欢呼声中紧接一小段高昂激越的音乐，很可能将人们的激动、欢快升华到主题表现的境界。

四、剪辑

剪辑，本来是电影制作的一道工序，借用在广播节目制作里，是指将准备用作广播节目的录音，根据编辑意图和节目的主题思想，进行删剪、整理、连接等适听化处理的加工过程。

优质的节目音响有可能毁于拙劣的剪辑。广播人必须懂得怎样妥当地剪辑录音磁带，而并非简单地使用剪刀剪取磁带和用透明胶粘接磁带。重要的是把握住该保留什么内容，估计出什么地方可以获得最好的效果。

剪辑新闻音响的原则与技术要求已经在第五章里作了叙述，本章着重讨论文艺类作品录音素材的删剪和辑录。

1. 删剪的标准

看是否符合根据对原作品的主题和艺术特色的理解与评价而确立的剪辑节目的主题。

看是否符合剪辑节目的时间长度。

看是否符合听众对象。听众对象不同，剪辑的重点亦不同。城市知识分子与农民；中国听众与外国听众；都应有所区别。

2. 删剪的要求

突出主干，剪去旁枝。

突出主要人物和主要情节，剪去次要人物以及无关紧要的情节。

突出重场戏、重要唱段和重要台词，剪去过场戏、次要唱段和次要台词。

突出关键性的音响和细节，剪去过长的重复音响，如剪去戏曲中重复的锣鼓点和曲牌，电影中某些过长的环境音响和动作音响等。

3. 辑录的方法

所谓辑录，就是把选中的音响重新组合起来，用解说词把它们编织成一件完整的艺术品。

重新编排组合，并不等于原作品音响的简单压缩。它有时需要改变原作的前后顺序和结构形式，重新建构作品。如有的西方国家的电影，其结构往往是时空交错的多线条立体形，根据我国听众的听觉习惯，需要把这种结构改为一贯到底，单线发展的单纯型结构，用"花开两朵，各表一枝"的手法，把同一条线的场面镜头集中并连接在一起，一一道来。

辑录的质量，在很大程度上取决于解说词的写作。解说词一般分为两种，一种是作品之外的解说词，有的又叫串联词。一种是作品之内的，构成作品有机组成部分的解说词。

串联词具有承上启下的作用，不要求单独成文，不能离开具体节目任意发挥。它以让听众听好节目为目的，插话从听众出发，言简意赅，听懂即止。

作品之内的解说词又可细分为两种。一种是专门为广播创作的各种广播剧的解说词，另一种是在制作广播节目时由文艺编辑编撰的。如电影、话剧、戏曲等录音剪辑的解说词。

解说词有以下作用：

交代事件发生的时间、地点，描绘典型环境以及渲染现场气氛。

介绍出场人物及人物之间的关系，描绘人物的神态与动作特征，突出人物性格。

叙事、状物、抒情，刻画人物的心理活动，说出人物没说出的潜台词，揭示人物的性格逻辑，推动情节的发展。

承上启下，联缀片断，交代背景，拾遗补阙，转换场景。

夹叙夹议，分析作品，评价人物，点明意义，抒发作品中蕴涵的感情。

解说词的写作有如下要求：

对作品的解释清楚、明白，说明准确、恰当。叙述中应特别注意始终紧扣原作品的音响材料，交代清楚音响材料的背景和来龙去脉。

有详有略，重点突出。对于需要解说的关键情节、场面、动作和细节，不妨泼墨如水；对于不用解说也能听明白的地方，不妨惜墨如金。

与音响材料融为一体，相映生辉。解说词在音响的"夹缝"中操笔，应力争做到"游刃有余",在内容上画龙点睛。

语言要简练、通俗、上口。注意文学性,讲究节奏感,可听、悦耳,与原作品的风格保持一致。

对作品的分析、评论,要具体、精当。紧紧围绕作品,结合具体情节和人物命运,有感而发,简短扼要,亲切自然。

五、配音与配乐

配音有两种含义。第一种是由演播员分别充当通讯报道或广播剧中的人物,根据人物个性和人物说的话"配音"。第二种是给现成的文字报道配上非现场实况音响,二者的目的都在于增强报道的形象感与感染力。由于第二种配音广播里的音响,不是现场采录的实况音响,而是人为配上去的音响效果(音效),用非现场实况音响制作配音广播,难以和要求完全采用现场实况音响的音响报道相区别,容易导致虚假的录"音"报道出现;或者鱼龙混杂,真假难辨,损伤新闻报道的真实性,所以一般不主张文字稿配非现场实况音响的配音广播,仅在配乐广播里采用音响效果作为辅助性音响。

配乐主要是指给语言文字生动感人的广播稿件选配音乐,即配乐广播。

以配乐广播《文森峰壮歌》① 为例。该文报道了中国女地质学家金庆民,在南极的文森峰顶风冒雪进行科学考察,发现一个大铁矿的动人事迹。开头部分是这样的:

> (南极风声,音乐)
> (女)在我们居住的这个星球的底部,蔚蓝色的大海,拥抱着一块白色的大陆。这里没有国家,没有国界,也没有土著人。呼号的寒风,厚厚的冰雪,一群群海豹,数不清的企鹅,构成了这块大陆的主要景观。
> 它,就是万古长寒的南极……海水中,那千姿百态的座座冰山,闪烁着蓝幽幽的光,也透着一丝神秘的恐怖。(音乐稍作发展,转汽笛声)

开始,南极风声由远而近,由弱而强,在时强时弱的南极风声中,一支微弱的长笛寂寂吹奏的背景声,给人以寂寥空旷的感觉。一声汽笛之后,音乐停止,播音员陈述我国的考察队员在南极进行科学考察研究。接下来是对"死亡地带"

---

① 《文森峰壮歌》是 8 集系列广播特写《民族正气歌》中的第 5 集,中央台 1990 年 5 月 7 日播出。

文森峰的描述：

> （音乐）
> （女）在南极腹地，有一座陡峭的冰峰雄居群峰之首。它北依险峻的群山峭谷，南临广袤的冰雪荒原。它，就是被人们称之为"死亡地带"的文森峰。

音乐由电子琴来模拟风声，由远而近，时强时弱，电子琴的滑奏更带有几分神秘的意味。这段音乐对文森峰地理环境的描述，为表现金庆民工作的艰巨性增添了色彩，使听众产生了孤寂、恐怖、神秘、空旷的联想。

在配乐广播中，经过精心设计、选配的音乐显示出非凡的表现力：展示典型环境的特定气氛；表现各种程度不同的情绪；描绘最细腻的感情色彩；传递任何语言也无法表达的感觉、印象和心灵状态等等。所以音乐的设计和选配在配乐广播中显得十分重要。编辑在设计和选配音乐时必须解决好如下问题：

1. 精心设计，合理安排音乐的布局

编辑在设计和安排音乐布局时，应从三个方面着手考虑：何处需要配乐；配什么音乐；所配音乐在该处起何作用。这就要求：

音乐与文字之间的衔接要自然、巧妙。在进出音乐的地方，文字应该在情感和节奏上具备条件，以便自然地引出音乐和送走音乐。

音乐的布局要疏密相间，错落有致。配乐音响应有强有弱，有大有小，有远有近，富于变化。一般在写情写景的地方配乐，在概述事件经过、交代有关背景材料的地方不配乐。

音乐和文字混播时，音乐声音不能盖过文字混播的声音，以便听众听清楚节目内容。

两段音乐的互相衔接或前后音乐的互相转换，最好混在文字的播读声中进行，不要让听众听出接头来。有时根据内容需要，可以将音乐适当加以延伸，但要注意不要拖得太长，以免打断文章气势，导致节目不完整。

2. 注意音乐和节目各方面关系的协调

在配乐广播中，音乐和文字的关系是文字为主，音乐为辅。文字是基础，音乐服务于文字。制作配乐广播不是为了让听众欣赏音乐，而是为了加深节目的感染力，更好地表达节目的文字内容。这就要求：

音乐的基调要和文字协调一致。配乐广播在制作中首先要确定好报道的基调，根据节目的题材、内容和结构确定配什么样的音乐，音乐的气氛如何转换，何地出现、突出和隐去等，都得精心安排，使配上去的音乐跟文字内容协调和谐，构成一个有机的整体。

音乐的风格要前后协调一致。配乐广播中选用的音乐应自始至终保持风格的完整。从演奏形式到演奏乐器也都应该前后大体上一致。

音乐和播音员的声音要协调一致。乐音和播音员的音色、音质和谐统一，才能增加节目的美感。所以播音员在备稿的同时，应熟悉选用的音乐，了解清楚这些音乐配在何处，用意何在，如何配用，以便播讲时和音乐协调一致。

3. 突出配乐广播的新闻性特征

配乐广播的取材一般为生动形象的长篇通讯、特写以及文字优美的散文、抒情诗、广播剧等。其题材往往是故事性强、情节变化较多的新闻事件。这类新闻性配乐广播所反映的事实，应是准确无误的新闻事实，不能在制作过程中随意改变事实要素，造成失真。

在为新闻性配乐广播设计音乐时，音乐成分不能太多。因为新闻报道要以"报道"为主体，也就是说，要以事实为依托，离开了事实，就失去了新闻的特征。音乐成分太多势必影响新闻信息的传播。

配乐广播选用的音乐形象要鲜明、清晰，在与语言结合时，主要作用是强化语言，延伸语言的情感。因为音乐能说出非语言所能表达的东西，对任何词语也表达不出的东西选用音乐来表达，有助于增加语言的表现力。

配乐广播中的音乐和音响要与事实协调、对应。如报道新疆巨变的配乐广播宜采用欢快、明朗、富于节奏感的新疆乐曲；而报道苏杭风光的配乐广播则不妨采用委婉动听、令人留连忘返的江南丝竹小曲相陪衬等等。

六、合成节目

合成节目就是将广播文稿录音、现场实况音响（包括现场人物讲话）和选配好的音乐合成一体，成为可供播出的广播节目。

作为广播节目制作的最后一道工序，合成节目是改善编辑、演播、录音等环节不足之处的最后一次机会，是艺术与技术的结合。把握节目合成的相应关系，遵循节目要素的转换原则和方法，是提高节目的表现力和感染力，最终完成广播节目制作工序的关键。

1. 节目表现要素的相互关系

广播节目包含语言、音响和音乐三类表现要素。当其中一类表现要素在节目中显示为主要表现手段时，其余要素便顺理成章地居于从属地位或完全退出。

合成节目时，制作者必须明确本次节目中哪一类要素是主要的，应起主导作用；哪一类要素是次要的，只能对主导要素起配合作用；哪一类要素暂时不用或需要完全退出；主导要素何时应该让位于从属要素等等。节目表现要素的主从地位通常以音量大小来体现。如果主从不分，便会导致互相干扰，削弱对方表现力的发挥。

一般地说，现场音响与解说之间，解说与配乐之间容易出现互相争夺主导地位的情况。正确把握好诸表现要素在节目中的主从关系及其变换规律，可以避免此类情况发生。

由于内容的变化，广播节目中的主导地位并不固定由某类要素占据，有时候居主导地位的要素会转换为从属的，居从属地位的会转换为主导的。因此，在节目制作过程中，应根据内容的需要，时而发挥音响的主导作用，时而突出语言的主导作用，时而显示音乐的主导作用，以便形成有张有弛、有起有伏、均衡对称的和谐韵律，增强节目的整体效应。

2. 节目要素的转换原则

广播节目中的三类表现要素，在一定时间范围内，分别处于动态的主导地位和从属地位，根据内容的需要，三者可以互相转换地位。在大多数情况下，声音之间的更换不能突变，必须逐步过渡。即采用渐显或渐隐、渐强或渐弱的方法转换，使听众浑然不觉，得到自然、流畅、舒适的感受。

处于从属地位的表现要素——非主体声需要上升到主导地位，成为主体声时，通常有两种转换方式：一种是在前主体声退出后出现。这种情况在后主体声出现前，一般都有必要的过渡性说明，比较容易操作。另一种是在前主体声即将退去，但尚未完全退去时便出现后主体声，可采用"压混"。在第二种方式中，可根据具体情况，分别采用下列三种处理方法：

①非主体声淡入，也叫"渐显"。即非主体声音量从小开始，逐渐加大，与即将退去的主体声叠加在一起，待主体声退出后才达到正常音量，成为新的主体声。

②主体声淡出，也叫"渐隐"。即当主体声即将易位时，将原居于主体地位的声响逐渐减弱，与新出现的主体声叠加在一起，然后渐渐隐去。

③更换不同环境、不同特点的现场音响时，一般应该淡出淡入，让表现不同地点的音响的改变有个过渡阶段，使听众不致感到太突然，尤其是现场声的音量较大时更应该如此。

3. 一步合成节目

在具体的合成方法上，广播节目通常是一步合成，各种音响符号按节目的立意和构思依次出现。在有几种音响同时进入时，应分清主次，避免喧宾夺主。有些节目，编辑和导播习惯于在录制过程中将语言、音响、音乐同步完成，这样做的好处是可以增强真实感，减少合成时的工作量，但难度比较大，制作前需要周密的构思，制作中要求全体制作人员更紧密地配合。

如果条件允许，使用各声道可以分别控制的多声道调音台、录音机一步合成节目最为快捷、便当，而且不论合成次数多少，都能避免声音信号因多次复制而失真，从而有效地保证录音的质量。

七、审听

审听是切实保证广播节目播出质量的重要环节，是不断提高节目编播和制作水平的必要措施。每次节目合成后，导播都应组织节目组全体制作者认真审听节目，从内容到形式对节目进行最后一次检查——如播讲的细节、字词的诵读有无不妥；音响的处理及配音配乐是否恰当等等，努力把差错消灭在节目正式播出之前。

审听完毕后，导播还需按照节目单的要求，如实填写节目名称、节目长度、录制时间、内容提要等。参加录播和审听者应签名，以示负责。

下　编

节目系统论

广播节目既是一个信息显示系统，又是一个文化显示系统。它汇集了传者和受众对信息的感受，从听觉的角度折射出整个社会的文化。

第八章 新闻节目

　　新闻节目是编辑或编辑主持人依据节目方针和报道思想，将若干篇不同内容、不同体裁的新闻稿件，精心编导制作成的单元广播节目，是电台播出的新闻性节目中的最大量、最主要的代表性节目。新闻节目是广播节目的支柱，广播宣传的主体。广播作为新闻传播媒介的重要依据，就是因为它通过新闻节目传播各种新闻信息；广播电台之所以被称为党和人民的喉舌，主要原因也在于它通过新闻节目传达党和政府的各项方针政策，表达人民的愿望和要求。

　　从我国各级综合性电台和新设置的一些新闻台、经济台来看，在节目的总体设置和播出安排上，新闻节目始终是节目的骨干。绝大多数电台都在听众收听的黄金时段安排重点新闻节目，有条件的电台还设置了"正点新闻"① 或"隔点新闻"，② 滚动式播出新闻，在广播节目播出的整体框架确定以后，大都优先把新闻节目安排在最佳位置上，再在这个框架上安排其他节目。由此可见新闻节目的骨干作用。

　　新闻节目在广播宣传中的地位和作用还可以通过世界广播发展历史得到证明。广播新闻节目是伴随着广播电台一起诞生的。70 多年来，新闻节目始终是广播宣传的"主体"和"骨干"。1920 年 11 月 2 日美国匹兹堡 KDKA 电台首次播送的节目就是关于美国总统竞选的新闻。同年年初，年轻的苏维埃政府开始利用无线电台发布政令，当时惟一的广播节目就是新闻节目。从发展趋势来看，当今世界各国的广播媒体越来越重视新闻节目，新闻节目的比例不断增加，地位继续提高。

　　从受众角度来看，在目前信息接收条件下，相当多的信息接收者总是首先通过广播接收到后来在其他信息传播媒体传播的同一信息。中央人民广播电台委托组织的 1992 年全国听众抽样调查表明，不论是在全国范围，还是在北京地区，

---

　　① 正点新闻也叫整点新闻，即每小时播报一次新闻，正点时间播出，长年固定不变，使听众形成收听习惯。

　　② 隔点新闻，即每隔一小时播报一次新闻，逢单或逢双正点时间播出。

人们收听广播的首要目的均是为了"了解国内外时事"。这一结果与 1988 年全国听众抽样调查结果完全相同。而与 1992 年全国电视观众抽样调查的结果相比，则有明显差异。电视观众调查显示，在 25 个省份中，以"娱乐消遣"为第一目的的省份有 15 个，占 60%；而以"了解国内外时事"为第一目的的省份只有 6 个，占 24%。所以有人认为，当前电视已逐渐向主要娱乐工具转化，广播则始终是人们获取新闻信息的重要工具。

广播新闻节目在听众和在广播节目中的重要地位要求广播新闻工作者认真研究和掌握广播新闻节目的特点及规律性，不断加强和改进新闻节目。

第一节　新闻节目的特性

广播新闻节目同电台其他节目相比较，具有时效性强，信息容量大，舆论影响广，组合声音多的特性。

一、时效性强

所有的广播节目都讲求时效性，新闻节目尤其注重时效性，强调以快速、紧张的节奏，真实地反映瞬息万变的时代。

新闻节目的"快"，主要是指时效。中国广播电视学会会长吴冷西曾就此作过明确的解释："快，就是最迅速地反映现实，最迅速地反映形势。从发展观点来看，当天的东西当天反映还是有点报纸的味儿，是从报纸的概念出发的。因为报纸一天只有一次，我们的广播不应该以每天晚上集中发新闻，把当天的事情发出去为满足，广播新闻节目要努力做到：11 点发生的事情，在 11 点零 1 分就发消息。总之，要尽量做到缩短新闻事实发生和听众获知新闻之间的时间差。"

广播新闻节目的这种快速的节奏感，体现在播出次数多，随时可以报告最新消息，有时还可以打破原有的节目格局，插播重要新闻上。由于广播新闻传播手段相对简便，有利于发挥快的优势，许多重大新闻的传播，广播电台往往走在其他新闻媒介的前面。

二、信息容量大

广播新闻节目是信息的总汇。大多数电台都以播音时间长，新闻节目时间多，容量大，为包容各种新闻信息提供了充裕的条件。广播新闻节目中的许多内容除了有本台记者、编辑、通讯员来稿改编的以外，还汇集了其他新闻媒介提供的各种信息。如中央台的《新闻报摘》节目，每天要汇集 20 家左右报刊新闻的精华。

广播新闻节目汇总和传递信息量之多，容量之大，是其他新闻传播媒介无法相比的。中央台仅一、二套节目，平均每天要播发新闻130多条（不包括重播），约7万多字。中央台《新闻报摘》30分钟播报新闻50条左右。一昼夜中一个广播新闻节目传递的信息，远远超过任何一家日报和电视。广播新闻节目这一优势的发挥，使它日益成为受众获得信息的主要渠道。1992年全国听众抽样调查显示，我国12岁和12岁以上居民收听广播的比例为81.8%。据此推算，全国广播听众有7.25亿。调查还表明，听众将了解国内国际时事摆在收听广播主要目的的第一位。通过同期调查比较，在广播、电视和报纸三大新闻传播媒介中，广播新闻节目确实是受众获取国内外重大新闻信息的主渠道。

三、舆论影响广

广播新闻节目拥有最广泛的听众，对社会舆论影响最大、最广。在许多时候，广播新闻节目传播的信息，表明的立场、观点已成为人们思想决策和确定社会行为的准绳。所以新闻节目办得好，导向正确，就能正确引导社会舆论，教育、鼓舞和激励人民群众奋发向上，推动社会前进。反之，就会使舆论偏离正确轨道，造成思想混乱，甚至将听众引入歧途，阻碍社会进步。

新闻节目的舆论影响还在于它具有舆论监督的职能。听众可以通过电台或直接参与广播，对国家机关、政党、团体及其公职人员的决策、行为实行监督；对社会上有悖于法律和道德规范的行为实施批评和针砭；行使社会主义民主权利。在新闻节目中，舆论监督的新闻占有一定的比重，它以真实性、公开性、及时性和广泛性公论是非，主持正义，赢得听众的信赖。因此电台要注意从实际出发，根据党的政策、路线，因势利导，谨慎正确地发挥新闻节目在社会舆论监督中的作用。

四、组合声音多

广播以声音传递信息构成传播特色。广播新闻节目为发挥声音优势提供了广阔天地，可以充分利用一切有利于展示新闻价值的声音播发新闻信息，因而新闻节目成为多种声音的有机组合，成为含有丰富新闻信息量的声音组成的"和声"，也就是除主声部外，还有多声部配合，具有悦耳动听效果的声音整体。

多种声音组合传播信息是广播新闻节目的优势。新闻节目除有男女播音员的声音之外，要尽可能地增加一些其他人物的声音。如编辑、记者现场报道、评述的声音；新闻人物讲话的声音；现场实况音响等等。还要尽可能多地播发音响报道等带音响的节目，让听众闻其声而知其人、其境，增强新闻节目的可听性和可信性。

构成新闻节目的多种声音，并非声音的简单混合，而是根据内容需要和节目编排思想组成的和谐、完整的"声音总谱"，因而它能体现出文字和多种声音的协调配合所产生的富有感染力的总体效果。

第二节　新闻节目的编排

无论是时段选择的综合性节目，还是时段分割的独立性节目，都要突出地安排新闻节目的播出单元。可以说，所有的综合性广播电台，都要根据本台的节目宗旨和编辑方针，设置与之相应的新闻节目，新闻节目是广播电台的节目支柱、信息中心和舆论总汇。

无论是按题材内容还是按节目形态划分，各种类型的新闻节目的编排都有共同之处。

所有新闻节目的编排，都是指若干篇新闻稿件在一次节目中的排列组合。如同报纸的新闻版面一样，它是编辑方针的体现，也是编排思想和编排水平的体现。

新闻节目编排的关键在于合理安排稿件的次序。广播节目的编排不同于报纸版面的编排，广播节目是"线型排列"，报纸版面是"平面排列"。重要稿件多的时候，报纸可以安排双头条，还可以上"报眼"，同时安排三条重要新闻。此外，报纸可以通过不同大小的标题、加框、转版等方式解决组织版面、安排次序的困难，广播则只能根据听觉规律，一条条线地顺序安排稿件，形成节目安排上的线型排列特点。根据这一特点，新闻节目的编排原则和编排方法就有了许多独特的要求。

一、新闻节目的编排原则

新闻节目的编排原则，是指编排时总的指导思想和应该注意的原则性问题。主要有以下四项原则：

1. 遵循节目方针的原则

广播电台的新闻节目往往因种类、档次或播出时间的不同而有不同的节目方针和内容规范。新闻节目的编排，要根据各个节目的方针和内容规范，有针对性地编排，尽量突出各个节目的特点，使节目各具特色，听众喜闻乐见。这就要求编辑在编排节目时，要遵循节目的既定方针，不能不顾节目方针，失去节目特点地去和别的节目共用同一条新闻，造成重播次数过多，以致新闻节目信息总量减少。

2. 讲求新闻价值的原则

讲求新闻价值是广播从采访、写作到节目编排自始至终都要遵循的原则。在新闻节目编排中，编辑的任务就是要通过恰当的组合排列，使每篇稿件的新闻价值都得到体现，进而使整个新闻节目的价值得到体现。

新闻价值包括新闻信息本体的价值、宣传价值和美学价值，其中新闻信息本体的价值是新闻价值的核心，通常指新闻信息适应社会与受众需要的程度。新闻价值存在于客观事物变动的深度与广度之中。客观事物变动的空间与规模、时间与速度、首变与屡变、必然与偶然、有意义与无意义，是决定其新闻价值的要素。衡量新闻节目价值的高低，主要是看它对社会与听众来说是否重要，是否显著，是否新鲜，是否有趣，是否接近，是否有影响，是否有意义。新闻价值的高低是随着新闻事件的产生和信息传播的客观环境变化而变化的，信息传播的客观环境对新闻价值的实现有极大的制约性。因而，一次编排得体，为听众喜闻乐见的新闻节目可以使它所包含信息的新闻价值得到最大限度的实现。

3. 注重系统优化的原则

所谓系统优化的原则，即根据系统论的观点，致力于提高每一次新闻节目的整体水平。

新闻节目的系统优化可能有三种情况：一是每篇稿件都优化，组合起来的节目呈整体优化状态；二是每篇稿件都优化，但组合成的节目未能达到优化状态；三是每篇稿件并不都优化，却组合成整体呈优化状态的节目。在实际工作中，要想一次节目中每一篇新闻性稿件在内容取材、结构形式、写作技巧等方面都达到最优状态，几乎是不可能的，但经过巧妙的搭配，精心的编排，却可能收到"系统的整体功能大于各部分功能之和"的效应，即：系统优化的节目，其整体功能大于各单篇稿件功能之和。

系统优化原则不仅要求新闻节目在稿件提供的范围内优化组合，还要求了解本台其他节目，特别是各次新闻节目的主要内容，注意其他新闻媒介、兄弟电台当日新闻的主要内容，尽量减少信息的不确定性和内容的交叉重复，以便新闻节目在更广泛的范围内实现系统优化。

4. 适应广大听众的原则

新闻节目的服务对象是广大听众，所以选择稿件时应更多地考虑节目的兼容性，尽可能兼顾各方面、各层次的听众，减少稿件的专业性、专门性，注重稿件的普遍意义。

在节目的内容和形式上适应广大听众，要求贴近生活，贴近实际，贴近群众，敢于触及实际生活中的热点、难点和疑点，乐于为听众排忧解难。各篇新闻稿件及整个节目的编排组合，要符合听众的收听习惯，并采取富有生活气息，体现广播特点，又为大多数听众喜爱的形式，使节目可听、可信、可亲。

二、新闻节目的编排要点

根据广播节目线型排列的特点和新闻节目的编排原则，新闻节目在具体的编排上须把握如下要点：

1. 注意突出节目中心

节目中心指电台新闻节目的中心内容。从宏观上讲，我国所有广播电台的节目都是围绕经济建设这个中心，正面报道全国人民为实现四化而努力奋斗的现实。从微观上讲，每一次新闻节目的编排组合，都要以这个中心为依据，来选配和组合稿件，突出社会主义祖国蒸蒸日上的主旋律。

突出节目中心，同时要兼顾一般。节目无中心，编排就会零乱、分散，体现不出编辑意图，以致听众听后不得要领。节目单一化，就会缺少丰富多彩的内容，色调单一，报道面窄，不能满足听众的多方面需求。

突出节目中心，也就是要突出重点新闻的地位，让重点新闻在一般新闻的烘托下，给听众留下更为深刻的印象。而一般新闻稿件通过对重点新闻稿件的依附组合，新闻价值可以得到更好的体现。所以，突出节目中心又是一个正确处理重点新闻和一般新闻关系的问题；是一个在宣传上把握分寸，实事求是，以正面报道为主，分散编排揭露性报道的问题。

2. 注意精选头条新闻

新闻节目的头条是最重要，也最为听众注意的新闻。美国哥伦比亚广播公司资深记者特德·怀特等人认为："决定哪条新闻放在广播节目的头条位置，比写新闻导语更为复杂。"[1]

究竟什么样的稿件可以上头条？编辑面对若干头条候选稿，必须考虑很多相关联的问题及其彼此间的联系，反复地做多种情况的权衡、比较，然后根据如下标准[2]从新闻价值相对较高的头条候选稿中确定头条新闻：

第一，政治性。在选择头条新闻时，首先要坚持政治标准，看所选稿件是否突出了政府的中心工作；是否符合当前的政治形势和宣传精神；是否顾全大局；是否维护了党和人民的根本利益。

第二，典型性。这是选择头条新闻的综合性标准。要求选用稿件是能从一定

---

① 特德·怀特等：《广播电视新闻报道写作与制作》，中国广播电视出版社 1987 年版，第 108 页。

② 李汉如：《新闻节目头条的选择标准》，载《广播记者》1992 年第 4 期。

深度和广度上反映事物，展示客观事物的本来面貌和规律，既有普遍意义，又有个性特点的典型报道。即以稿件典型意义的大小取舍新闻。

第三，首因性。头条新闻一定要能依据它的有利地位，产生首因性震动效应。这就要求稿件具有足够的重要性、新鲜性、接近性，能引起听众的普遍兴趣，使听众为之情绪振奋。为了强化头条新闻的首因性效应，编辑要注意配发编后话、评论、来信等言论，增强导听效果。

第四，规格性。这是在实际工作中为了适应某些特定报道的需要而形成的在头条选择上的技巧性标准。

广播新闻节目的头条消息常常是报道党和政府领导人在会议上或公众场合的言论或行动，这类消息之所以作为头条，往往是由它们所报道的主体对象的"规格"所决定的。也就是说，消息的报道对象是在社会政治生活中举足轻重的人物，反映的是层次较高或意义较重大的大事，需要在显著地位报道。

新闻节目的头条不一定特指新闻节目最前面的"第一"件新闻作品，它可以是独立的单篇，也可以是一个集纳体，或者是组合体。常见的有如下几种形式：

单篇式头条——即以单篇形式存在的新闻节目头条。这种形式的头条是在广播新闻节目中最常见，被大量采用的。

单篇式头条的体裁形式不定，但大多以消息为头条。单篇式头条的特点是简便、灵活、易选。

集纳式头条——以某一特定主题为标志，将若干体裁相近的单篇新闻归类集纳起来，作为新闻节目的头条，这种头条已不是作为数字概念上的"第一条"的原意，而是"主题头条"。

集纳式头条虽不可能像报纸那样将若干单篇新闻横向传达给受众，但由于这些单篇新闻基本上是同一主题的，且一般比较简短，所以尽管只能按时序纵向向听众传达信息，还是能收到类似于报纸多个栏目头条同时向读者横向传达信息的效果。集纳式头条具有两个特点：

一是主题突出，分量加重。如湖北台1990年11月26日全省联播节目采用的集纳式头条，由两篇新闻构成，一篇是："省科委大力组织科学技术进山，推进山区经济发展"，另一篇是："咸丰山区人民实行区域经济开发，兴山富民"。相同的主题，不同的视点，加重了二者同为头条新闻的分量。

二是声势增强，气氛更浓。如湖北台1990年10月23日全省联播节目采用的集纳式头条由8篇短消息构成，反映的是"全省各地掀起秋播生产热潮"的主题。其中的单篇消息分别发自全省11个县市的一些乡、镇、村，这些稿件从各个不同的视角，报道了各地秋播生产的实况，将它们集纳起来以后，彼此之间产生互补贯通的效应，从而使整个集纳式头条反映的内容显得点多面广，声势浩大，新闻气氛也更浓烈。

配合式头条——即围绕某一新闻主题，将若干单篇新闻组合配套成新闻节目的头条。这也是一种"主题头条"。配合式头条有如下优点：

一是有利于主题深化。以湖北台 1990 年 11 月 14 日早新闻节目的头条为例。这个头条由三个新闻性单篇组成："编前话：知识分子要和人民群众相结合"，"英山县科技副县长钟兆基的广播稿：春蚕到死应无憾，留得人间不尽丝"和"通讯：科技副县长即将离任的时候"。这一配合式头条，三个单篇共有一个主题思想："知识分子与人民群众相结合"。其中，"编前话"鲜明地点出了主题，"广播稿"阐发了主题，"通讯"则在更深层次上开掘了主题，使"编前话"点出的主题进一步得到深化。

二是有利于突出导向。不论具体的组合配套形式如何，配合式头条一般总有一个单篇是言论，常见的形式是"消息+言论"或"消息+消息+言论"，配合式头条中的言论旨在阐明整个头条的中心，宣传党的路线、方针和政策，因而有利于影响公众言论，引导舆论导向。

三是有利于活跃节目。配合式头条的单篇多在体裁上有异，在表达上有别，在视点上不一，为着展示同一主题而彼此呼应、互补，从而使整组节目张弛有度，不落俗套，显得生动、活泼。

3. 注意统筹节目布局

在编排新闻节目时，要注意统筹节目布局。首先要统筹节目内容。广播新闻节目拥有广泛的听众，编辑选稿和编排时就要全面考虑，兼顾各层次的听众，尽量包容多种类、多地域、多行业、多层次的新闻信息。

其次要统筹节目结构。从内容、形式、基调等方面综合考虑，安排各篇新闻的播出顺序，具体要求是：

重点稿件排在头条，次重要的稿件尽量编排在紧接头条，与头条新闻有相近效用的"头条区域"内，或收听效果较好的收听曲线的波峰部位。

相同题材、体裁的稿件要穿插排列。消息、通讯、音响报道、评论最好分层次间隔编排。稿件要长短搭配，体裁多样，形式灵活多变。

节目中各种声音的情调、气氛要和报道内容相吻合，使"声音总谱"和谐统一。男女播音员的播音要做到张弛有度，庄谐相济。情绪反差太大的稿件则要注意隔离，以免互相干扰，造成尴尬局面。

4. 注意符合听记规律

新闻节目的编排方式与顺序，对听众的收听记忆有着直接影响。要想传播收到实际效果，就必须按照听众的听记规律编排节目。日本学者高木重朗在他的

《记忆术》一书中指出，人们在学习的开头和末尾，较为容易记住最重要的内容，所以在授课和讲演中，要在精神容易集中的开头和末尾，让听众把重要的地方记住。他还认为，当记忆的东西是若干条时，开头和末尾两条较为好记，正中间和相邻两侧的混杂在一起比较难记。

高木重朗所阐述的听记规律同样适用于听众收听新闻节目的情况。为了取得最佳听记效果，在编排新闻节目时就要注意运用听记规律，让最重要、最具新闻价值的稿件充当头条新闻，同时要注意在结尾部分放置比较重要的稿件，从而创造收听记忆的良好条件。对于不易引起听众注意的中间部分，则要设法强化注意，消除或减少干扰听记的不利因素。比如，把一次长时段的节目划分为若干短时段，开辟新颖的"小环节"栏目，增添色彩，让中间的平稳化为新的"开头、结尾"，形成波澜，增强对听觉的刺激，引发注意力，加深记忆。也可以根据人们喜欢听新奇内容的心理，设法引起收听的兴趣。如中间部分编排珍闻、趣闻或内容新颖的音响报道、情节性强的稿件等，都可以起到这样的作用。

三、新闻节目的编排方法

根据新闻节目总的编排原则和具体的编排要求，编辑可以在节目编排工作中创造出多种多样的编排方法，生动活泼、切合实际地表现节目的内容。下面介绍几种常用的编排方法：

1. 组合编排法

组合编排法是指将同类题材或内容相近、有内在联系的稿件排列在一起，在节目中形成一组播出小单元，稿件和稿件之间大体上可以相互印证和补充，有利于强化信息传播的总体效果，加深听觉印象。

以 1991 年 1 月 12 日湖北台的早新闻节目为例。这组节目共播发了 18 篇稿件，主要内容有：

老河口市在引进、推广农业新品种、新技术时，克服盲目性，变过去的"见新就引"为"见效抓稳"，收到好效果；

本台短评：推广农业科技要有科学态度；

应城市总结经验教训，认真解决农民增产不增收的问题；

去年十二月我省工业生产继续保持增长势头；

我省公安系统的功臣模范家属代表聚会武昌；

省交通厅厅长王连东就武黄一级公路的建设和通车准备情况同本台记者的谈话录音。

在这组节目中，我们看到，由第 1 条消息、第 2 条短评和第 3 条消息组成的头条和"头条区域"报道了农业科技和资源开发方面的信息，强化了以科学态度推广农业科技的观念。接下来的第 4 条消息是有关全省工业生产情况的综合报道，在重要性上并不亚于前面的两条消息和评论，所以它在紧靠"头条区域"的位置上单独成篇，显示出其内容的重要。第 5 条关于省公安系统功臣模范家属代表聚会武昌的消息在重要性上显然较为次要。估计受众的听觉开始疲劳，因而接下来的第 6 条安排的是未列入新闻提要的消息——关于我省高等院校组织大学生寒假社会实践活动的报道。第 7 条消息在题材上和第 6 条相接近，但由于报道的是参加国际数学奥林匹克赛的国家队队员的选拔赛情况，而湖北省近年来在国际数学奥林匹克赛上不断取得令人瞩目的成绩，为省内各界人士所关注，将这条消息放到节目的中间播出，有可能在听觉上引起第二个高潮。（遗憾的是编辑未将这条消息列入新闻提要，这不能不说是编排上的一个欠缺。）在节目的后半部分，以采访省交通厅厅长的录音访问为主，搭配了一组来自各条战线的简讯，在报道基调上和前面诸条信息相吻合，在内容的新鲜性上则各具特色，高低难分。

总的来说，这组节目具有组合编排法的特点。听起来重点突出，印象鲜明，达到了整体优化的效果。

2. 花式编排法

花式编排法是指把多种内容、多种体裁、多种报道形式的稿件编排组合在一次节目里，形成一条完美的收听曲线。注意不同内容、不同体裁的稿件，相邻时要气氛和谐，节奏变化相宜，长短相间。因为长稿集中在一起会显得气氛沉闷，容易引起听觉疲劳；短稿过于集中，内容跳跃过快，听起来精神紧张，也容易引起疲劳；所以要考虑长短搭配，张弛有序。

在运用花式编排法时还要考虑稿件的重要性和结构的层次性，注意新闻节目的庄重性和整体和谐。

以济南台 1992 年 4 月 10 日播出的新闻节目为例。这次节目共播发了 17 篇稿件，主要内容有：

> 市经委等七个有关部门联合现场办公，当场审批企业改革方案；
> 现场新闻：竞争论高低；
> 济南"轻骑"摩托车轰动墨西哥；
> 宿忠祥发展集体经济有功受重奖；
> 录音报道：我市房改方案出台第一天。

这组新闻节目是在贯彻邓小平同志视察南方时的讲话精神不久后播发的。整组节目以经济建设为主线，报道了济南市政府为推进改革开放，转变政府职能，为企业联合办公的消息；报道了企业打破大锅饭，在竞争中争高低的消息；反映了人民群众关心的热点。如"房改方案出台第一天"、"消费者之窗"、衣食住行等。

这组稿件内容丰富多样。既有转变政府职能的重头报道，又有反映质量问题的社会新闻；既有开拓墨西哥市场的经济信息，又有村民奖励企业家的热点新闻。大到政府的管理决策，小到市民的早点问题，层次清楚，多而不乱。在稿件编排上，这组节目成功地运用了花式编排法，将现场新闻、编后话、录音报道巧妙地穿插在消息之间，长短相间，变化相宜，形成了一条优美的收听曲线，听起来轻松自如，不感到疲劳。

3. 配套编排法

配套编排法是指在新闻之后配发评论、短评、编后话等广播言论或有关资料，配套编排成节目中既相连又独立的小的播出单元。

广播节目的收听具有一听即逝和非专注性的特点，因而相对其他传媒需要适当多发一些言论，这既是强化某些重要新闻的宣传效果的需要，也是"导听"的需要。配套编排法有利于扩展新闻的内在力量，展示新闻的价值和新闻的社会意义，引导听众对新闻加深理解和记忆。

上面列举的那组花式编排节目，也还具有配套编排的特点。如紧接《现场新闻》后有一段"编后话"，谈到"竞争论高低"留给人们的思索，就是对《现场新闻》所揭示的"竞争论高低"这一主题的强调和深化，有利于帮助听众加深对这条新闻的理解，起到了导听作用。

4. 对比编排法

对比编排法是指把两篇或两类内容具有对比性或对立性的稿件相挨编排，便于显示同一事物矛盾双方的差异，借以揭示矛盾或说明某种思想观点。一般采取正反对比、今昔对比、内外对比、特色对比的方式增强反差效果。如前一篇报道某干部贪污公款，后一篇反映某干部廉洁奉公，使听众在强烈的对比中识辨伪、恶、丑与真、善、美。

节目编排的方法多种多样，没有统一的规定，基本的原则是千方百计使部分劣势通过编排转化为整体优势，避免出现编排不当，致使好稿互相抵消、干扰，妨碍整体优化的现象。

第三节　新闻提要的编写

在新闻节目中，除了《简明新闻》、《快讯》、《短讯》等小型节目可不设新闻提要外，凡播出时间在 10 分钟以上的大中型新闻节目，都应该设有新闻提要。

　　新闻提要是新闻节目中最重要、最新鲜的内容的概要介绍，通常安排在大中型新闻节目的开头和结尾播出。新闻提要是吸引和服务听众，强化新闻节目效果的重要手段，是大中型新闻节目必不可少的组成部分。

　　一、新闻提要的作用

　　新闻提要通常具有下列作用：

　　1. 预告节目内容，吸引听众收听

　　新闻提要安排在该次新闻节目的开头播出，对节目的主要内容进行播前预告和内容介绍。它浓缩节目的内容，确立节目的序次，表明节目的格局与基调，让听众在收听节目的全部内容之前，对节目有一个初步的印象，大致的轮廓，便于对自己感兴趣的内容给予更多的注意。

　　2. 提示新闻要点，揭示新闻本质

　　新闻提要是对节目内容的高度概括和提示，是编辑部对新闻事件的评价和间接表态，可以帮助听众深入理解新闻的本质和意义。

　　3. 提高节目质量，扩大节目影响

　　调查表明，收听新闻内容提要的听众比收听整个节目的听众多，这就更加要求编辑精心写好新闻内容提要，以"画龙点睛"之笔，尽可能地弥补新闻写作技巧上的不足，从而提高节目的总体质量。新闻提要写得精彩，还能先声夺人，增强节目的吸引力，扩大节目的影响。

　　4. 强化收听效果，加深听众印象

　　同时替听众弥补因收听不完整造成的遗漏和欠缺。

　　二、广播新闻提要与报纸标题、导语的区别

　　广播新闻提要有它独特的写作要求，一定要与报纸标题、导语相区别。

　　1. 结构不同

　　报纸标题由主题和辅题组成，辅题又分为引题和副题；导语结构则更富于变化，种类也多样。广播新闻提要只有主题，一两句话即可，结构是比较简单、便于收听的线型、单一式结构。

　　2. 虚实要求不同

　　报纸标题有实题和虚题之分，在有一个实题的基础上，其余标题可实可虚。广播新闻提要必须实在，如果写得像标题那样简短，则只能有实题，而不能有虚题。

3. 写法不同

报纸标题要求文字凝练、含蓄，讲究文采，常用对仗等手法；导语一般要求交待主要的新闻要素；广播新闻提要则讲究简明朴实，通俗易懂，交待一两个要素即可。

三、新闻提要的编写要求

新闻提要的编写应做到：要点突出，事实准确，导向正确，表述清晰，剪辑适当。

1. 要点突出

提要必须突出新闻的主要内容，将主要条目中的主要新闻事实或其中最重要、最新鲜的部分"画龙点睛"式地告诉听众。写提要最忌讳抓不住要领；用繁琐的材料湮没重要新闻，使听众摸不着头脑。最好是虚实相济，以实为主。对那些政治性强、事实重要的新闻，提要可以写得虚一点，以点明它的意义；而对那些趣味性强，听众感兴趣的新闻，提要则需要写得实一些，以引起收听兴趣。

2. 事实准确

提要必须忠于原稿的事实与精神，概括事实时既不能过宽过高，也不能偏窄偏低，而应该提纲挈领，抓住内容最重要的部分，用高度浓缩的概括手法，使新闻的基本事实准确地再现。

3. 导向正确

新闻提要是编辑部的一种表态，编辑部对新闻事件的立场和观点，对新闻价值的认识和评价都会通过新闻提要的表述、编排，甚至语气用词等等方式表现出来，对听众起到先入为主，潜移默化的影响。所以，尽管编辑不必在提要和节目中生硬地表态，但必须注意在如实反映客观事实的基础上巧妙地运用各种新闻手段，对听众进行正确、健康的引导。

4. 表述清晰

提要和广播新闻节目一样，要从听觉的特点和收听的效果出发，重视表述的技巧。语言要符合语法逻辑，句子要完整，意思要明了易懂，还要求通俗、口语，读起来朗朗上口，听起来清楚明白。

5. 剪辑适当

一次重点新闻节目，在30分钟时间内，一般可播发15～30条新闻信息。如果每条新闻都上提要，就会湮没重点，丧失提要的作用；如果提要只报两三条新闻，又过于单薄，不能概括新闻节目的全貌，会因信息量太少而失掉听众。因而提要应剪辑适当。一般情况下，重点新闻节目的内容提要，采用该节目播发总条数的三分之一左右。提要长短要根据新闻内容的轻重、可听性和编排上的需要决定，每条提要的字数一般在 15～20 字左右，最长以不超过 50 字为宜。

四、新闻提要的编写形式

广播新闻题材广泛，内容丰富，这就要求新闻提要以生动活泼、多样变化的形式与之相适应。下面介绍几种常用的提要编写形式：

概述式——对新闻的主要事实作概括性的叙述。如："甘肃省扶贫工作取得成就。"

简讯式——简明扼要地交代新闻的基本事实。如："江泽民主持仪式欢迎俄罗斯总统叶利钦来我国进行国事访问。"

点要式——将新闻中最精彩、最吸引人的事实点出。如："鄱阳湖重新成为白天鹅的栖息胜地。"

悬念式——不道出新闻的终极结果，以引起听众追索的兴趣。如："南京市园林设计研究所一位助理工程师最近对记者说：'学习南京市的绿化经验，要注意避免三点不足之处。'"

评介式——在概述主要事实的同时，扼要指明新闻的思想意义。如："新洲民工程新安为抢救落水儿童英勇献身，在武汉市民中引起强烈反响。"

归纳式——把内容相近或正反对比鲜明的两篇或几篇报道，编写成一条提要。如："我国北方各地夏粮喜获丰收。"

点题式——直接点出报道的标题。如："录音通讯：鲁迅故乡的乌篷船。"

预告式——对自然界和人类社会各种情况变化的预报。如："今天中午 13 点 10 分我国长江以南部分地区居民将观看到日蚀现象。"

在一次节目的提要里，应根据新闻内容的需要和听众的收听习惯，收听心理等因素，尽可能运用多种编写形式，以增加提要的色彩，增强节目的吸引力。

试分析中央台 1994 年 6 月 7 日《新闻和报纸摘要》节目的内容提要：

《南沙征行》报道第一篇：小岛连着祖国。
李鹏同马耳他总理阿答米举行会谈。
乔石会见东盟各国议会组织代表团。
中央政法委召开电话会议布置查处经济犯罪大案要案工作。
江西国有企业扭亏增盈工作取得成效。
也门北方宣布停火。
强热带风暴警报。

第九章 教育性节目

教育性节目特指以传授各种知识为内容，以对听众进行政治思想、道德修养、知识技能等各种教育为目的的广播节目，包括知识、教育类节目和教学类节目两大系统。

知识、教育类节目按照教育形式和内容的差异，又可分为理论节目、特定对象节目、学科学和科技节目等类别。

理论节目是以传播理论、讲解道理为特征的思想教育节目。包括系统传播理论知识、基本原理的"理论讲座"、"学理论"节目；解答听众思想理论问题的"理论信箱"、"理论问答"；偏重于思想教育性的专题节目"广播漫谈"、"广播杂谈"；以及联系实际阐发理论的"理论与实践"；普及社会科学知识的"社会科学导游"、"理论园地"节目等等。

特定对象节目是从特定对象的实际出发，向受众普及科学知识或开展思想理论教育的节目。包括以职业划分的"职工生活节目"、"农民节目"、"解放军节目"；以年龄划分的"青年节目"、"少儿节目"、"老年人节目"；以地域、经济形态划分的"特区生活"节目、"牧区生活"节目等。

学科学和科技节目是传播、普及科学文化技术知识的节目。如"科学知识"节目、"法律知识"节目、"世界博览"节目、"老年保健"节目等。

教学类节目是系统传授科学文化知识的节目。根据传授内容和数量的不同，教学目标和教学要求的不同，又可分为学历教学节目和非学历教学节目。

学历教学节目是具有一定约束性的教学节目，近似于专业正规教育。其节目形式符合教学要求，讲授内容系统完整。参加系统学习，并接受考查、考试的节目对象，需要通过入学考核，办理入学手续；其中的学习及格者，可获得相应的学历凭证。如中央广播电视大学的各类课程节目，即属于学历教学节目。由于广播电台本身不是一个办学单位，也不具备提供学历凭证的条件，所以以电台举办学历教学节目，总是同教育机构和有能力的社会团体联合举办。

非学历教学节目，又称应用教学节目，类似职业教育和社会举办的实业教育，适用于知识更新和就业培训，既可以进行生产知识、生活知识的教学，也可以进行专门技艺的教学。听众根据自己的需要，自由选择收听，无须参加考核，也没有任何学历凭证。如中央台的《星期日广播英语》就属于非学历教学节目。

鉴于教学类节目涉及不同学科，而不同学科的专业和教学要求又不同，这里不便一一列举，故本章涉及的内容范围主要是指知识、教育类节目。

第一节 教育性节目的特征

教育性节目的特征主要体现在它的节目方针、节目任务与传播特色上。

一、教育性节目的方针

第十次全国广播工作会议指出："根据我国的现状，知识性节目①应贯彻以普及为主，以现代为主，以实际需要为主的方针。"

我国地域辽阔，人口众多，为了适应现代化建设的需要，人民群众的科学文化水平亟待大幅度提高。因而教育性节目的内容必须面向广大人民群众，考虑大多数听众的接受水平，以普及为主。普及科学文化知识，既要向不懂科学技术知识的听众普及，又要向懂得不太多的听众普及。在安排节目内容的时候，以照顾知识层次偏低的听众为主，努力扩大节目的覆盖面，提高节目的收听率。在普及的基础上，还要随着时代的发展和科学技术的进步，不断提高人民群众科学文化的整体素质。

当今人类正处在知识爆炸的信息时代，要跟上时代前进的步伐，适应社会发展的需要，就必须不断更新知识。所以，教育性节目的内容又要注重传播现代科学技术知识，让听众及时了解当代的新科学、新技术，知道国内外发生的重大科技事件和科技新成果，掌握"面向现代化，面向世界，面向未来"的知识、技术和本领。

教育性节目的内容不仅要以普及为主，以现代为主，还要从群众的生产和生活实际出发，为经济建设和人民的生活服务，以实际应用为主。群众听了广播，能够"立竿见影"，解决工作、生产和生活中的问题，收到实际效果，因而乐意接受宣传、教育，推动教育性节目根据听众需要，贴近实际，越办越好。

二、教育性节目的任务

教育性节目的任务主要有三项：传播科学文化知识；讲解政策和阐释、化解现实生活中的某些热点、焦点问题；开展社会主义精神文明教育。

---

① 此处的"知识性节目"即本章所指的知识、教育类节目。

1. 传播科学文化知识

广播传媒具有覆盖面广，收听方便，受众广泛，不受文化程度限制的优势。作为一种社会教育事业，它责无旁贷地担负着向人民群众传播科学文化知识的重任。

知识、教育性节目以传播两个方面的知识为主：一是科学常识和先进的生产技术知识；二是社会文化、科学文化知识。

为了适应广大听众提高科学文化水平的需要，我国的各级广播电台举办了各种知识节目，多层次地传播科学文化知识，对提高全民族的科学文化水平，为"两个文明"建设培养人才，起到了积极作用。

2. 讲解政策和阐释社会理论问题

广播电台是党和政府的喉舌，担负着传达政令，动员和教育群众的任务。以发挥电台社会教育功能为主的教育性节目，必须正确引导舆论，宣传好党的理论、路线、方针、政策，紧密配合党和国家重大决策和政策措施的出台，讲解政策和阐释、化解现实生活中的某些矛盾及热点、焦点问题，发挥党和政府同人民群众联系的纽带和桥梁作用，把人民群众引导到搞好社会主义现代化建设上来，推动社会主义市场经济的建立、完善和社会的全面进步。

我国的各级电台大都办有各种形式的理论学习节目和理论讲座，根据不同时期的形势、任务和群众在实际生活、工作中产生的矛盾及热点、焦点问题，对政策给予解释，通过讲解理论进行疏导，效果很好。如武汉台《白云彩虹873》和《长江日报》周末版、武汉电视台《彩桥830》联手举办的《热门话题纵横谈》专题节目，积极配合本市重大政策措施的出台，对"禁鞭冲击波"、"还我马路"、"扩大就业"等热点、焦点问题，运用政策讲清道理，开展疏导，发挥了教育性节目的作用。

3. 开展社会主义精神文明教育

广播电台所有节目的宣传内容，都要落实在促进社会主义物质文明和社会主义精神文明的建设上。教育性节目的一项重要任务就是开展社会主义精神文明的教育。

社会主义精神文明的教育既包括思想政治教育，也包括政策理论教育。思想政治教育的内容极其广泛，如爱国主义教育、理想教育、道德教育、文化教育、纪律教育、法制教育、集体主义教育等。政策教育和思想政治教育都不是孤立、片面、生硬的"灌输"式节目，它们渗透在教育性节目或其他节目的具体内容之中；渗透在听众自觉参与的理论与热门话题的讨论之中；也渗透在节目主持人或编辑组织的对有关理论、政策深入浅出、生动活泼的阐释、讲解和疏导之中。

三、教育性节目的传播特色

教育性节目在选题上具有时代性，内容上具有针对性，表述上具有系统性，收听上具有对象性。

1. 选题上的时代性

教育性节目的选题，通常是根据各个不同时期的形势选定的，因而具有鲜明的时代特色。如延安新华广播电台时期，开办的教育性节目有：《科学常识》、《革命故事》、《政策讲座和政策问答》、《故事和报告》等节目，体现了解放区军民学文化，学科学，建设巩固的革命根据地的时代特征。

解放战争时期，陕北台开办的《对国民党军广播》节目，是分化和瓦解敌军的强大思想武器，为解放战争的胜利作出了突出的贡献。

20世纪50年代初期和中期，中央台根据形势的需要，宣传党的主张，传播马列主义、毛泽东思想，先后举办了《马列主义基础》、《哲学》、《政治经济学》等理论学习讲座，从思想理论上加速了新民主主义社会向社会主义社会的过渡。

党的十一届三中全会以后，我国进入了社会主义现代化建设的新时期，各级各类电台根据现代化建设和改革开放的需要，陆续开办了各种教育性节目，帮助听众学习经济管理，掌握科学技术，既宣传了党的方针政策，又传播了科学文化知识。这些节目都体现了时代特点，反映了时代精神。

2. 内容上的针对性

举办教育性节目的根本目的在于提高人民群众的思想和科学文化素质，推进现代化建设。所以节目内容要紧密联系现实，联系人们生产、生活和工作的实际，根据不同情况，回答人们在生产、生活和工作中遇到的各种问题，具有针对性，这样才能吸引听众，收到实际效果。

教育性节目的针对性，就是根据不同节目的对象，有的放矢地传播科学文化知识，开展宣传教育。如对农村广播节目，一要针对农民求知、求学、求富的心理，办好知识和科技节目，开辟诸如"致富经验介绍"、"农技员传技术"、"空中技术学校"、"农技课堂"等专题，请当地种植、养殖能手和农技员，介绍先进生产经验和生产技术。二要针对当地农村的重点科技项目，搞好专题宣传。如针对水稻产区推广杂交稻种植技术，举办"杂交稻技术讲座"；针对丘陵山区引进果树新品种，举办"果树新品种技术讲座"；还有因地制宜地开办养鸡、养猪、养鸭等广播函授班等。三要针对农事季节，唱好"四季歌"。针对农村生产实际，掌握季节火候，了解农民的技术难点，为农民跟踪服务。教育性节目只有这样不断增强针对性，才能持久地赢得听众的信赖。

3. 表述上的系统性

教育性节目在表述有关科学文化知识的内容时，注意知识相对完整，节目内容具有较强的系统性，这是它有别于其他节目的一个重要特点。

教育性节目往往需要系统地传授各种科学文化知识，满足听众系统地学习某方面的科学文化知识的要求。如有的电台举办的《法律知识讲座》、《税务知识讲座》、《股市漫谈》等节目，就体现了这个特点。有的电台为了满足一些听众了解彗星和木星相撞"内幕"的愿望，特地举办了《天文知识讲座》节目，内容的表述都相当完整和系统。

4. 收听上的对象性

教育性节目和其他广播节目一样，拥有广泛的听众。但相对说来，教育性节目的听众对象较为单一，可以从职业、年龄、性别、专业需要、兴趣爱好以及文化水平等方面来区分听众群体。如，体育节目一般对象为体育爱好者；科技节目的对象为有一定文化水平的科技爱好者。对象性节目的对象就更为明确了。如：对农村广播、对工人广播、解放军节目、青年节目、少儿节目，其对象分别为农民、工人、解放军、青年和少儿。

办好教育性节目，一定要熟悉和了解对象。但是，节目对象也不能绝对地划分，只能相对地区分，因为对象的互相交叉是不可避免的。同时，随着时代的发展和社会的进步，教育性节目的对象也会发生新的变化，因此要随时研究对象的构成。例如对农村广播节目，过去的主要对象是农村基层干部和社员，今天的对象可能还是这些人，但他们今天从事的行业却比过去广泛多了；农村基层干部也不是过去的生产队长了；还有农村中从事党、政、工、青、妇、文化教育工作的人；因此农村节目的对象可以说包括农村所有的战线。它服务的范围之大，战线之长，是其他对象节目无法相比的。在这种情况下，如果仍然按过去的对象进行宣传，显然就不适应，需要作出相应的改革。

第二节　教育性节目的编辑要点

教育性节目大多属于学习型、动脑型节目，需要听众经常保持"有意注意"，因此在编辑节目时，尤其要从听众的收听心理出发，在内容、形式、结构和语言的运用上下更多的工夫。

一、内容要切合实际，适于普及

理论联系实际是编辑教育性节目的首项要求。教育性节目必须针对当前社会生产、生活的难题、热点来选题，设法从理论上解释当前的实际问题，从思想上、政策上指导听众，找出妥善解决问题的办法。如果不从实际出发，无的放矢地介绍一些听众很难理解，也不感兴趣的知识，势必事与愿违，费力不讨好。所以安排节目内容在切合社会生活实际的基础上，还要根据广播传播的特点和听众的接受能力，使节目的内容深浅适宜，让听众在理解的基础上掌握内容，收到好的效果。

在讲授方法上，要做到理论联系实际，就事论理，论理与叙事相结合，叙事是叙当前的实际，具体的事实。这样符合听众的收听心理，有利传播，适于普及。

二、形式要生动活泼，利于传播

为了更利于传播知识，开展社会教育，编辑应想方设法，使教育性节目办得生动活泼、亲切自然。如：采用多种体裁的稿件编组节目，在节目中设置一些别开生面的专栏等。在不违背真实性的原则下，采用说说唱唱、相声快板、听众问答、智力测验等形式，也都有助于办活节目。

在编写广播稿时，不妨多采用谈话式的写法。少儿节目则可采用讲故事、猜谜语、念歌谣和顺口溜的方式编写。对农村节目可以通过拉家常、无拘无束的谈话或对话方式，讲述农民关心和感兴趣的事情和问题，这些方式便于交流感情，有利于节目内容传播，使听众在彼此的传播和交流中受到教育。

三、语言要通俗易懂，便于记忆

教育性节目介绍的科学文化知识让听众听得懂，是对节目的起码要求。只有内容听得懂，才便于记忆。这就要求教育性节目的语言要特别通俗易懂，采用谈话式、口语化，语言尽可能亲切自然，切忌用咄咄逼人的生硬词句。

在传授科学技术时，要尽量避免使用专业术语。如果实在避不开，也得用通俗易懂的语言解释清楚，让听众明白意思。

为了帮助听众听懂、记住必须传授的内容，教育性节目的编辑常常需要运用形象生动的解释和说明，使深奥的知识浅显易懂，抽象的科学概念具体明了。如中央电台的科技节目编辑是这样解释"中子星的密度"和"牛郎星与织女星的距离"的：

> 中子星的密度非常大，1立方厘米就有1亿吨重。就是说，一个小胡桃那么大的中子星物质，要1万艘万吨巨轮去拖才能拖动。
> 牛郎星和织女星距离16光年。如果牛郎给织女打电话，那么，织女接到这个电话，就得16年时间。

这样形象生动的比喻和解释，能给听众留下深刻的印象，便于他们记住科学概念，加深对知识的理解。

四、编排要逻辑有序，易于吸收

广播"线型传播"的特点，决定了听众在收听节目内容的时候，只能按照已经编排好的节目内容顺序收听下去，除非是直播与电话参与节目，听众对节目内容是没有选择、整理和加工自由的。根据有关生理学研究，人们在把耳朵收听到的信息输入大脑时，有一个整理和加工信息的过程。这一过程具有很强的逻辑性。人们在收听广播时，也会有这样一个整理和加工信息的过程。由于广播稍纵即逝，听众不可能有充裕的时间进行这种逻辑性的整理和加工，这就需要编辑在编排节目的时候，使节目内容条理清晰，具有内在的逻辑联系，便于听众在收听过程中能较快地整理和加工，顺利地吸收节目内容。

五、重点要适当重复，臻于强化

广播宣传的各类节目，都不同程度、不同形式地采用重复的方法，强调各自的重点，尤其是知识、教育性节目，更为注意对节目的重点内容加以适当重复，用来强化宣传效果。

广播宣传中的这种重复，是由广播自身的传播特点决定的。广播声音信号具有一听即逝、过耳不留的弱点。听众有听不清楚或听不明白的地方，不可能像读报刊书籍那样停下来查阅字典或请教他人。加上广播的线性传播特点，制约着听众只能按节目编排和播出顺序依次收听，没有选择收听的自由；因而容易造成收听前后断续，首尾不全而失去照应的情况。同时因为听众在收听广播时，经常处在"无意注意"的状态，收听的随意性极易造成信息衰减，使广播宣传达不到预期的效果；所以编辑在节目内容的重点难点和需要听众注意的地方应安排必要的重复，以弥补广播在传播和收听上的缺憾。

教育性节目通常采用两种方法重复。一是机械重复法。即在语言文字上重复前面的内容。一些知识性节目在重点、难点或需要记录之处，常安排这样的重复。二是解释重复法。即对前面讲过的原理、概念、专用名词和技术性内容，作比较详细的解释；使抽象的概念具体明了，深奥的道理浅显易懂；从而强化听众对知识的理解和记忆，达到优化节目效果的目的。

第三节 教育性节目的编排

如前所述，教育性节目的编排是否合理、巧妙，是节目能否吸引听众的一个不可忽略的环节。运用恰当的编排方法与编排技巧，注意在节目的串联与配乐上下功夫，是编排好教育性节目的关键。

一、教育性节目的编排方式

编排巧妙得体能够在一定程度上提高整个节目的质量，形成整体优化效应。教育性节目的编排除了采用直播板块形式，通过听众参与广播，由主持人根据"节目阐述"的要求，采用"应变式"，灵活机动地编排、调整节目内容外，基本的编排方式有以下三种：

1. 集中式编排

围绕某个主题组合节目称为集中式编排。其特点是：题材一致，主题集中，说理充分，往往给听众留下较为深刻的收听印象。编辑可以根据同一题材，选择各个方面的稿件，从不同角度说明节目的主题思想。

如获全国"对农村广播"一等奖的湖北台1991年11月7日《对农村广播》节目就是抓住农民群众极为关心而又普遍存在着混乱现象的农村财务问题，从来稿和记者的采访、调研中选取各方面的典型事例，条分缕析，从现象到本质，由问题到解决问题的办法，步步深入，进行"农村财务透视"的。整个节目材料翔实，议论风生，内容浑然一体，使听众对农村实行民主理财的必要性、紧迫性和可行性留下了深刻的印象。

2. 综合式编排

综合式编排又称"拼盘式"编排。由多种体裁、多种内容、多种形式组合成节目。综合式编排并非无中心无目的的"拼凑"，它常常以一件事物或者某一活动为中心，采用新闻类、服务类、教育类、文艺类稿件综合编排，类似综合式板块节目。有时候是套在综合式板块节目里的小专题节目。

如广东韶关台《午间聚会》板块节目中开设的《桃李园》小专题节目，其节目宗旨是反映中小学师生的思想、学习、生活，引导学生勤奋学习，健康成长。节目编排丰富多彩。以1992年9月26日的《桃李园》节目为例。在25分钟时间里，既报道了新闻：徐东海同学成了《半月谈》上的新闻人物，又请新闻的主人公上广播作了访谈，还与徐东海同学的班主任取得了联系，请他通过电话参与了报道。最后，节目以一支与主人公年龄有关的歌曲《十六岁的红蜡烛》作为结尾。

这种通常由主持人将多种内容、多种体裁和形式串联为一个节目的综合编排方式，亦能体现出编辑主持人的匠心，收到好的效果。

3. 主从式编排

这是一种以某一篇有分量且篇幅较长的通讯、特写或音响报道为主，穿插进其他形式的报道的编排方式。整个节目有主有从，各有侧重，互为补充。有时为了讲清某个道理，传播某种科学文化知识，稿件篇幅较长，需要占用一次节目时间播出。这类稿件内容必须精彩，形式应生动活泼、能吸引人，否则就会使人感到冗长、乏味，产生"调台"或"关机"意识。有时这类稿件播完后有多余的时间，需要配上一两篇或一组短稿，这些短稿的内容最后与主篇的主题相近，或者是讲述的同一种知识。类似知识集锦式的节目，往往受到听众欢迎。

二、教育性节目的串联和配乐

1. 串联词的作用与写法

串联词是教育性节目的组成部分，在节目中起着不可缺少的作用。

首先，串联词起着将分散的稿件联结成为一个节目整体的"纽带"作用。一次教育性节目一般由两篇以上的稿件组成。串联词犹如一条纽带，将若干篇题材相同或不同的稿件，联结成一次完整的广播节目，使彼此缺少联系的稿件成为彼此不可分割的节目整体。好的串联词不仅在形式、而且在内容上，能赋予稿件之间一种新的内在联系。

其次，串联词可以起到提示要点、升华主题、揭示意义的作用。有的串联词往往一开始就"画龙点睛"，扼要地点明本次节目的内容要点，突出听众感兴趣的事情，延伸节目的内涵，给人以新的启迪和联想。这样的串联词有助于听众正确理解节目内容，充分发挥节目的影响。

此外，串联词还可以起到加强听众与节目的联系，吸引听众关注和参与节目的作用。在节目进行过程中，主持人或播音员通过串联词小结前面已经播过的内容，呼唤和引导听众继续往下收听后面的节目，与听众进行感情交流。从而起到沟通听众与节目的联系，吸引听众关注和参与节目的作用。

写串联词要注意如下几点：

一是要引人注意。通过串联词，使节目一开始就把听众吸引住，愿意继续听下去。如吉林台的《知识小宝库》节目，有一次串联词的开头是这样写的："有一天，世界上的煤、石油和天然气都用完了，世界将会是什么样子呢？机器不转动了，火车、汽车、飞机、轮船都瘫痪了，冬天屋里冷冰冰的，也许连饭也做不成了，会有这么一天吗？"这样的串联词，一开始就能让人产生好奇心，想听下去。

二是要注意发现前后稿件的共同点，沟通它们之间的内在联系，让它们互为补充，达到启发人们思考的目的。如常州经济台《星期天特别综合节目》中有这样的串联词："听众朋友，前两天，本节目的《公仆专线》收到了本市花园新村陈志清听众的来信……我来念一下（念信）……我一边读，一边也非常感动——我看到了这些纯朴的市民，对我市公仆的一种难能可贵的真情。……现在，我们就来满足这位市民朋友的要求，请我们的市长也来个热线电话。"（以下是电话采访实况）这段串联词道出了前后稿件（信和热线电话）的内在联系：市长关怀市民，市民热爱市长。自然地将前后内容贯通成一个整体，收到"因果"效应。

三是要起到承上启下的作用，使上下文章听起来自然、顺溜，不感到生硬突兀。如"女：……刚才杨市长谈到他的业余生活时，提到了他喜欢的两个娱乐节目：《正大综艺》和《今夜星辰》。提起《今夜星辰》，韦伟前几天通过长途电话采访了《今夜星辰》的主持人叶惠贤，咱们是不是把采访录音放一放呢？男：好啊。刚才是杨晓堂市长的《公仆专线》，接下来该是叶惠贤老师的《明星风采》了。"

四是要通俗、口语、亲切自然，仿佛在同听众面对面地交谈，起到感情交流的效果。如："农村听众朋友，各位干部朋友，关于农村财务问题，今天我们就谈以上看法，不知您是否同意？可能实践中还有更多更具体更新鲜的办法，让我们一起去总结、去摸索。不过我相信大家都会同意，农村财务是件非抓好不可的事情了。"

2. 音乐的穿插和搭配

给节目穿插、配上音乐，也是一种节目串联形式。这种串联形式在教育性节目里运用很普遍。因为教育性节目要求听众收听时尽量保持"有意注意"，而实际上听众收听广播时大多是处于一种随意性的收听状态。即或是认真收听教育性节目的听众，也难以在较长的时间里保持"有意注意"。这是由于生理条件决定人对某一事物的听觉注意力持续的时间通常只有5~10分钟。超过了一定限度，就会产生听觉疲劳，影响收听效果。所以编排教育性节目时，要注意搭配音乐，以调节听众的情绪，减轻听觉疲劳，增强收听效果。

在配乐时可以将音乐作为稿件的背景，自始至终压混播出。这样的配乐可以使听众在美妙的音乐意境中，轻松自如地接受知识的陶冶，强化对节目内容的感知。

也可以将音乐插入稿件之间，让听众在对某一问题集中一段注意以后，放松一下，减轻疲劳，接着再度集中注意力收听下面的内容。这类间奏乐是节目的组成部分，对节目可以起到串联的作用，以承上启下或转换节目内容。通过音乐间隔，节目内容的层次更加分明，编辑意图表达更为明确，因而更有利于激发听众思考和强化记忆。

在穿插音乐时可以同时播讲串联词，也可以仅运用间奏乐进行节目的串联和过渡。

无论是穿插还是混播在教育性节目里的音乐、歌曲，在情调、气氛、风格、主题上都应该与节目协调一致，以作为整个节目中不可分割的组成部分。如果仅仅是为了填补稿件或节目时间的不足，随便找支乐曲或歌曲塞到节目的空档里，听起来就会感到别扭，以致冲淡或损害节目内容。

第十章　服务性节目

服务性节目是指直接帮助听众解决思想、工作、生活中遇到的实际问题，具有实用性内容的广播节目。它直接为听众提供经济生活、文化生活等社会生活各个方面的信息服务，回答和反映听众提出的问题、看法和建议，对人们的思想、工作和生活进行直接而具体的指导。

随着现代化建设的发展和人民生活水平的不断提高，服务性节目的服务将越来越贴近人民群众的生活实际，越来越受到广大听众的重视与欢迎。因而研究和改进现有服务性节目，使之成为广播听众不可缺少的良师益友，是广播传媒的当务之急。

第一节　服务性节目的种类与功能

服务性节目内容丰富，项目繁多，在广播节目中发挥着其独特的功能。虽然，从广义上说，电台的所有节目都是为人民服务，为社会主义服务的，都可称作服务性节目。但是，相对新闻性、教育性和文艺性节目，服务性节目专指具有直接性、实用性内容，有具体服务项目的节目。根据服务项目及其承担的任务、发挥的功能，服务性节目可以划分为如下类型：

一、公益服务类节目

电台为公众无偿提供的具有社会公益性服务内容的节目属于公益服务类节目。具体项目有：

《天气预报》——报告气象变化或预报灾害性天气，是广播电台提供公益服务的一项重要内容。它影响面广，涉及各行各业，关系千家万户。中央台的气象预报节目，每天定时广播 31 个城市的天气预报。各地方台的天气预报节目，每天也都准时播送本地气象台的天气预报，成为听众生活中不可缺少的内容。与《天气预报》类似的节目还有各电台根据具体情况设置的节目，如《汛期通报》、《水情预报》、《地震预测》、《防火预报》等。

《报时》——广播电台整点播报的时间讯号，是促使整个社会运转一致，旋律协调的现代社会服务，是许多科研、生产和交通运输部门不可缺少的工作和生产的重要依据。

《广播体操》——电台播放广播体操指挥乐曲是为提高全民身体素质，开展全民健身运动提供的社会性服务。它费时少，播放定时，具有广泛的群众基础，有利于增强人民体质，调节人们的工作、劳动和学习。新中国成立以来，国家先后公布了7套广播体操和12套少年儿童广播体操，其间曾一度中断，现在已恢复播放。通过无线电波，广播体操运动在全国城乡普遍开展，显示出广播电台提供的这一公益服务具有无限的生命力。

二、经济服务类节目

经济服务类节目又称信息服务类节目。主要是提供有关经济信息服务。包括科技信息、经营管理信息、贸易信息、人才需求信息、咨询信息、资料数据和知识信息等，服务于国家经济机关、厂矿企业、科研单位以及所有从事市场经济活动的团体和个人。如：

《市场信息》——随着城乡人民经济生活水平的提高，许多电台开辟了《市场信息》类节目，为群众提供各类市场信息，每天还定时广播蔬菜和肉、鱼、禽、蛋等主要副食品的价格，促进了市场繁荣，为城乡人民生活提供了便利。

《股市行情》——自我国恢复建立股票市场以来，为了帮助股民及时了解股市信息，也为了推动股市的健康发展和完善，一些城市电台开始定期播报股市行情，适应了社会主义市场经济发展的需要。

《导购》——类似节目还有《商品信息》、《市场与信息》、《消费指南》等。目的在于为听众提供新商品信息，了解各种商品的性能与销售情况，提供消费指导。这类节目内容可以安排得很丰富，如楚天经济台的《空中导购》节目，在一个小时内，安排有《求购信箱》、《热线回音》、《商海拾贝》、《求医问药》、《美在生活中》、《周末美食家》、《消费者之声》等7个栏目，大大拓展了电台的服务领域。

《外汇牌价》——这是中央台和一些特区台为适应对外经济活动开展，满足金融、外贸等部门、人员以及中外各类持外币人员，港、澳、台胞，华侨和其他人的需要而设置的节目。

三、生活服务类节目

这是电台服务性节目里占最大比重，与听众日常生活关系最密切，实用性最强的一类节目。如一些电台的《生活顾问》、《家庭主妇》、《生活服务台》节目。其内容往往和知识性节目相接近。只是偏重于日常生活的直接性和实用性，如介绍育儿知识、健美知识、卫生常识、烹调技术、缝纫方法以及家用电器的使用和维修等生活常识。有的还从方便本地和外地听众出发，在此类节目里穿插介绍本地一些文娱、交通、旅游设施的情况，受到听众欢迎。

四、听众服务类节目

听众服务类节目是为方便听众收听广播和为听众排忧解难，沟通听众与电台的联系而设置的节目。常见的这类节目有：

《节目预告》——《节目预告》一般在每天播音开始或前一次播音结束的时候播出，也有的电台在"黄金时间"播出，预告节目能给听众收听广播带来便利，同时也是一种扩大节目影响，增强节目意识的导听形式。中央台还办了《晚间节目介绍》。预告节目时一般都要简要介绍节目的主题和内容。

《听众信箱》——这是电台针对听众提出的疑难问题，帮助他们出主意、想办法，直接为他们排忧解难，加强电台与听众联系的服务节目。有些听众提出的问题属教育性节目的范畴，如理想、前途、道德修养、恋爱、婚姻等，可以由编辑按照教育性节目的要求编排，解答；也可以在板块节目里，由编辑主持人根据具体情况，从服务听众的角度作出解答和帮助。对来信中有关个人生活方面的内容，如买书、购物、治病、请教问题等等，对这些关系听众日常生活方面的问题，《听众信箱》节目的编播人员应尽力为他们联系，请有关方面帮助解决。

《听众之声》——多数情况下，这是一种录播听众反映的情况以及他们的建议、批评的节目。最近一两年，有不少电台通过直播与电话参与形式，直接反映听众的心声。它往往由主持人结合新闻节目的内容，运用教育性节目的宣讲方式，与听众共同商讨，来达到促进党的方针政策的正确执行，发挥群众的舆论监督作用，解答听众的某些疑难问题的目的。如，国务院关于禁止棉花掺假作假的通知公布后，录播听众对这类问题的批评和反映，对贯彻、执行《通知》精神就起到了推动作用。

五、广告

电台的《广告》节目既是一个沟通产销，活跃经济，指导消费，促进生产的服务性节目，同时又是电台作为市场的传播媒介，参与市场经济流通领域的一种经营方式。它必须在对生产厂家和市场负责的同时，对听众负责，行使其服务于听众的基本功能。

第二节　服务性节目的编辑方针

办好服务性节目，应遵循如下编辑方针：

第一，要从国家和人民群众的实际出发，照顾大多数。由于我国经济、文化水平还比较低，人民生活还不很富裕，物资供应也很不足，在服务性节目中，介绍各种生活常识、商品知识，要注意同大多数人的生活水平相适应，能为大多数人所接受，而不要脱离多数人的实际条件，使本来存在的一些矛盾激化或加剧，以致增加党和政府工作上的困难。

第二，要寓教育于服务性节目中。通过服务内容的介绍，丰富人们的生产、生活知识；解答有关疑难问题；反映群众的愿望和要求；宣传社会主义新风尚；培养人们的新思想、新作风、新的道德观念以及健康情操；鼓舞人们为四化作贡献。

第三，"广告节目要从有利于四化建设这个大前提出发，要有利于产供销的健康发展。不论国内、国外广告，从内容到形式都要注意实事求是，力戒虚夸，树立我国广播电视节目的优良风格和信誉。"①

在正确的编辑方针指导下，如何按照收听规律，科学地串联、组合服务性节目，是关系到节目总体质量的一件重要工作。

在具体编排中，应注意下列要点：

一、播出时间的固定性

服务性节目的播出时间相对固定。除了节目的内容和服务方式、服务领域要根据市场、听众和社会的需求变化而变化外，服务性节目的播出时间和节目名称不宜随意更改。

服务性节目的这一固定性特征是由节目的传播规律和听众的收听习惯决定的。有些专项服务性节目，如《天气预报》、《报时》、《市场物价》、《外汇牌价》、《广告》等，长期以来，和人民群众的生产、生活建立了密切的联系，拥有一批又一批固定的听众群。这些听众已经形成了收听习惯，如果播出时间不固定，听众到时收听不到习惯收听的节目，就会感到不方便，以致失去对节目的信赖。

---

① 张香山：《在第十次全国广播工作会议上的报告》，摘自《全国广播工作会议文件选编》，第333页。

综合性的服务节目，栏目设置得比较多，服务内容相当广泛，具有服务直接具体、实用性强的特点，因而听众基本上也是固定的。每一个栏目都拥有一批相对固定的听众，大体上代表着听众的各个层次。从方便听众，服务听众出发，综合性服务节目的节目名称和播出时间也需要相对固定。

二、稿件搭配的相关性

除了专项节目外，服务性节目一般都由两组以上稿件组成，包含好几个内容。稿件的编排要注意克服随意性，不能采取就稿编稿的办法凑合。

在一次节目中，稿件搭配的基本规律是：从稿件的内在联系上找依据，用相对集中的方法巧安排。具体地说，就是在每次节目中，都围绕一个侧重面组稿、排稿。如《为您服务》节目中，通常设有《市场信息》、《听众信箱》、《医药顾问》、《大众菜谱》、《周末集锦》等栏目，如果逢节假日，这天的节目就以节假日生活内容为主，着重编排节假日里市场的新动向，旅游的好去处，或者假日家宴席上的美味佳肴。用这样的方法，把同一类型，相互关联的稿件，组成几个小组，再按照时间上的内在联系合理搭配在一起，就可以形成一组完整集中、层次分明的节目，给听众留下比较深刻的印象。

三、节目串联的整体性

服务性节目的编排讲求稿件、项目与栏目之间的连接艺术，即串联的技巧。恰到好处的串联，能起到化零为整，画龙点睛的作用，而且衔接、转换得自然而流畅。

服务性节目对串联的要求是：运用声音优势，注重优化节目，力求整体和谐。

运用声音优势，使多种和谐的声音给听众以美的享受，是串联好服务性节目的首要环节。无论是综合性服务节目还是广告节目，都必须重视声音艺术以及多种音响的运用。特别是现场音响的运用，能有效地增强节目的真实性和感染力。

串联词的设计可以参照教育性节目串联词的编写要求，结合服务性节目直接性、实用性的特点，在语言的生活化上下更多的工夫，使听众从主持人亲切悦耳、活泼风趣的话语里，更多地感受到节目的热忱服务。

同时，作为节目内容转换或过渡的歌曲、相声和间奏乐，要注意和语言部分有机地结合起来，起到烘托内容，突出节目，缓解听觉疲劳的作用。

四、服务内容的系列性

针对社会上普遍存在的、大多数人关心的问题，通过深入采访，调查研究，可以从不同角度，将采访和调查研究的内容，编排成成套的系列节目，连续广播，以增强节目的播出效果，强化服务内容的深度。如，随着家用电器的普及，听众不再满足于电台提供的市场产品供应信息和广告宣传，还想知道正确使用和保养家用电器的知识。如果就这个题目编排、设计出一套有关家用电器使用和保养的系列节目，连续广播，就可能受到听众的普遍欢迎。

从简单信息服务到系列服务，是服务性节目的内容由浅入深的过程。这种系列编排方式有助于增强节目内容的深度。

五、编排方式的多样性

服务性节目题材广泛，内容丰富，项目繁多，与之相适应的编排形式也应该多种多样，千姿百态。

服务性节目的基本编排形式有穿插式和连接式两种。穿插式就是将音乐或音响穿插在稿件、项目或栏目之间，用来承上启下，转换内容或烘托气氛。连接式主要是指用串联词、音乐或音响把节目的各个部分有机地串联在一起，使节目组成一个有机整体。

在穿插式和连接式的基础上，可以演变出多种编排方式，如前面所介绍的系列编排方式。

近年来，各级各类电台在服务性节目里普遍采用了板块式编排。在一次服务性节目里，由主持人将内容不同、形式不同、各具特色和相对集中的几个小专题或小栏目巧妙地串联、组合在一起，用谈话的形式直接介绍给听众；或者通过和听众的交谈与对话实现节目的服务功能。

板块式服务性节目的优势，一是亲切自然。节目通过"拉家常"和平等交谈，缩短了电台与听众之间的距离。二是吸引了听众。由于板块节目可以不断转换话题和形式，有利于缓解听觉疲劳，克服听众因疲劳而产生的"关机意识"。三是创造了较好的收听气氛。板块式节目可以较好地克服一些节目中存在的断裂感和单调感，使节目紧凑、流畅、富有整体感，有助于听众保持良好的收听心境。

第三节 广告节目

广播广告是有声广告的一种传播方式。它运用语言、音乐和音响效果，通过电波传递产生的听觉形象传播商品或劳务信息。广播广告也叫电声广告。

我国的广播广告始于 20 世纪 20 年代末 30 年代初。解放后 30 年间，由于"左"的思想影响，一直没有正式开播广告节目。直到 1978 年党的十一届三中全会以后，广播电台才开始经营广告业务。两年后，全国各地绝大多数电台都开办了广告节目。

一、广播广告的类型

广播广告的类型通常有下列几种：

普通广告——按常规在固定的广告时间或专题节目、文艺节目之间插播广告。根据广播的"黄金时间"、一般时间和随时插播三种不同情况，分别列为甲、乙、丙三种级别。"黄金时间"为甲级，收费较高。一般时间为乙级，随时插播为丙级，收费较低。

特约广告——应客户特殊要求而编排和制作的广告。有的客户在节目时间选择方面有特殊要求，有的在播出形式方面有特殊要求。如有段时间中央台广播的长篇小说《北京人在纽约》受到听众欢迎，当时的许多工厂企业单位都特约在这段节目时间里播送有关本厂商品的广告宣传。

专题广告——由广告客户提供广告资料，电台安排固定时间播出。这类广告节目往往需要占用专题节目时间。由于专题广告知识面较广，内容较丰富，听众比较欢迎。

赞助广告——由客户出钱或出物品赞助电台举办某些节目或组织一些有意义的社会活动。在活动进行中插播商品广告或广播赞助单位名称。对这些赞助电台的客户的广告商品同样需要考察其质量和信誉。

专栏广告——有固定播放时间的广告。可增强广告服务的针对性、季节性，时效性较强。如招生广告、寻人启事、季节时装介绍等。

公益广告——即公共服务性广告。其内容主要是倡导社会公共道德的社会性宣传教育。公益广告通常由国家出资，国家电台或广告公司制作。

二、广播广告的特点

广播广告的主要特点是：

1. 传播迅速

广播广告最显著的特点是传播迅速。在"时间就是金钱"的时代，经济信息瞬息万变。能否及时获得一条重要的经济信息，往往导致竞争中的成功或失败。因此，及时、准确地传播经济信息，让传播速度适应市场变化的速度，随着市场经济的发展，越来越显得重要。与报纸、电视等其他传播工具相比，广播广告传递信息在速度上有着得天独厚的优势。

2. 覆盖面广

广播广告的覆盖面广。从电波所及范围看，无论城乡，不分地域；从受众角度看，不论男女老少，不管文化水平高低，都可以收听。

3. 收听方便

广播是最为方便的信息传播工具，定时广播或插播在各种专题节目之间的广告自然地向听众传播，收听方便及时，收听机遇也多。这样便可随时促使听众产生购买意识。

4. 经济实惠

同其他广告媒体相比较，广播广告在单位时间内的收费较低，是经济实惠的一种广告媒体。由于广播广告的录制工序少，制作过程远比报纸、电视、电影广告简单、方便，所以收费也比较少。

广播广告具有上述优点，但也存在着难以克服的局限性。一是不能直接产生视觉形象。广播广告以声音为媒介，只能产生听觉形象，不能直接产生视觉形象，因而缺乏直观感。

二是一听而过，转瞬即逝。一条广播广告在 30 秒或 60 秒之间一播而过，如果不是十分精彩，一般很难使人留心。

三是不便查证和存留。广播广告的录存比较麻烦，很少录存，因而查证和存留是很不方便或不大可能的事。

三、广播广告的设计

广播广告的设计有如下要求：

（1）内容真实，讲求信誉。广告必须讲求信誉，信誉是广告的生命。为了维护广告的信誉，一定要坚持真实性原则。广告的真实性要求，在本质上同新闻真实性原则是完全相同的。

广播广告是受社会主义市场经济规律支配，为满足社会日益增长的物质和文化需要服务的。这个性质要求社会主义广告应具有真实性、艺术性和指导性的品格。其中真实性是广告的第一品格。

广告的真实性就是实事求是地传播商品信息。广告节目必须对国家、对人民负责，不允许夸大产品的性能，不允许弄虚作假，欺骗消费者，要严禁欺骗性广告宣传。

具体作法是：

认真核实广告商品的产品、商标、质量与厂家介绍的广告内容是否相符。

注意广告内容与产品宣传的主题是否一致；编录的节目与宣传的产品、表现形式和介绍词是否一致。

严格查证产品奖、评证书或证件，防止假冒广告播出。中央台一般要求优质产品要以省、市以上鉴定为准。省、市电台也要有与此相近的查核标准。

（2）活泼健康，清楚明白。广告的艺术性、指导性品格要求广播广告形式多样，活泼健康；表述上清楚明白，便于听众在消费、流通和生产上接受指导。

广播广告可以采用对话、小品、问答、陈述、快板、诗歌、对口词、相声、戏剧、歌曲等多种形式表达，要求突出广告商品的个性化色彩，塑造真、善、美的声音形象，通过人的听觉体现节目的艺术性追求，发挥节目的审美作用。

同时，为了让听众听得清楚明白，广告的文字播出稿要尽可能做到：

广告词的主题思想明确，一条广告最好只介绍一个产品项目，抓住特点突出介绍。

语言简练、生动，形象化、口语化。多用短句，少用文言，要做到念起来顺口，听起来顺耳。

避免用怪词、怪字和谐音字。

为了便于记忆，重要的词句需要重复。

严防不切实际的吹捧，如"誉满全球"、"无敌于天下"之类。

广告词还要注意交待清楚广告的三要素：

商品——包括名称、商标、构成、性质、功能、用途、优点、特点、价格。其中商品名称、商标、功能、用途和最主要的优点是在广告中需要着重介绍的，其余的可以简要地点一下，或者略去。

厂家——厂名、厂址、电话、邮政编码、电报挂号、银行账号。其中厂名、厂址（厂家所在地）不可省略。

购销方法——途径、便利措施。根据情况确定介绍与否或如何介绍。

（3）在广播节目之间插播的广告，内容最好与前面的节目有内在联系或互相照应。

（4）确定节目顺序和头条，区分广告档次，合理收费。此外，广播广告还应特别注意不要出现下列内容：虚假、诽谤或过分夸张的内容；宣传迷信，有损青少年身心健康的内容；失密、泄密的内容；恐怖的内容；香烟和未取得合法销售证书的食品、医药广告等。以上内容的广告对维护社会主义精神文明建设和人民身心健康不利，均不宜播出。

广播广告的设计与编写通常应从以下几个方面考虑：

一是抓商品特点。广播广告宜诉求单一，只突出一个主题思想，强调品牌最重要的特点。因为收听广播时，听众的注意力不大集中，容易转移，所以最好是进行专一而直截了当的宣传，尽快说出产品品牌和特点。如："麦氏咖啡，滴滴香浓"；"禾穗牌速效伤风胶囊好，好在速效"等，都是一语道出品牌和商品最重要、最打动人的特点，给听众的脑海打上深深的印记。

二是抓听觉形象。广播广告依靠声音传递信息，使听众通过声音，获得深刻和值得信赖的听觉形象，从而接受广告宣传，产生消费欲望。一则成功的广播广告，应能充分调动声音的魅力，塑造视觉性、可感性强的听觉形象。如在全国获奖的广播广告"猎犬牌报警器"是这样设计的：

　　（音乐渲染出惊恐的气氛）
　　（缓缓地）一个寂静的深夜
　　（音乐继续）
　　一双罪恶的黑手
　　（音乐继续，突然响起警铃声）
　　一鸣惊人的警铃
　　（音乐继续，急促有力的脚步声）
　　一声威严的喝令："住手！"
　　白：防盗、保险，请用猎犬牌防盗报警器。猎犬牌报警器保您的文件和财产防盗、安全。

这则广告所塑造的听觉形象达到了视觉化的效果，使听众如临其境，印象深刻。

三是抓情感共鸣。好的广播广告常常能在感情上抓住听众，引起听众的共鸣，使听众心甘情愿地接受广告的指导，去实施消费动机和愿望。如，有一则关于半导体收音机的广告是这样设计的：

　　朋友，音乐就在您的口袋里，"金角"牌迷你型收音机，引进东芝集成电路，具有调频、调幅两大收听功能。音质纯正，立体声迷人，体积只有普通扑克牌大小，随身携带，相当方便，即使您走遍天涯海角，也不会孤独寂寞。"金角"牌收音机，音乐就在口袋里。

这则广告，饱含着深情，用生活化的语言，在和听众娓娓而谈的过程中，介绍了"金角"牌收音机的功能和特点，首先在感情上抓住了听众，使听众情不自禁地要摸一摸口袋，体会一下"音乐就在口袋里"的感觉，进而激发购买"金角"牌收音机的愿望。

四是抓先声夺人。听众打开收音机，大都不是出于收听广告的目的。要使广告产生作用，就要设法运用先声夺人的技巧让听众从这种无意注意的状态很快转化为有意注意。

通过设置悬念往往能达到先声夺人、吸引听众的目的。但是这种悬念必须富有刺激性——能激发起人消费广告商品，追求美好生活的欲望。如相声演员马季和唐杰忠演播的"嘉陵"摩托车广告：

唐杰忠：老马您在等谁呀？

马季：我的那个"嘉陵"。

唐杰忠：嘉陵是您的"爱人"呀？

马季：我太喜欢"嘉陵"了。它风度潇洒，帅气，平地走路像仙女腾云驾雾，爬坡有如嫦娥奔月。与"嘉陵"结为"伴侣"太幸福了。追求"嘉陵"的小伙子太多了，连姑娘们也都在追求"嘉陵"哪！

唐杰忠：啊？那"嘉陵"到底是男是女呀？

马季：什么呀，您瞧，它来了。(放出"嘉陵"开来的声音)

唐杰忠：呵，原来是"嘉陵"牌摩托车啊！

这则广告请名人设置悬念，一开头就抓住了听众，吸引听众追释悬念，直到最后才抖出"包袱"，使人恍然大悟，不禁哑然失笑——广告的效应也就在其中了。

五是抓音乐效果。音乐能使广告充实、丰满，能够起到活跃气氛，增强吸引力，帮助听众记忆广告内容的作用。所以在广播广告设计中，要精心选配音乐。

广播广告选配音乐的要求是：第一，要选用大多数听众喜闻乐见的音乐。国内广告音乐应以中为主，以洋为辅。选用的外国音乐最好是圆舞曲或者是听众较为熟悉的当代流行歌曲。第二，音乐的主题、风格要和广告内涵协调一致。如服饰广告宜选用富有青春气息、浪漫潇洒的音乐；医药用品广告宜选用亲切温和、情绪平稳的音乐等等。第三，尽可能实现音乐与文字和音响效果的最佳组合，以加强气氛，并成为广告语言的有力补充，给听众带来熟悉感、亲切感。

四、广告节目的编排

广播广告节目的编排包括设置节目时间，安排节目内容，选择头条和排列组合等四个方面。

1. 科学设置节目时间

广播广告节目的设置通常实行固定和分散相结合，既有固定的广告节目时间，又有两档节目中间的插播广告。用一两条短小的广告作为节目间的分隔，或者伴随节目间的间奏乐播出都可以。固定的广告节目时间不宜长，一般以 5 分钟左右为宜。

广告节目时间的设置还要注意策略。对急于宣扬品牌，启动市场，同时质量可靠，又具有经济实力的客户的广告，可以采用集中宣传的办法，在一段时间里，密集编排播出。对知名度已很高，但需要均衡销售的，可以采用均衡宣传的办法，如让其特约播出某个定时的广播节目等。

此外，广播广告节目还要根据季节的不同和节假日的各种具体情况，灵活机动地设置节目时间。

2. 合理安排节目内容

广播广告节目内容安排的一个基本原则是不将同类商品广告编在一次节目中播出。因为广播声音瞬间即逝，听众不可能在短暂的时间里区分清楚各个同类商品广告内容的异同，更不可能像报纸读者那样对各个同类商品作仔细的比较，从容的选择。所以，一次广播广告节目在内容安排上要有差异。假如将几个牌子的空调广告放在一起播出，就可能会给一些听众造成混乱。同时也要注意广告节目在内容上的差异不能悬殊太大。假如同一组广告里，前面是"娃哈哈"营养口服液广告，后面接着是毒鼠药广告，就很不合适。

一般地说，生产资料广告和生活资料广告同其他广告交叉播放，效果较好。

3. 精心选择头条广告

确定头条广告同确定头条新闻一样重要。头条广告吸引力强，可听性强，就可能吸引听众收听这档广告节目的兴趣，否则就可能导致听众转台或关机。

选择好的广告头条应从如下三个方面着手：

其一，同听众的接近性强。即把听众最关心、兴趣最大的广告作为头条，逐步培养起听众的愉悦心情和亲切感，刺激听众的收听兴趣。

其二，制作质量好。广告的制作质量好，富有吸引力，放在头条能使听众兴奋，产生对广告宣传的信任。

其三，信息性强。由于广播传播速度快，制作方便，因而最适合播报刚刚发生的事情。如果广告节目一开始就把最新商品信息或市场畅销商品的广告播出来，就可能吸引听众的注意力，收到广告效果。

4. 注意排列组合

广播广告的编排要注意长短搭配，排列组合恰当，处理好以下关系：

在价值相近的情况下，将短广告排在前，长广告排在后；

在同等条件下，生活资料广告排在前，生产资料广告排在后；

在生活资料广告中，与听众接近性强的排在前，弱的排在后；

在同类产品广告中，名牌产品排在前，其他的排在后；

在一般广告中，质量好的排在前，质量次的排在后；

在国内、国外产品广告中，国内产品排在前，国外产品排在后。

　　对节目间的插播广告，要注意同前面的节目有所对应。如体育节目宜播体育用品、健美活动用品类的广告；少儿节目宜播玩具、童装或儿童食品类的广告等。

第十一章 文 艺 节 目

文艺节目是广播节目中不可缺少的重要组成部分。在广播电台的各类节目中，文艺节目占的播出比例最大。许多听众打开收音机的目的就是为了收听文艺广播。可以说，没有文艺节目，便没有广播。文艺节目是广播电台的重要支柱。办好文艺节目是关系到广播电台生存发展的重要任务。

第一节　文艺节目的地位和作用

正确认识文艺节目在广播节目直至整个广播事业中的地位与作用，对于广播节目的设置，各类节目播出比例的安排，以及电台的工作方针，人员的布局和广播设备与技术力量的投入等有着决策性意义，直接影响着广播的社会效益和自身效益。

一、文艺节目的地位

广播文艺节目的重要地位，可以从以下几个方面得以体现：

1. 从广播传播规律来看

广播借助电波，以声音为传播媒介，比之以文字为传播媒介的印刷文化具有快捷、简便、感觉真切等无可超越的优势，因而除纯视觉艺术如绘画、雕塑等，几乎所有的文艺品种——音乐、小说、诗歌、散文、话剧、戏曲、曲艺……都能通过电波迅即传递到四面八方。同时广播文艺以声音为传播手段，以便于接受的节目形态，构成特殊的欣赏情趣，衍生特殊的艺术品种（如广播剧、电影录音剪辑等），在普及、繁荣与发展民族文化和现代文化中占有突出重要的地位。

2. 从听众文化需求来看

在各种艺术形式中，广播文艺拥有最广泛的受众。尤其是在那些经济比较落后，交通不够发达的地区，或者是相反，在那些经济特别发达，现代生活高度紧张的地区，文艺广播成为人们文化生活的主要来源而深受听众的喜爱。

随着广播媒体在传播技术上的进步和迅速发展，广播文艺对听众的吸引力越来越大。用立体声传播的音乐、戏曲，声音清晰、浑厚、丰满、真实，而且富有动感,因而大大增强了广播文艺的魅力。立体声技术在广播领域的广泛使用,无疑将进一步提高文艺节目在广播节目中的地位。

3. 从广播事业发展史来看

广播文艺节目随着广播节目的诞生而诞生,随着广播节目的发展而发展,它始终是广播节目的一个重要组成部分。

中华人民共和国电台的文艺节目,起始于 1945 年 10 月 6 日的延安新华广播电台。从那时至今几十年来,文艺广播经历了口播、放唱片、钢丝录音、磁带录音几个阶段,走过了由低级到高级,由简单到复杂的历程,现在正向调频立体声广播发展。

历史证明,不论是哪个阶段,文艺节目始终是广播节目的重要组成部分,它在广播节目和社会文化生活中的地位早已得到稳固的确定,其重要性将随着社会的发展和科学技术的进步越来越明显。

4. 从节目设置来看

广播电台播出的节目,根据内容属性划分,大体上包含在新闻节目、文艺节目、知识教育性节目和服务性节目之内。文艺节目一般占据电台节目时间总量的50%以上。中央台除专门播送文艺节目的第三套调频广播以外,仅以第一、第二套节目统计,各类节目所占时间比例是:新闻节目15%,专题(知识、教育性节目)22%,文艺节目57%,服务性节目6%。星期日文艺节目的播出量更是高达节目时间总量的60%以上。

由此可见,文艺节目是整个广播节目的重要组成部分。收听文艺广播已经成为人们日常生活中不可缺少的内容,成为人们文化生活的一个重要来源。电台在听众心目中的形象和威望,与文艺广播状况的好坏,有着直接的关系。在社会主义精神文明建设中,广播文艺已经成为重要的文化阵地。办好文艺节目,是人民广播电台的重要任务。

二、文艺节目的作用

文艺节目的作用主要体现在下述方面:

1. 娱乐欣赏作用

提供娱乐欣赏,丰富人们的精神文化生活是广播文艺的主要社会功能。

审美欣赏活动,是社会人的重要精神活动之一。人类文明史表明,审美欣赏活动在许多方面影响与作用于人类社会活动。提供娱乐欣赏性文艺节目,使广播文艺成为现代社会人们审美欣赏的组成部分,是广播电台举办文艺节目的宗旨之一。文艺节目的构成也必然以娱乐欣赏性节目为主。

文艺节目的娱乐欣赏作用具体体现为以下几点:

通过各种渠道获取大众审美反馈信息，尽可能满足不同年龄、不同职业、不同性别、不同文化层次、不同民族听众的不同娱乐欣赏要求。

通过节目的编制艺术，以"广播化"形式，向听众介绍古今中外优秀文艺作品，使听众在接受信息中得到美的享受，在艺术欣赏中认识生活，在潜移默化中陶冶情操，提高文化素养。

通过电话与直播节目形式，吸引听众参与文艺节目，实现自娱自乐的愿望。

通过点播文艺节目，表达意愿，疏通情感，展示个人的审美观与社会存在，同时在对文艺作品的欣赏中达成审美情趣上的理解与共识。

2. 文化传播作用

文艺广播具有优越的传播条件，可以将社会上的各类优秀文艺作品汇集起来，传播出去，使文艺广播节目的题材、品种、样式、风格色彩纷呈，成为绚丽多姿的社会主义的文艺百花园。实际上，大量优秀的音乐、小说、诗歌、散文、话剧、戏曲、曲艺都是通过广播传向祖国和世界各地的。而许多作家、作曲家、表演艺术家的名字和他们的成就也都是由于广播电台的传播才为人们知晓。加上广播自身对各种文化的丝丝入扣的影响与细致入微的传播，无一不显示出文艺广播在普及社会主义文化，促进文学艺术的改革和繁荣等方面，起着巨大的作用。

3. 宣传教育作用

文艺广播的宣传教育作用，主要体现为通过典型艺术形象的塑造来引导社会舆论，潜移默化地对人民群众起到艺术的宣传教育作用。

社会的进步离不开宣传。宣传是将某种意见、观点、看法，以及风格信仰等传播于社会的一种努力。文艺广播承担着不可推卸的社会责任，它的宣传教育作用往往是通过艺术典型、艺术形象，把有利于社会主义精神文明建设的意见、观点、看法，以及风格信仰等传播于社会，使文艺同舆论相配合，推动社会进步的。当然这种宣传决不是不顾文艺创作规律的对方针政策的简单图解，而是从生活和形象感受出发，"寓教于乐"的审美活动。在整个宣传过程中，听众感受的不仅是思想的升华和精神的净化，而且是艺术的享受和美的启迪。

广播文艺节目所传播的文化艺术，是人类精神文明的结晶，本身就具有传播知识，进行宣传教育的作用。作为观念形态的文化，"基本属于精神文明范畴，大约指文治教化的总和。"① 文艺广播带给人民群众的文化顺理成章地担负着"文治教化"的责任，引导着听众通过欣赏和理解文艺作品，提高精神文明素

---

① 冯天瑜：《中国文化史》，上海人民出版社1990年版，第14页。

质，促进社会的繁荣和进步。

4. 审美指导作用

人的审美鉴赏力，主要是在欣赏美的事物和创造美的实践中形成并获得发展的。我国各级各类电台的文艺节目，遵循为人民服务和为社会主义服务的方针，运用典型的艺术形象，歌颂真、善、美，揭露假、恶、丑，激发人们对美的追求，对丑的憎恶；指导听众在欣赏文艺节目并参与创作中，培养高尚的审美趣味和健康的审美观念，从而提高审美鉴赏力。

在全社会的文艺系统中，文艺广播除了发挥它的娱乐欣赏作用、文化传播作用和宣传教育作用，并承担着相应的社会角色外，还发挥着它的审美指导作用，承担着审美鉴赏和文艺评论的双重社会角色，以艺术鉴赏家和文艺评论家的面貌参与社会文艺事业。这种鉴赏和评论往往体现在对作品的选择播送、制作加工、节目编排手法以及对作品的介绍之中。在一些评介性节目中，这种鉴赏和评论则更为直接地表现为对作品的具体分析和评价。通过各种手法的审美鉴赏和文艺评论，文艺广播在一定程度上指导和促进着文艺创作，影响着受众的审美倾向。

第二节　文艺节目的种类与特性

文艺节目的分类方法有根据节目的艺术形式分类，根据节目的制作方式分类和根据节目的编辑意图分类等多种分类方法。根据节目的艺术形式分类，更有利于遵循节目的艺术规律，体现节目的艺术特色；根据节目的制作方式分类，更便于编辑和节目制作人员明确节目制作要求，理解节目制作方式与表现节目内容的关系；根据节目的编辑意图分类，对体现编辑意图，提高编采和组织节目的效率更为显著。

下面着重介绍根据艺术形式划分的节目种类：

一、文艺节目的种类

1. 按艺术形式划分

①音乐广播节目。音乐是一种依靠听觉来欣赏的艺术，音乐广播节目是一种充分展示听觉艺术的节目。

音乐本身不具有视觉直观性，不适于状物而适于传情。贝多芬说，音乐"情感的表现多于描绘"。所以，音乐的欣赏过程是一种意念性、联想性的思维活动，非常符合广播将声音诉诸听觉的传播特点；因而也造就了音乐广播的优势。随着立体声的出现，一个个色彩纷呈的音乐世界进一步加强了广播在声音领域里的这种优势，而使包括电视在内的其他传播媒介无法替代。

有见地的广播电台十分注意对音乐节目的投入。中央台除了以播送音乐节目为主的第三套调频文艺台外，在第一套和第二套节目①里还开办了《中国音乐》、《外国音乐》、《海外乐坛》、《音乐天地》和《每周一歌》等音乐节目，每套节目每天最多播出总次数达 11 次，播出时间为 270 分钟。

②戏曲广播节目。我国戏曲艺术源远流长，剧种繁多，有着各具特色的演唱技巧和丰富多彩的文化遗产。

戏曲节目主要来源于我国各地主要戏曲舞台上的优秀演出剧目。作为综合性艺术的戏曲，剧目生产周期比较长。那些脍炙人口的优秀剧目几乎都是经过长期锤炼才形成的，不可能在短期内出现众多的新剧目。所以在剧种和剧目的播出比例上，要本着"百花齐放，推陈出新"的原则，合理安排。在戏曲行当、流派、演员之间，要照顾全面，既要考虑听众的喜爱程度，又要考虑剧种、剧目的演出和保留价值。在中央台的戏曲广播中，京、评、豫、越四大剧种约占播出总量的50%。地方台一般都是根据自己的情况适当突出本地剧种，注意介绍外地剧种。在现代戏与历史戏、新编戏与传统戏的剧目播出比例上，也都是根据以上原则和戏曲演出的社会效果来决定取舍的。

把舞台演出的戏曲变成广播节目，要特别注意创造和戏曲艺术相适应的广播形式，使视觉形象转化为听觉形象。如：戏曲是包括唱、念、做、打、舞的综合艺术，听众能够通过广播来欣赏的主要是唱和念，而唱又是戏曲的精华所在。根据这一特点，电台创造的戏曲选段这一节目形式，就能巧妙地满足戏曲爱好者的欣赏要求。

戏曲广播节目除了采集、保存戏曲遗产，播出优秀剧目外，还要普及戏曲知识，介绍有成就的戏曲作家、演员、音乐家，不断促进戏曲艺术推陈出新，繁荣发展。

③文学广播节目。广播电台的文学节目，运用多种形式向听众推荐优秀的文学作品，介绍著名作家，普及文学知识，报道文学界的动态等。其中最常用的形式是请演员、故事员或广播员朗诵或播讲文学作品。

文学广播节目的具体播出形式有：广播小说、广播小品、长篇连播、电影或话剧录音剪辑、诗歌、散文、报告文学、"阅读与欣赏"等。其中的《小说连续

---

① 见《中央人民广播电台节目时间表》(1992 年 1 月 1 日起实行)。

广播》节目，主要选用当代、现代和古典长篇小说，也播送少量的外国中、长篇小说。电台的文学编辑和演播人员处理长篇小说，一般都能使全书线索清楚，层次分明，既独立成篇，又留有悬念。同时还注意根据作品的不同艺术风格，采用多种演播形式吸引听众，因而这类节目受到听众的普遍欢迎。

此外，如中央台以介绍古典文学作品为主的《阅读和欣赏》节目虽然只占文艺节目总时间的 1.9%，但由于听众能通过节目得到启发和教益，该节目始终受到听众的青睐。

④曲艺广播节目。中国的曲艺，拥有 341 个曲种，大致可分为 10 类，即评书、相声、弹词、大鼓、快板、牌子曲、渔鼓、琴书、杂曲、走唱。曲艺的主要艺术手段是说和唱，属于诉诸听觉的艺术，因此它很适合于广播。

曲艺广播节目的来源有两个方面：一是从社会上请人写曲词脚本，或者从报刊上选材自行加工，而后选择合适的曲种，约请演员演唱、录音；二是从舞台演出的曲艺节目中选择优秀曲目录音播出。

曲艺的特点是具有浓郁的生活气息，朴素的民间风味，浓厚的地方特色。因此曲艺广播节目拥有数量可观的听众。

由于曲艺形式灵活，反映生活迅速，播出比较方便，在选材上有较大的主动权，尽管它在文艺广播中所占比重不大，却具有自己的特色，在广播中发挥着文艺轻骑兵的作用。

2. 按节目制作方式划分

以上我们着重讨论了根据艺术形式划分的各类文艺广播样式。此外，根据节目制作方式，文艺节目还可以划分为：

①直播类节目。即不经过录音制作，由播音员或演员直接演播，传送出去的节目。又可细分为演播室直播，电话与直播参与，剧场实况转播几种。

②一般编排类节目。根据一定的编辑意图，把若干文艺作品编排组合在一起的节目。在文艺节目中所占比例最大。

③剪辑类节目。指电影、话剧、歌剧、戏曲、舞剧音乐等录音剪辑类节目，深受听众的喜爱。

④专题节目。一般是综合性节目。根据节目主题的要求写稿，选择作品，然后合成为一个完整的节目。

⑤创编类节目。指专门为文艺广播创作、编写、制作的节目，最具广播特点。如各类广播剧和为文艺广播而编写的电影录音剪辑等。

如果根据节目编辑意图来分类，则大体上可以将文艺广播节目划分为配合性节目（下分为重大政治任务和重大新闻事件安排的节目及报道性节目）、欣赏性节目和知识性节目（下分教学性文艺节目、知识与欣赏相结合的节目以及作品评介赏析节目）。

二、文艺的特性

1. "寓教于乐"的艺术特性

文艺广播节目与其他广播节目相比较，最明显的区别是具有"寓教于乐"的艺术性特征。它既是广播节目的重要组成部分，又是文艺百花园中的一朵绚丽的鲜花。它以艺术形态作用于社会，听众通过艺术欣赏受到教育。

作为一种审美创造，文艺广播节目是真、善、美的统一，既体现了艺术家的个性、风格和主体精神，又反映了广播文艺编辑对现实生活和精神产品的艺术感受及鉴赏能力。随着时代的进步和听众审美水平的提高，文艺广播节目，尤其是立体声广播，只要能继续充分显示其艺术品格，还会不断争取到更多的听众。

2. 诉诸听觉的声音特性

文艺广播与其他文艺相比较，独特之处在于它单纯诉诸人的听觉，以声音为物化形态。

与广播技术发明之前那些以诉诸听觉为主的声音艺术（如评书、相声）不同的是，文艺广播是一种纯粹的声音艺术，即没有视觉形象参与的声音艺术。音乐和其他文艺形式在进入广播之后，演员的表情、剧场的布景等等全都不再对艺术感染力的形成发挥作用，惟一依靠作为艺术语言形式的声音，来展示其特殊的艺术魅力。

其一，它能让人完全沉浸在对声音形象的感受之中，去领略声音的艺术美。语言、音乐、音响是构成文艺广播的三大要素。它的微妙的表现力和艺术效果，通过广播最容易得到实现；它的将各声音因素组合起来产生的艺术气氛，通过广播能够营造出迷人的意境和可感性造型，听众因此而陶醉在色彩缤纷的声音世界之中。

其二，它能让欣赏者进入联想、想象，调动起包括视觉在内的所有感觉。艺术欣赏中的联想、想象在声音艺术中更容易自由地展开，使欣赏者在联想、想象中参与艺术"再创造"。如听了阿炳演奏的《二泉映月》，你即使从来没有到过秀丽如画的江南小镇，也好像伴随着那动人心弦的乐曲，在溪边月下故地重游，如醉如痴，心摇神荡。在收听文艺广播中，听众常常就是这样从听觉所产生的美感出发，根据自己的知识、阅历和审美观，去想象最美好的形象，达到最愉悦的收听效果。

3. 时空不限的传播特性

文艺广播通过无线电波传送到四面八方，不受时间和空间的限制，收听起来十分方便：只要拥有一个小小的半导体收音机，随时随地就可以听起来。时空不限的传播特性使收听文艺广播与观看舞台演出和电影有许多不同之处：

其一，文艺广播的话语声更加生活化，更符合生活真实。因为它不必使用舞台腔，无须考虑为了让剧场最后一排观众能听清楚，而在表演说悄悄话时也要大声喊叫。就运用声音来说，广播艺术比舞台艺术更细腻。如舞台艺术无法表现的呼吸声、心跳声，在文艺广播里都可以得到如实的表现。

其二，文艺广播用声音造型，不受舞台和画面的限制，可以创造出舞台艺术无法展现的独特的艺术形象。如安徒生的童话《皇帝的新装》，在舞台上无法真实地演示，在广播剧里却得到了惟妙惟肖的再现。

其三，广播文艺更为贴近听众，便于感情交流。广播文艺可以说是家庭文艺，听众往往是单个分散的欣赏者。每位听众都可能感到主持人通过串联、解说在和自己面对面地交谈，亲切自然地进行感情交流，从而在心理上更乐意接受和参与文艺广播，同时为广播文艺的发展和完善创造良好的契机。

第三节　文艺节目的编排

文艺节目的编排是根据一定栏目、一定节目时间以及某些特定形势和任务对文艺节目的选择和安排。节目的编排是节目方针和编辑意图的体现，是编辑艺术和创造性劳动的结晶。编排的好坏，对节目总体收听效果影响极大。

一、文艺节目的编排原则

1. 协调一致的原则

文艺节目的编排在方向上要与四项基本原则协调一致，在内容上要与电台其他节目和自身各类节目互相配合，互相补充，使之成为一个有机的整体。

2. 服务听众的原则

根据听众的生活习惯、收听心理和收听规律设置和编排节目。设法多与听众交流，办好点播节目，支持听众参与广播。

3. 繁荣文艺的原则

坚持"百花齐放，推陈出新"和"厚今薄古"、"古为今用"、"以我为主，洋为中用"等方针，处理好古、今、中、外各类节目的比例与配合；处理好音乐、文学、戏曲、曲艺的比例与配合；处理好题材、体裁、风格、流派的比例与配合。通过节目体现和促进文艺的繁荣。

4. 严格把关的原则

电台播出的文艺节目，一种是新录制的，第一次播出。这种节目，经过审查了的，可以直接播放。另一种节目是库存重播节目，必须经过重审，严格把关：一看思想内容是否合乎时宜；二看艺术质量（包括作品本身质量、演播质量、录音质量）是否达到今天的播出标准；三看磁带库存多久，是否变质、变形等，通过重审，严格把住文艺节目的质量关。

二、文艺节目的编排方法

文艺节目的编排方法，常用的有如下几种：

1. 同一法

找出各个作品的某种共同点，再以这个共同点把作品串联起来，组成一组节目。这种编排方法叫同一法。相同点可以是主题、题材、体裁；也可以是相同的作者、演播者。甚至相同的演奏乐器和演奏方法，都可以成为组合作品的相同点。

同一法的特点是对某一类作品编排比较集中，喜爱这类作品的听众，可以得到充分的艺术享受。但如运用次数过多，则容易产生单调感，难于满足听众多样化的欣赏要求。

2. 对比法

把不同风格、不同演唱方法的作品，对比地编排在一起，使各自特点更加鲜明的编排方法叫对比法。如戏曲的不同艺术流派、歌曲的不同演唱方法、乐曲的不同演奏风格的对比等等。

对比法在艺术欣赏上避免了单调感，如果加上适当的知识性解说，效果更好。

3. 拼盘法

以变化多样、丰富多彩为原则，使组成一组节目的作品，在艺术形式、风格、内容、题材上尽量不重复的编排方法叫拼盘法。

拼盘法能使听众在较短时间内，得到比较全面的艺术享受。

编排文艺节目，总的要求是搭配得体，富于变化。从横向看，节目之间的搭配要有变化；从纵向看，一个月，一周，甚至一天之内也应有所变化。以一天的变化为例：清晨，万物苏醒，新的一天开始了！这时的文艺节目应以清新、喜悦、轻快为主旋律；中午是一天的高潮，适宜热烈、喜庆、欢乐的气氛；晚上时间长，人们下班后需要休息、学习、思考，环境宜静，比较适合播送内容深刻、档次较高的欣赏性节目。

第四节　文艺节目主持人的常规业务

文艺节目主持人除了比其他节目的主持人需要具备更广博的文学艺术方面的专业知识，更深厚的文学艺术修养，更高明的音乐和音响运用技巧，能够熟练地设计、编排、导播与制作节目外，还必须熟练掌握和灵活开展以下业务工作：

一、采录节目

在我国广播界，文艺节目的采、编、录通常是合一的，而且往往采录、制作、编排负责到底。有经验的文艺节目主持人都很重视采录工作。

采录工作的第一步是选择采录对象。选择采录对象的具体方法，大致可分为三类。

一是从当前舞台、影院的演出中选择。对初步选中的节目，要设法索要剧本和资料，并对照文字进行审查。经过观摩演出和文字的双重审查，合格后，就确定了录音对象。

二是从文字书稿中选择。对选中的作品，在思想内容上要符合社会主义精神文明建设的主旋律；在文字上要按照听觉的要求，进行广播化处理。有的要改变艺术形式，如把小说改编为广播剧等。

修改定稿后，要挑选演员，注意演员的音色和嗓音的气质，看其是否符合人物性格和声音造型的要求，表达能力如何。

排练时要以导播身份给演员说戏，包括介绍作者的经历和思想，交待作品的时代背景，讲解作品主题，分析人物性格和语言特色，矛盾冲突的发展线索，整部作品的节奏、风格、基调、场次的处理和每场戏的要求。还要指导演播，启发、诱导角色感情。

三是采访文艺动态和文艺界人物。这种采访除了需要采访对象的有关演出录音外，其他与新闻采访要求一样。

录音部分已经在本书第七章《广播节目制作》作过介绍，此处不再重复。

二、选编节目

选编节目是指文艺编辑根据新录或库存的作品，选编、制作出各种式样的节目播出。

不同的编辑意图，会有不同的选编方案，不同的播出效果。同一台戏，选编方法不同，会生产出不同的节目。如采录一台综合性文艺晚会，有独唱、合唱、器乐曲、曲艺、戏曲、清唱等。对这个录音，可以稍加解说，做成文艺晚会的专题节目播出；也可以把一个个节目分开，单独使用或与其他节目编排组成新的节目播出。

如果采录了一出京戏，根据不同的要求，起码可以选编、制作成以下几种形式的节目：

①选段。对那些内容相对完整、有相对独立性，艺术上能保持本剧种特色或代表某风格流派，唱腔有所发展创新，听众喜欢的唱段，可以选出来单独播放。

②选场。一出大戏里相对独立的、有代表性的重点场次，可以选出来单独播放。如《赤壁之战》中的《借东风》、《玉堂春》中的《女起解》等。有的场次，因为有相对的独立性，能单独演出，又叫折子戏（如《借东风》、《女起解》）。而过场戏和武打多的场次，不宜播放。

③剪辑。根据编辑意图，可制作成 30 分钟、45 分钟、60 分钟、90 分钟等不同长度的戏剧剪辑。

④播全出。在播全出的同时，要注意去掉那些不适于广播的过长锣鼓点和多次反复的戏曲曲牌。

⑤加上讲解，制成知识性文艺节目。如评析该剧的唱腔设计特点，演唱风格流派等等。

三、删改原作

删改原作是指对原作的删减或适度变动，删改的基本原则是使作品更适合广播，更具有艺术感染力。

1. 常规性删改

一般指作品内容有不适合广播的成分时，要加以删减或改写（古诗词除外）。如作品中犯罪行为的细节描写，过于生僻的用语，不易上口的句式，容易造成歧义的词语，某些必须注解才能听懂文意的典故等等。

根据节目时间的要求对原作进行适度压缩也属常规性删改。

2. 关系节目构思的删改

从发挥广播艺术特点考虑，对原作进行内容、语言、结构方面的变动。

节目构思的基本点是：从听觉艺术效果和节目特色出发，在展示原作艺术感染力的基础上进行广播化加工。如刘白羽的散文《长江三日》在中央台播出时，删减了 1 000 多字。删减之处主要是作家思绪离开眼前情景时的某些叙述和文中的一些知识性叙述文字，这些内容在原作里并不多余，而且体现了作者的思绪自由开阔。但在广播里，紧紧扣住作者眼前情景这条线，丝丝入扣，能够更好地发挥音乐和音响的配合作用，使节目更加自然流畅。这种删减处理显然是必要的。

3. 改编

把一篇既定体裁作品改编成另外一种艺术体裁的作品。改编可以视为一种"大删改"。如将童话《皇帝的新衣》改编成同名广播剧，便是一种大删改。

四、配乐和配音响

文艺节目里播送的作品，大凡不带音乐、音响的，都要求配上音乐、音响，而且使音乐、音响成为节目的有机组成部分。这是文艺节目与其他广播节目的区别之一。

在节目里作为配合手段的音乐、音响，必须具备下述品格：

第一，具有描绘性。能够描绘、点染作品所表现的特定情绪、特定意境。

第二，具有情感或气氛的渲染性。有助于推动作品情感的发展或转折，使情感抒发更鲜明强烈。

第三，具有一定的思想表现性能，如快乐的基调，浪漫的情调等等。音乐、音响都有一定的基调，可以成为表达作品思想主题的辅助手段。

配上音乐、音响后，可以使节目更具"听觉艺术"的特色。

配音乐、音响的技巧所在，是运用不同音乐、音响的不同性能，同作品的情感、情节有机地配合，恰到好处地补充。如散文《长江三日》中，作者在对大自然抒怀后，有一段表现他进入沉思的文字。伴随着这段文字，配入轻柔的水浪声，这水浪声既描绘了环境，更揭示了作者的心情。水浪有如散文中的"我"的思绪，正拍打着"我"的心扉，引起"我"的联想，从而有效地增强了节目的感染力。

五、剪辑

剪辑是一种较为复杂的广播化加工，具体的加工制作方法已在第七章《广播节目制作》中介绍，本章着重讨论文艺节目中的各类影剧体裁的剪辑形式及其艺术要求。

文艺广播节目中的剪辑样式有：电影录音剪辑、话剧录音剪辑、戏曲录音剪辑、歌剧录音剪辑和舞剧录音剪辑。

1. 电影录音剪辑

电影录音剪辑在相当成分上改变了电影艺术的表达方法，将视听综合艺术变成了纯听觉艺术。它既传播电影本身，又传播编辑对原作的主观感受和评价。为了符合听觉规律，编辑有时要对原作进行结构上的变动。如，把倒叙结构变为顺叙结构；把时空交错的立体表现变为侧重一条主线的平面表述；把"平行蒙太奇"的情节推进方式变为"花开两朵，各表一枝"的单线因果陈述方式等。

2. 话剧录音剪辑

话剧录音剪辑基本上保留原剧情节结构，但可以打破话剧分幕、分场的幕间间隔，使故事一气呵成，连贯到底。从广播效果出发，对不易在广播中表现的场面（如时间较长的"静场"）或与主线关系不大的过场戏要删去。

3. 戏曲录音剪辑

戏曲录音剪辑的特殊处理是适当压缩、削减武场音乐和某些配合情节过程的文场音乐，突出戏曲唱、念、白的表现力，注重戏曲"写情"的艺术特点，使情感表现在剪辑之后更为突出。

4. 歌剧录音剪辑

歌剧录音剪辑的重点是突出歌唱。可通过解说尽量简化情节，使音乐的感染力得到最突出的发挥，让听众获得有剧情伴随的歌剧音乐享受。

5. 舞剧录音剪辑

舞剧录音剪辑是以优美的解说配合舞剧音乐组成的特定文艺广播形式。重在让听众领会基本剧情，启发听众想象剧中人物的形象，领会剧中人物的内心情感。

六、串联与解说

文艺节目里的串联与解说，关系到艺术形象的塑造和听众对节目的认识、理解，影响到节目的整体质量。编辑应在熟悉与"吃透"原作的基础上，根据节目播出形式的要求，设计好串联词与解说词。

1. 串联

串联的作用是把一组节目有机地联系、衔接成一个整体，引导听众进入对某个节目的欣赏。文艺节目的串联通常有以下形式：

一是报幕式。告诉听众，"我"是哪个电台（台标呼号）；现在是什么时间；在这个时间里播送哪些内容；播出节目的作者、演播者是谁。有时根据需要，说明节目的录制时间或录制地点等等。

二是交流式。和听众进行对话式的情感交流，引起听众对节目的兴趣。如"收音机前的朋友，刚才我们听解放军歌手李艳芳介绍了她成长的经历，大家一定想听听她的歌唱得怎么样吧！李艳芳，下面请你为我们的听众唱一段《绿叶对根的情谊》，好不好？"①

使节目和听众发生交流，越来越为各电台所重视。有的电台还设法使听众参

---

① 洛阳台《空中乐园》板块节目，1992 年 7 月 31 日播出。

与制作，这种交流更为直接，节目串联更像生活中的交谈，显得亲切而自然。

三是介绍式。通过介绍作品内容、风格、唱词等把节目引出来，引起听众的收听兴趣，也便于听众听懂作品。如意大利著名男高音帕瓦罗蒂演唱的歌剧《图兰多特》里卡拉夫的咏叹调《今晚不能入睡》，听众如不了解剧情和演唱背景，很难进入欣赏境界。为了唤起听众欣赏的欲望，帮助听众领会歌曲的感情，同时玩味 BBC 电台当时播放这首歌曲的幽默内涵，广州台作了这样的介绍：

> 歌剧《图兰多特》描写的是中国元朝都城的故事。情节是虚构的。
>
> 美丽而冷酷的图兰多特公主，对三个向她求婚的人出了三个谜语，猜中的，招为驸马；猜不中，就得处死。
>
> 后来青年卡拉夫猜中了，可公主却恳求这位无名青年给她自由。卡拉夫的回答是：公主如果在第二天黎明之前能猜出他的名字，卡拉夫可以放弃赢来的权利，甚至付出自己的生命。
>
> 公主随即派人连夜到处打听，全城人都不许睡觉，可是公主一无所获。第二天，公主只好承认爱这个无名青年。但是当卡拉夫告诉公主自己的姓名之后，公主又反悔了。卡拉夫以锐利的眼光望着公主，公主被打动了。最后，公主不得不承认，这青年的名字叫做"爱情"。卡拉夫终于征服了一颗冷酷的心。
>
> 《今晚不能入睡》是卡拉夫猜中谜语之后，回到住处想念公主时的一首咏叹调。
>
> BBC 电台把这首歌作为 1990 年世界杯足球赛特别节目的开始曲是很有意思的。首先，演唱者帕瓦罗蒂的名字可以代表意大利；另外，英国和意大利的时差是一小时，英国也有足球队参加 1990 年意大利世界杯足球决赛，英国的球迷太希望自己的国家赢球了。重要比赛大都在晚上举行，所以在 1990 年 7 月，一到晚上，英伦三岛的千家万户，便响起了帕瓦罗蒂的歌声《今晚不能入睡》。可惜，英国的球队没能给球迷带来愉快，因为英国队成绩不佳，球迷们晚上总是睡不着。不过自从 1990 年意大利世界杯足球赛以后，在英伦三岛，帕瓦罗蒂唱片的销量，第一次超过了流行音乐唱片的销量。
>
> 现在，让我们再来欣赏帕瓦罗蒂的演唱，听听那激动人心的男高音。

这段串联词，写得委婉动人，极富故事性，在心理上和我国听众也很接近，自然地就把听众带入"一听为快"的意境，为欣赏节目作好了思想准备。

上述三种节目串联形式都是通过词语串联，也可以用音响、音乐来串联。如：

> （出编钟音响声）刚才大家听到的就是湖北随县出土的古编钟的敲击声。听众朋友们一定还想听一曲根据古代乐谱演奏的编钟音乐吧！下面请听……

节目的串联形式多种多样，怎样选择，要根据具体节目的具体要求而定。在综合性节目中，常常是多种串联形式穿插使用。

2. 解说

文艺节目的解说一般都要形成文字，称为"解说词"。它不像节目串联那样，既可运用串联词连接，又可根据节目进展情况，随机应变地口头串联。解说词是对作品的解释与说明，通常可以划分为两类：一类是专门为广播创作的各种广播剧的解说词，它是和剧本一起创作的，是全剧的有机组成部分。另一类虽然也是作品的有机组成部分，但它不是原作品的作者在创作该作品时写的，而是在制作广播节目时由文艺编辑加上去的。如电影、话剧、戏曲等录音剪辑的解说词。这两类解说词，都直接关系到作品的质量，在写作上有如下要求：

①要能推动剧情的展开。在话剧、戏曲、歌剧和舞剧的录音剪辑节目中，要重视"入戏解说"和"转场解说"。

如新编历史剧《黑水英魂》的录音剪辑里有这样一段解说：

> 透过那朦胧的雾纱，我们看到了山崖底层的一片灌木丛林。正是它们，用那茂密的枝叶托住了我们的娜茵。
>
> 多亏了哥萨克远征队的客山人，那位好心的农奴，把昏迷不醒的娜茵抬放在地上，将甘露般的泉水滴在她的口中。醒来了！娜茵睁开了双眼，惨白的脸上渐渐恢复了血色。
>
> （音响突出"啊！罗刹……"）

这段解说将剧中无言的画面真切动人地展示在听众的面前，使听众的情感随着剧情的发展，由紧张到终于"松了一口气"。

②要与原作风格统一。解说是节目的有机组成部分，必须与原作的音响材料融为一体，风格协调统一。

写好解说词的前提是准确地把握原作。正剧的语言不妨庄重，喜剧的语言则宜于诙谐。一出喜剧，要仔细把握它是含着泪的笑，还是轻松愉快的笑；是会心的笑，还是"嬉笑怒骂"；是讽刺的，还是歌颂的。把握不住这些，势必有损原作艺术风格的完整。如戏曲录音剪辑《桃李梅》① 的开头有这样一段解说词：

> （锣鼓，混播）
>
> "小小的集宁县，出了件新鲜事儿——边关总督方亨行，在庙会上看中了知县袁如梅19岁的二姑娘袁玉李。说来也痛快，不过一个时辰，三下五去二，连订婚庚帖都写好了。一个69岁的堂堂的总督大人，要给一个不到40岁的七品县官当女婿，你说新鲜不新鲜？可是，袁夫人封氏现在还在家里念叨她的老皇历呢！"

这段解说和原剧风格浑然一致，在讽刺与幽默的气氛中展开了一个令人啼笑皆非的故事。听众还没有听下面的戏，仅从这段解说，就可以悟出这出喜剧"戏中有戏"了。

③要讲究语言精练。解说词在"剪辑"中有举足轻重的作用，但在整个节目中只能处于从属地位，不能"喧宾夺主"。这就要求解说词的写作多采用白描手法，尽可能地避开事务性的交待，使语言精练、明了，具有文学性。

如中央台制作的电影录音剪辑《冰山上的来客》中有这样一段采用白描手法写作的解说词：

> 在冰雪的映照下，只见一班长披着满身雪花，持枪屹立在洞口，阿米尔蹲在洞口旁端枪注视着前方，他们还在坚守着岗位。一班长和阿米尔仍然一动不动。杨排长赶上前去，他们明白了，是风雪严寒冻僵了亲密战友的身躯。

这段用白描手法写就的解说词，没有情感渲染，也没有什么气氛描写，却催人泪下，令人感受深切。

④要富有感情色彩。录音剪辑节目既要体察剧中人物的感情，把这种感情揭示出来，又要解说者"富有感情"，用解说者的感情感染听众。因此解说词要写得有感情色彩。

如电影《燎原》中，矿井瓦斯爆炸后，买办资本家不顾井下还有活着的工人，就下令封井，老矿工张老耿被活活堵死在井内。对张老耿被堵死前在井内痛苦挣扎的场面，电影中没有用语言解说。电影录音剪辑《燎原》是这样解说剧

---

① 胡秉衡：《谈谈戏曲广播》，《文艺广播学习资料》，第156页。

情的：

　　　　（悲愤的音乐……混播）

　　　　"张老耿吃力地向井口爬着、爬着，两行老泪雨点似地洒着、洒着。他枯瘦的膝盖磨破了，他长满死茧的手掌也磨破了，淋漓的鲜血淌在他亲手挖下的煤块上。他的血、他的汗、他的泪都被狠毒的帝国主义资本家榨干了。张老耿拼出全身的力气爬到井口，他已经看到了一线光亮，可是在这个时候，井口被堵死了。"

　　　　（音乐大出……）

　　这段解说画龙点睛，充分体现了解说者抑制不住的爱憎，大大增强了"剪辑"的感染力。

　　⑤要注意人称适当。写作解说词还要注意选择适于表现原作艺术风格的人称。一般采用第三人称和第一人称。

　　第三人称在解说中最常见。解说者以一个熟悉故事的第三者的身份出现，可以客观地描述，不必直接参与剧中的矛盾冲突；又可以自由地表达情感，恰到好处地发表精当的意见和看法；给自己也给原作者留有较大的余地。

　　第一人称解说属于自述体。一般以剧中人的身份出现，参与剧中的矛盾冲突，并将"我"的所见所闻，所作所为，所感所想，娓娓道来，给人以亲切感、真实感。

第五节　广　播　剧

　　广播剧是一种诉诸听觉的综合艺术，是最具广播特色的艺术品种，在广播文艺节目中占有突出重要的地位。

一、广播剧的艺术特征

　　广播剧是从戏剧的母体中脱胎而来的。因此，它带有母体的基本特征和规律。但是，作为一种离开母体，自成一家的独立艺术，它又具有自己的艺术特点和规律，并且和母体有了质的区别：戏剧是以视觉为主的视听艺术，广播剧则是一种纯听觉艺术。

　　归纳起来，广播剧的艺术特征表现在如下方面：

　　在传播方式上，广播剧是通过电波传送演出"声况"，到听众接受，可重复性完成传播过程的。演出场地（或传播场地）与接收场地通常呈辐射状分离。

一般戏剧的传播过程则是由演员在舞台上向观众直接表演，一次性完成传播过程，演出过程即是传播过程，演出场地即是接受场地。

广播剧要完成其传播，必须经过一系列广播化处理。包括录音、合成、电波或导线传输，听众接收等环节。除了广播剧，没有任何一种戏剧是采取这种独特的传播方式的。

在表演方式上，广播剧表现为纯声音艺术特征。

一般戏剧要完成自己的使命，可以依赖有声表演和无声表演。

诸如语言、音乐、音响，为有声表演；诸如人物造型、表情、动作、道具、灯光、布景，为无声表演。

话剧、歌剧、戏曲，是有声表演和无声表演的结合，是视觉和听觉的综合艺术。哑剧，主要是运用无声表演的手段。

广播剧只运用有声表演，而没有无声表演。它完全是凭借声音——有声语言、音乐和音响的艺术组合来完成戏剧使命的。从这个意义上说，声音是广播剧的生命，离开了声音，便没有广播剧的存在。

在接受方式上，听众完全凭借听觉参与戏剧广播环境的再创造。

广播剧是以语言声音作用于听觉感官，使听众进入欣赏过程的。听众由于受到剧情提供的声音造型和音乐、音响的提示，自然而然地会根据自己的生活体验和审美观点，塑造出广播剧中各种人物的形象。这正是广播剧所特有的使听众直接参与形象塑造的功能。这种功能还可以诱导听觉形成诗情画意，潜移默化地影响人的形象思维，优化人的艺术修养。广播剧的这一独特功能足以弥补它在影视和舞台剧前的缺憾：它不可能直接向受众展示剧中人物的形象，不可能给受众带来直观快感使之因演员的精湛表演而倾倒。但广播剧运用声音造型提示听众塑造的心目中的形象可能更为难忘。

二、广播剧的编剧

作为戏剧艺术的广播剧，一切都靠听觉感知，这固然是一种局限和遗憾，但艺术上的二律背反却因此赋予广播剧以旺盛的生命力和广阔的艺术创作天地，造就了一种完全运用声音构成的独立的广播剧艺术。在形象的塑造、环境的描写、氛围的渲染、人物内心世界的表露、时空的自如运用等方面显示出自身的特点和优势。对广播剧的这样一个总体认识，于创作实践有着十分重要的意义，这就是说，一方面，广播剧有着广阔的声音艺术创造的天地，可供我们尽情施展创造才能；另一方面，又使我们谨记任何声音艺术的创造都是在严格的各种因素的制约中完成的，并由此形成了创作广播剧应遵循的艺术规律。

编剧的第一个环节是选材。广播剧在选材上有以下基本要求：

有较强的故事性，以便使完全依靠听觉来完成全部戏剧欣赏的听众容易"进戏"，理解戏的内容。

适合于声音艺术表现。一般说来，剧中人愈是处在典型环境当中，就愈能产生具有特色的音乐和音响。

主要人物及其他有名有姓的人物不能过多。主要的戏应集中在两三个人物身上，以避免分散听众的注意力。

人物个性和人物语言有鲜明特征，便于听众从声音和语言上分辨剧中人物。

在编写上的基本要求，形象地说来就是：用耳朵写戏。即根据听觉艺术规律编写剧本。要点是：

安排好结构。广播剧多采用线型结构，要求主线鲜明，一贯到底。因为听觉分辨能力比视觉差，结构太复杂难以明了剧情。

结构简洁，层次分明，戏剧冲突集中展开，高潮自然推进，结束部分丰满，前后照应，是广播剧剧本追求的目标。

设计好开头。开头戏要一下子就抓住听众。如展示一种新奇的声音世界，提出热点问题，渲染某种气氛，制造某种悬念，把一对似乎不可调和的矛盾最终得到解决的结果公之于众等等，根据戏的内容，开头可以千变万化。

交待清人物。在广播剧里，看不见出场人物，因而要抓住时机巧妙地向听众交待人物关系。当某一个人物出场的时候，要有说明身份，以及说明他与其他出场人物关系的台词。

突出人物的个性化语言。在广播剧里，能够用来直接表达思想感情的主要是语言，音乐、音响只能起辅助作用。

人物的语言、对话（即台词）在广播剧中占有最大比重，最能显示出编剧的功力。听众认识和区分剧中人物，人物语言起着主导和关键作用。编剧应善于把握人物语言的特征，写出具有个性特征的人物语言来。

三、广播剧的导演

调动声音艺术手段以揭示剧本的内涵，是广播剧导演的基本任务，也是广播剧导演与其他戏剧导演在运用艺术手段方面最显著的区别。其着眼点在于如何运用语言声音塑造人物形象。导演的全部工作都是围绕着实现这一目的而进行的。

仔细阅读剧本，深刻理解剧本思想内涵，概括全剧的基调和风格，理顺人物关系，把握主要人物的性格特征等等，是所有戏剧导演都要做的工作，但是作为广播剧导演还有自己的特别使命。这就是：

1. 总体构思声音形象

导演对声音形象的总体构思贯穿于导演的全过程。

一是场景设计。场景是人物活动的具体环境。场景要依据情节的变化和人物性格发展的需要，作富于变化的处理。人物在什么样的环境中说什么和做什么，导演应做到心中有数。

二是节奏设计。节奏的处理是协调全局气氛、情绪的关键。一部广播剧要造成波澜起伏、跌宕环生的艺术效果，很大程度上取决于对节奏分寸的准确把握。所以导演对一出戏的轻重缓急，行止起落应通盘考虑，精心设计。

三是人物语言声音造型设计。人物语言声音造型包括说话声音音色和说话声音气质两个方面。一般来说，说话声音音色具有年龄和生理的自然素质，而说话声音气质则糅进了性格、教养等方面的因素。导演在进行人物语言声音造型设计时，这两个方面都不可偏废。

四是对场次转换和重点场次的设计。广播剧的场次转换讲究自然，不着痕迹。场次转换要符合剧情内在发展的规律，是戏剧冲突的必然结果。在广播剧里，场次的转换是通过语言或声音的处理来实现的。运用语言作为转换场次的手段，可以通过解说词的交待说明，也可以由人物对话进行铺垫或提示；运用音乐作为转换手段，则要求音乐的描绘具有特定的环境感或特定的情绪感；运用音响转换，要求音响表现时间、地点和环境真实、准确，否则会使听众迷失方向，产生误解，影响收听效果。

一部广播剧，总有一两个重点场次。如逻辑高潮的戏，感情高潮的戏，都可以称为重点场次。导演应调动所有的艺术手段设计好这样的重头戏。

2. 选择演员

选择演员是一项极为细致的工作。这项工作的成败，可能决定整个戏的命运。

首先，要以人物的性格和声音形象作为选择演员声音的出发点，注意各个主要人物之间声音音色的反差和对比。

其次，不仅要注意演员的音色，更要注意其声音气质。因为演员声音的气质对声音造型能够产生重要的影响。

最后，演员能正确运用普通话语音把话说清楚，让人听明白。

还要注意一人不要担任多种角色，以免听众收听时分心去猜测、辨别，破坏情绪和气氛。

3. 排演

排演是实施导演计划的第一个步骤。导演应做的主要工作是：

说戏。导演可以根据自己的习惯，采取诱导式、启发式或示范式，通过对剧本和人物以及细节处理的分析，使演员找到自己的角色感觉，确定语言表达和感情掌握的基调。

指导。指导演员根据剧本和导演意图排演。有些不熟悉广播剧语言的演员习惯于将话剧的语言表达方式带进广播剧，应随时提醒、纠正。

处理问题。排演时可能出现各种影响广播剧质量的问题，如音色相近问题，导演应当机立断处理，或撤换演员，或改变人物说话的方式、语调、节奏和韵味等。

设计动作。广播剧虽然依靠语言为主要表现手段，但给人物设计动作，并且以音响体现人物正在做什么是十分必要的。一般情况下，要使剧中人有事可做，而不是一味滔滔不绝地说话，这就需要运用音响来准确地表示人物动作，使剧中人物随着场景的活动而活动，以增强广播剧的感染力。

四、广播剧的艺术表现手段

广播剧的艺术表现手段是语言、音乐和音响。其中语言是主要的表现手段。

1. 语言

语言是广播剧里最基本、最直接、最主要的表现手段。广播剧的语言有人物对话、独白、旁白以及解说等形式，担负着描写事物、人物；交待时间、场景；说明人物关系；推进剧情发展；表达人物内心感情；塑造人物个性和形象；揭示作品主题等任务。

广播剧的语言要求生活化。起码要求是朴实、自然、不雕琢、不咬文嚼字。

广播剧语言的特征是准确、鲜明、生动，具有动作感和形象感。

2. 音乐

音乐是广播剧重要的艺术表现手段。它虽然不像语言那样是广播剧赖以存在的基础，却可以起到语言所起不到的作用。其中音乐描写是在广播剧中用得最普遍的。

音乐最重要的描写作用是揭示人物的内心世界，引起听众的共鸣。在渲染气氛、情节和情绪的过渡、场景的转换、人物或角色的刻画中，音乐都可以发挥不可估量的作用。

广播剧的音乐主要是器乐曲，但也不排斥在必要的时候发挥声乐的作用，如插曲和主题歌。插曲一般用在人物感情发生复杂变化或剧情需要特别抒情的时候。主题歌一般用于揭示主题思想或歌颂主人公。插曲和主题歌运用得当会给作品增色。反之，会使人感到厌烦。

广播剧中的音乐又可分为有声源音乐和无声源音乐。由故事情节自身的发展出现的音乐是有声源音乐。从编导角度为剧情发展而配置的音乐是无声源音乐，在广播剧中被称作配乐。

3. 音响

音响也是广播剧重要的表现手段。音响的运用在广播剧里也是不可忽视的。甚至有人单凭着音响的组合，编制出一部构思新颖的广播剧。

广播剧中的音响可以分为三类。一是客观音响。即人物所在环境中实有的音响，可以用于构筑场景、表现人物或角色的动作、渲染气氛、转场、延伸某种情绪等。二是主观意念音响。即现实中本来不存在的音响，是人物心理泛起的一种感觉。如：雪花落在地上的音响，月光洒在水面上的音响，天体运行中物体相撞击的音响等。主观意念音响常常起到揭示人物心理感觉的作用。三是描绘性音响。这类音响效果既不是情节中实际存在的客观自然音响，也不是人物心理的主观幻觉，而是戏剧本身赋予人物和事件的音响。如：听到轮船鸣笛，使人立刻想到轮船就要启航；听到自行车的铃声，使人立刻想到行进的自行车等。描绘性音响常用来描绘人物的行动，烘托事件的气氛。

音响的设计是一项富于艺术创造的工作。在充满着音响的世界里，每一种音响都有自己鲜明的特征。如，同是脚步声，男人与女人的脚步声不一样；同是女性的脚步声，也由于身份不同，习性不同，鞋子的质量不同，踏着的路面不同，行进的速度不同，活动的空间不同而产生完全不同的音响。

音响的世界是无限的，音响艺术的创造也是无限的。只有具备丰富的自然科学知识、现代电声科学知识，以及生活积累和艺术修养，才能得心应手地完成每一部广播剧的音响设计和制作的任务。

第十二章 综合性板块节目

综合性板块节目是电台广播节目中出现的一种新形式，简称板块节目，也有的称为大时段综合式节目。近年来，板块节目结构被许多电台采用，伴随着节目主持人形式，成为广播节目改革的热门话题。

第一节 板块节目的特点

与传统的广播节目形式相比，板块节目具有如下特点：

1. 节目时间相对集中

板块节目结构采取时段选择节目，节目综合的布局形式。即把一天的广播时间划分为若干个大时段，最短的有 1 小时，最长的达到 3 ~ 4 小时。传统的广播节目结构，采取节目分割时段，节目独立的布局形式。除新闻节目达到 30 分钟，少数文艺节目和教学节目达到 1 小时以外，其他节目都是 5 分钟到 20 分钟不等。相比之下，板块节目的广播时间就相对集中了。

2. 节目内容具有综合性

板块节目由于时间集中，节目容量大，便于安排综合性内容。在一个板块内，可以兼容多类别的信息。有的以新闻性专题节目为主，集新闻性、教育性、知识性、服务性、娱乐性于一身；有的以文艺性节目为主，呈现出多个侧面。丰富多彩的内容在大段时间里不断转换，交替出现，让听众能在有限的时间内获得多种信息，多种服务和娱乐消遣。

3. 节目时序具有不可替代性

板块节目的每个时段都是根据大多数听众的工作、生活规律以及精神状态变化的一般特点设计的。所以早晨的节目不能移到中午播，中午的节目也不能移到晚上播。如上海东方台早晨 3 个小时的新闻板块，以一系列简短、快捷的新闻、跟踪报道和解释性新闻以及电话采访和听众来电等等出"新"制胜；开设在中午的青春型节目《相会在午间》主要是为全市 56 所高校的学生午休时提供精神美餐；晚上陪伴听众共进晚餐的则是《每日新话题》，这档节目是新闻的延衍，每天选出一个市民关心的热门话题展开讨论，听众随时可以打电话进去发表意见和看法。这三个时段的节目显然都具有时序上的不可替代性。

4. 节目大都采用主持人负责制

综合性板块节目通常采用主持人负责制。主持人是节目的组织者、采编者和节目效果的实施者。一般有两种情况：一种是担任导播（节目监制）的主持人，他们负责制订节目的宣传计划，安排和指挥有关编辑、记者的采编活动，审定稿件，在播控室里他们又是主要的节目主持人。所以，他们也是节目的指挥者。另一种是兼任编辑、记者的主持人，他们平时从事采编工作，主持节目时就把各种内容、各种形式的节目综合汇编起来，经导播审定后由主持人负责播出。

与传统节目相比较，板块节目的优势体现在如下方面：

一是有利于增强节目的连贯性。

传统节目采用分割式编排，将广播时间分割成互不联系的若干块。听众听广播大都要求节目有一定的连贯性。按照传统编排方式，当节目结尾播音员宣告："各位听众，这次节目播送完了"的时候，他们的兴趣即告一段落。

板块节目在编排上以连贯式代替分割式，在某一时段内，将内容按一定的顺序规律排列，不同内容之间用串联语连贯起来。如，"刚才说的是……往下，请您欣赏一段音乐，然后咱们再来……"这样的串联既告诉听众某一内容的结束，又诱发听众往下收听的兴趣，符合听众的收听习惯，增强了节目的连贯性。

二是有利于听众选择节目时段。

板块节目一般都占有一个较大的时段，听众听广播既不可能一听几个小时，也不会只听三五分钟。板块节目就是按听众的收听习惯来安排的。这样，听众在一定时段内就能获得自己所需要的多方面的内容，而不须在一天的广播时间中去寻找自己需要收听的内容。

三是有利于发挥广播"时效迅速"的优势。

随着社会的发展，人们的生活节奏越来越快，大家都希望尽快得到各种新信息、新情况。板块节目采用主持人负责制，为广播的迅速及时、以快取胜创造了有利条件。如采用板块式节目形式的珠江台除了逢半点播出新闻，逢正点播出信息外，其余时间也能滚动式播出各种时效性强的信息，诸如天气变化、交通情况、突发事件等，来满足听众的需要。

四是有利于增强广播的感染力和可信性。

板块节目以主持人的形式面对听众亲切交谈，便于充分发挥主持人的才能和作用，显示他们的风格和个性，使广播内容体现出主持人的真情实感，取得听众的信任。同时，主持人在节目中树立的个性形象，也增强了广播的感染力。

第二节 板块节目的设置方式

在第二章里，我们讨论了广播节目的设置方针、设置依据、设置内容和设置规范，从整体上看，它们也适用于板块节目。在具体的设置方式上，则由于板块节目结构的要求，大体上可以有如下 4 种类型：

1. 大时段组合

大时段组合方式，是把一天的广播时间按听众的收听习惯分成若干大的时段。节目决策者首先要盯住一天中属于大多数听众的几个黄金时段。一般来说，6:30—8:00，17:30—19:00，11:30—13:30，17:00—22:00 这几个时段收听率高；其中的 6 点 30 分~8 点，17 点 30 分~19 点是广播的黄金时段。在把握黄金时段的基础上，以各类听众在不同时段的收听率为依据，把一天的广播时间按听众时段收听习惯划分为几个时间跨度较大的板块。

2. 小时段组合

小时段组合方式，是把一天的播出时间划分为若干个小的时段，再设置不同对象和不同内容的板块节目。小时段板块节目的时间跨度不大，短的可以是 30 分钟，长的也只有一个多小时。如：天津经济台将全天 15 小时 40 分钟播出时间划分为 14 个时段，每个时段为 1 小时或 90 分钟。这种小时段组合方式能比较充分地顾及到听众面，易于编排内容丰富的节目。

3. 穿插式组合

穿插式组合方式，是在几个大时段板块之间穿插若干小时段板块节目。其长处是大时段板块以一般需要为依据，小时段板块以个别需要为依据，能做到一般和个别相结合。小时段板块因为时间跨度较小，在一定时段内能安排较多的小板块，所以能顾及较多的听众群。同时，能使整个广播节目更多地涉及社会生活，更好地为听众服务。穿插式组合的板块节目应根据听众整体和主要听众群的收听高峰时段来设置，不一定要黄金时段安排大板块，其他时段安排小板块。

4. 部分渗入式组合

部分渗入式组合方式，是在广播内容基本保持传统编排的情况下划出少部分时段开办板块节目。这种组合方式既保持了传统结构内容属性分明的长处，又发挥了板块节目的多样性优势。但是，这类组合方式大都是利用收听率高的时段设置板块节目，其他时段收听率低的状况仍然难以得到根本性的改观。

板块节目的设置除了要遵循广播节目设置的基本原则外，还应注意如下两点：

第一，提高黄金时段收听率与提高一般时段收听率相结合。设置板块节目可以改变在一般时段重播的传统作法，根据不同类型的听众群的收听习惯和需要设置板块节目。如：在一般时段内，为不在工作岗位的听众而设置的板块节目可以以娱乐为主，兼有生活服务和新闻方面的内容；也可以发挥信息传播功能，为让各类信息进入某些工作、生产领域而设置面向生产、经营的板块节目。这就提高了一般时段的传播价值，增强了广播传播的整体社会效益。

第二，满足一般听众需要与满足特定听众需要相结合。不论以何种组合方式设置广播节目都要以满足最广泛的听众需要为最高目标，所以要充分地兼顾各类听众的需要。如早晨起床到上班前的时段，听众的兴趣主要是了解时政、经济、文化……乃至天气方面的信息，电台就可以将这些信息汇集在这一时段内形成一个以新闻信息为主的节目板块，满足一般听众的需要。为了满足某些特定听众对象的需求，电台可以在一般时段内设置一些对象性较强的专题板块节目。如家庭主妇节目的听众主要是家庭主妇，在节目里就可以安排市场信息、怎样理家、怎样做菜、怎样带孩子之类的内容以及她们喜爱的文艺节目等。

第三节　板块节目的编排

综合性板块节目在编排上注重整体效果和功能的体现。根据系统论"整体大于部分之和"的观点，板块节目的编排要从相关元素间的内在联系出发，致力于组成整体的各个部分之间的有机结合。

一、板块节目的编排原则

板块节目在结构上的综合式特点，一改节目分割时段的格局，给听众带来新的感受，也向编辑提出了要特别引起注意的编排原则：

1. 杂而不乱的原则

综合性板块节目亦称"杂志型"节目，"杂"是这类节目的一个显著特征。综合性板块节目的"杂"并不意味着杂乱无章，随意堆砌。它要求在内容丰富多彩、形式变化多样的基础上，自始至终地坚持自己的特色和整体风格，做到杂而不乱。

2. 轻松易记的原则

综合性板块节目时间的加长和内容的拓宽，在客观上增加了听觉的疲劳，加大了听众的记忆困难。如前所述，根据心理学研究，人的记忆行为必须有有意注意的伴随。从生理上说，人的听觉注意力维持的时间有限，一般只有 5～10 分钟。超过了一定限度，就会产生听觉疲劳，造成注意力下降，影响记忆的效果。因此在编排板块节目时，必须掌握听众的收听节奏，考虑如何减缓他们的听觉疲劳，减轻他们的记忆困难，使他们在收听时感到内容轻松易记。

3. 增强选择性的原则

广播跟报纸等传播媒介相比，较为缺乏选择性。广播"线型传播"的特点，决定了听众只能按照编辑事先安排好的"一条线"顺序听下来。尽管在收听过程中，听众可以对那些不感兴趣的内容"充耳不闻"，但他们必须耐心地等待感兴趣的内容，而无法像读者那样，作出随心所欲的选择。

听众在收听分割时段的独立性节目和收听综合性板块节目时同样存在选择性差的问题，但相对而言，前者指向性较强，听众只在收听具体内容的过程中受到编辑安排的制约，但在选择收听哪一类节目时，则有较大的自由。而板块节目一般是在原有的独立性专题节目的基础上拓展而成的，内容丰富，包容面广，但同时降低了听众对节目内容的选择性。其选题范围的广泛和内容的不确定性，给听众定时定向地收听某一方面的内容带来了困难。基于板块节目在听众收听选择性上的缺陷，在编排时要尽可能从增强选择性的原则出发，设法弥补这一缺陷。

二、板块节目的编排要点

根据总的编排原则，板块节目在具体编排上应把握如下要点：

1. 在内容安排上错落有致

板块节目时间的加长和内容的拓展，客观上加重了听众在收听过程中的听觉疲劳，增加了记忆困难，而内容的合理安排是解决这一问题的关键。

在内容安排上，板块节目编辑最容易陷入的一个误区是：认为各个组成部分的内容安排得越相近，越是反映一个主题，就越能体现整体意识，也越能达到理想的整体效果。事实上这种做法有利有弊。其有利的一面是，它可以从不同的侧面、不同的角度去反映同一主题，使这个主题给人留下深刻的印象。其不利的一面是，这种反映同一主题的节目，在内容的选择上比较困难，而且弄得不好会费力不讨好。因为板块节目是一种综合的艺术，这种综合首先建立在内容丰富的基础上。各个组成部分的内容安排得过分相近，势必造成整个板块的层次不够分明，使听众难以把握收听节奏，容易造成听觉疲劳，影响记忆效果。

其次，广播听众是个庞大的群体，在这个群体中，由于性别、年龄、职业和文化水平的不同，他们的兴趣和爱好会有很大的差异。任何单一性的内容，都难以让所有的听众都感兴趣。总的说来，内容的过分相近，会使整个板块节目单调呆板而失去听众。

由此看来，板块节目在内容安排上应尽可能做到"花色齐全"，有主有次，层次分明，使整个节目错落有致，起伏不平，产生整体的美感。这样也便于听众在较长的收听过程中掌握收听节奏，有选择地分配自己的注意力，从而获得较好的收听效果。

2. 在表现形式上灵活多变

灵活多变的表现形式是综合性板块节目的一大特色，也是板块节目获得理想整体效果的重要因素。

分割时段的独立节目由于时间不长，且内容比较单一，在表现形式上往往缺乏变化，一般是采用一人单播，两人对播，或采用其他广播传播手段（音响报道、配乐广播等）来完成。板块节目的综合性，则不仅体现为内容的丰富多彩，还表现为形式的富于变化。常见的有如下三种形式：

一是设置风格各异的小栏目。成功的板块节目，一般都设有独具特色的小栏目。如东方台每周日16点至17点的《十二色彩虹》板块是以10岁至15岁的青少年为对象的杂志型综合性闲聊节目。这个节目辟有以介绍成年人的生活和精神世界为主的《人间的故事》小栏目；采访、讨论与青少年生活有关事件的《成长的故事》的小栏目；青少年根据"自己的故事"和自己喜欢的歌而推荐的歌曲小栏目：《轻松的傍晚》以及通过电话热线和电话讨论的小栏目：《说你说我》。这些小栏目把一个持续时间较长的节目从时间和内容上划分为几个相对独立的小单元。这些小单元既自成一体，又服务于整个节目。小栏目的设置，相对地缩短了需要注意力集中的时间，在听众尚未产生听觉疲劳以前，一个栏目就结束了。这样就从整体上帮助听众把握了收听的节奏，减缓了心理疲劳。

二是主持人播讲与各种广播手段相结合。主持人与听众亲切自然的交流，是综合性板块节目最常见的表现形式，也是节目深受听众喜爱的原因之一。但一个持续时间较长的板块节目，如果始终由主持人一贯到底，也难免单调乏味。因此，板块节目必须调动多种广播手段，采用多种形式去表达丰富多彩的内容，如穿插记者口头报道、记者与主持人对话、编辑主持、音响报道、电话采访、配乐小品或专家谈话等多种形式，不仅能加深听众对广播内容的理解，还能激发他们的收听兴趣，对提高节目的传播效果也能起到促进作用。如前面列举的板块节目《十二色彩虹》就是因此收到了良好的传播效果。

三是通过与节目内容相关的热点话题调动听众情绪，吸引听众参与。综合性板块节目的高潮往往体现在节目主持人引发与节目内容相关的热点话题，调动听众情绪，吸引听众参与上。如东方台的名牌板块节目《夜鹰热线》是一档为市民设的谈心节目，其中的小栏目《倾诉心中情》是一个话题内的谈话小节目，话题涉及人们的各种心境、际遇，为人们提供了一个倾诉的场所、宣泄的渠道和一个认识生活的角度，因而深受听众欢迎，参与度较高。

3. 在衔接过渡上和谐自然

综合性板块节目内容越丰富多彩，形式越灵活多样，部分与部分之间的衔接和过渡就越显得重要。衔接得不好，节目的各部分之间就会生硬和突兀，使人产生生拼硬凑的感觉，使节目失去整体的美感。

目前常用的衔接过渡手段主要有两种：

一是用串联词衔接。串联词是构成板块节目的重要组成部分。它或提示要点，或升华主题，或点明意义，或承上启下，如同一条纽带把板块节目的各个部分组合成一个不可分割的有机整体，使其产生"大于部分之和"的整体功能。

好的串联词，不仅能够吸引听众收听，缩短电台和听众之间的距离，同时能够把几个不同栏目的节目有机地联在一起，有效地发挥整体功能，提高节目的质量。因此广播编辑不应把串联词当作技术性、程序性的文字表达来处理，在编排节目、安排整个节目的搭配时，就要考虑节目如何"串联"，怎样准备好适当的连接条件，串起来比较自然、顺畅。

编写串联词的关键是要找出此部分与彼部分之间的内在联系，这种联系既可以是彼此间的共同点，也可以是彼此之间的不同点。将彼此之间的共同点联系起来，叫"正串"；将彼此之间的不同点联系起来，叫"反串"。

如：常州经济台《星期天特别综合节目》的一组串联词：

"听众朋友，前两天，本节目的《公仆专线》，收到了本市花园新村陈志清听众的来信。那么苏玲，你是不是把这封信念一念呢？（以下念信）

"苏玲啊，现在呢，我们就来满足这位市民朋友的要求，请我们的市长也来个热线电话，你看怎么样？好，导播已经把电话接通了，是咱们的杨晓堂市长。（以下电话采访）

"听众朋友，刚才我们通过电话，采访了常州市人民政府市长杨晓堂同志。杨市长亲切的话语，为我们今晚的《星期天特别综合节目》增色许多。

"对，市长有市长的风采，也有作为一个普通人的情感。

"哎，韦伟，你还记得刚才杨市长谈到他的业余生活时，喜欢看哪里的电视节目么？

"当然记得。杨市长提到了两个娱乐节目，《正大综艺》和《今夜星辰》。

"提起《今夜星辰》，韦伟，前几天你不是通过长途电话，采访了《今夜星辰》的主持人叶惠贤么？

"对。

"咱们是不是把采访录音放一放呢？

"好啊。刚才是杨晓堂市长的《公仆热线》，接下来该是叶惠贤老师的《明星风采》了。（以下出采访录音）

（出录音毕）（间乐）

"刚才是韦伟通过长途电话采访《今夜星辰》主持人叶惠贤的录音，看过叶惠贤主持节目的观众，都会对叶惠贤老成持重的主持风格赞不绝口的。

"对，这正是一位明星应当具备的素质。哎，苏玲，你刚才在形容叶惠贤的主持风格时说了一句话，叫'老成持重'。那么聊到这儿呢，我想我们该播出今天《星期天特别综合节目》的另一个小栏目《老人天地》了，如今我们的一些离退休老人，在各种老年活动中，自娱自乐，充分体现了我们这个时代中老年的风采。

"对，正如一位退休老人所说，夕阳也有五彩的颜色，五彩的精神面貌。

"话说到这儿，我又想到了一位老人，他虽然已是70古稀的老人了，但他仍活跃在我们老人事业当中，这位老人的名字叫冯衍。下面这首《在那桃花盛开的地方》，就是冯衍老人送给我们收音机前的听众的。

（出冯衍唱《在那桃花盛开的地方》）

（出采访录音）

"冯老，我代表收音机前的听众朋友，谢谢您这番话，最后我们想为您送上一首歌，祝您健康快乐。

"冯：谢谢！

（出采访录音毕）（出歌）

（间乐）

"听众朋友，刚才您听到的是《星期天特别综合节目》的记者，采访一位老人的录音。

"又到了节目结束的时间了，咱们下个星期天再会。"

从以上节目的串联词可以看出，编者的思路在于将前后节目的某种内在联系寻找并表述出来。串联词的写法则要视具体情况而定，全靠编辑的匠心。要注意的是，切忌故弄玄虚，生串硬联。要注意我国民族的思维习惯和语言特色，让人听起来感到亲切、热情、自然，感到编辑的串联手法巧妙适中，情发于衷。

二是用音乐衔接。音乐是板块节目中常用的一种十分有效的衔接手段。板块节目中音乐的使用有三种基本用法，也可以说有三个不同的层次。

第一种用法是：把音乐作为节目内容的有机组成部分，所选用的乐曲与节目内容有十分密切的联系，使音乐成为节目内容的延伸。它可以使节目内容所反映的主题得到烘托，使人的情感得到升华。因而，这种用法被视为音乐运用的最高层次。

第二种用法是：把音乐作为栏目节目间的衔接手段，所选的乐曲虽然与节目内容没有什么联系，但乐曲的基调跟节目内容是协调的，相配的。这种音乐一般用在较大的栏目和较长的内容之后，主要是起一种放松的作用，让听众在收听了一段时间以后，休息一下，以便注意力再度集中，收听下面的内容。

第三种用法是："翻页"间奏。这种音乐一般很短，大约在几秒钟到十几秒钟之间，起到把不同的内容隔开的作用。这种用法比较简单，一般也不存在音乐与内容协调的问题。

4. 在整体布局上井然有序

板块节目时间的加长和内容的拓展，给听众定时定向地收听某一方面的内容带来了困难。为了增强板块节目的选择性，可采取如下途径：

一是有序性地设置栏目。即：根据不同的内容，在板块节目中设置各具特色的小栏目，使这些栏目在播出时间上呈现出一定的规律性，便于听众根据自己的兴趣和爱好有选择地收听。

二是做好节目"提要"、"回报"和"预告"。

"提要"，就是在节目的开头将内容加以提示，使听众对节目安排有个整体的把握，便于有选择地收听。

"回报"，是对前面已经播过的内容作简单的概述。

"预告"，是对将要播出内容的提示。

做好"提要"、"回报"和"预告"需要注意的问题是：要尽量避免语言上的重复，否则，会使从头至尾收听节目的听众产生一种"似曾相识"的重复感。

第十三章　主持人节目

主持人节目是一种广播节目形式，一般指参与采编等节目生产过程的主持人，以个人身份出面，代表节目向听众传达节目信息，和听众交流节目感受的开放型、综合性板块节目。也可以是指某一位社会名人主持的某固定广播节目栏目，类似报纸的专栏作家特设栏目。

主持人节目是深受广大听众欢迎的一种节目形式，最早出现在欧美各国。1928年，荷兰的对外广播节目《快乐的电台》首次采用主持人节目形式，由一位名叫艾迪·勒达兹的人主持。该节目除第二次世界大战期间停播了5年外，一直由艾迪主持了36年，可见其受欢迎的程度。

美国在20年代末30年代初也开始出现广播节目主持人。其中最杰出的是哥伦比亚广播公司以新闻分析员和评论员身份主持新闻节目的汉斯·冯·卡尔登。当时的美国总统富兰克林·罗斯福也曾主持过著名的《炉边谈话》节目。

中华人民共和国广播界吸取主持人节目形式是在80年代初。1981年元旦，中央台由徐曼主持的《空中之友》节目正式开播，很快便以其真挚的情感和特有的魅力赢得了台湾听众。同年4月，广东台推出由李一萍和李东共同主持的《大众信箱》节目，受到广大听众尤其是青年听众的普遍欢迎。随着这些优秀节目主持人的出现，各地电台纷纷开办主持人节目，近年来涌现出不少有影响的广播节目主持人。

主持人节目形式体现了大众传播交流、协商、互动的优势，密切了广播媒介同听众的联系，成为广播节目发展的一大趋势。

第一节　主持人节目的特点

一、主持人节目的特点

节目的特点，即节目自身的特殊属性，节目的个性。主持人节目的主要特点，概括起来有以下4点：

第一，主持人以个人身份出现，以"我"的口吻传播，播讲风格上表现出个人的谈吐本色。

节目主持人都是以真实的个人身份出现，以第一人称"我"的口吻，使用谈话语体传播的。在主持人节目中出现的主持人声音，亲切、自然，也比较自由，既可代表编辑部传播信息，又可以个人身份发表评论。

第二，主持人在播讲处理上，灵活性很大。

节目主持人在播讲过程中时常会随着节目的延伸而产生更好的节目感觉，因而时常根据节目意图临时变动原设计，或对话题作出新的调整处理，以取得更好的效果。对播讲过程中出现的一些突发情况，如新闻、广告等超时或缩短；播讲技术突然发生差错，影响原计划实施；对这些突发因素主持人必须随机应变，恰当处理。

第三，主持人节目往往集采、编、播、控于一身。主持人是节目的灵魂。

一般广播节目，从采录制作到播出，是分多个环节进行的。记者、编辑、录制人员、播音员各司其职，播音员只是节目的播出者，真正的节目主持者是后台的编辑。而节目主持人，集采、编、播乃至控于一身，从节目的采制到播出，始终是节目的主要角色，既是节目的播出者，又是节目的制作者和组织者，是节目的灵魂。

第四，主持人节目不再是居高临下的灌输，而是平等的双向交流；主持人对于听众不再是单纯的教育，而是热忱的服务。

主持人节目的这一特点显示出广播宣传的根本性变革。主持人由过去的"教育者"变为"服务者"，听众因之由过去的"受教育者"变为节目的主人，有了参与的权利。

当然，节目主持人还是要代表本节目和电台说话，做舆论的向导。但由于是以个人身份出场，容易将抽象的理论融入富有个性和人情味的交谈、议论之中，便于听众平心静气地交流和接受。

二、主持人节目的优势

主持人节目所具备的上述特点，使它在广播传播中体现出明显的优势。

1. 有利于发挥主持人的主观能动性

主持人以个人身份出现，参加采编播全过程，便于加强自己对节目和对听众的责任感，促进自己对节目内容的把握和理解，使节目取得满意的传播效果。

我国人民广播的第一位节目主持人徐曼对此深有体会。她在《广播电视战线》(1983年第2期)上发表的《从节目播音员到节目主持人》一文认为："主持人参加了节目生产的全过程，从节目主题的确定，到节目的合成制作，成了节目的真正主人，而不是像过去那样，念完稿就完事了。由于主持人了解、熟悉、掌握了节目的各个环节，随时体现节目的意图，随时与编辑交换意见，在制作节目中可以充分发挥'我'的主观能动性。"

2. 有利于提高广播新闻时效

节目主持人一人身兼数职，将采、录、编、播几个环节统一于一身，减少了节目生产的工艺流程，节省了人力，缩短了节目形成时间。而且对于最新、最重要的新闻，主持人还可以随机应变，及时播报，从而进一步提高了广播新闻的时效。

3. 有利于同听众的感情联系

主持人节目变单向灌输为双向交流，在感情、内容和形式上贴近了听众，缩短了传播者与听众的距离，从而增强了听众的亲切感、参与感，继而增强了新闻的传播效益，扩大了电台的影响。

4. 有利于完善节目系统

广播节目的采、录、编、播制作是一项严格的系统工程和一个不可分割的整体，将其中的各个环节人为地分离开来，容易造成环节与环节之间的不协调，以至削弱节目的系统性。节目主持人参与对报道思想的研究和采、录、编、播制作各个环节的生产，便于将各个环节有机地结合起来，从而增强对节目的理解，完善了节目系统，便于充分地发挥节目的表现力，优化广播节目的整体效应。

第二节　主持人节目的类型

根据不同的划分标准，节目类型有不同的划分结果。如：以节目内容为划分标准，可以把主持人节目划分为新闻类主持人节目，教育类主持人节目，服务类主持人节目，文艺和综合类主持人节目；根据节目主持人的来源，可以划分为专业主持人节目和业余主持人节目；根据主持节目的形式，可以划分为一人主持的交谈型节目和两人主持的对话型节目等。

本节主要讨论根据制播方式划分的主持人节目类型。

我国主持人节目的制播方式大体上有以下几种：

一是完全直播。主持人准备节目时，不要稿件，只准备"提纲+资料"。播讲时，主要靠口头直接表达。在听众参与的情况下，注重现场发挥。同时，主持人播讲与节目制作、播出又是同步的，一次直接完成。

二是带稿直播。节目主持人先就节目内容预习已编改好的文字稿件，然后以文字稿件为基础进行直播。主持人的口播、节目的制作、播出也是同步一次性完成。

三是模拟直播。或称录音直播。第一步，主持人为节目准备的也是"提纲+

资料"；第二步，主持人口播也是注重现场发挥，播讲与节目的录制同时完成，节目气氛和播控操作如同直播一样；第三步是将录制好的节目播出。

四是制作播出。采用的是我国传统的制播方式。主持人或为主持人服务的编辑或二者一起先准备好文字稿件，主持人播读时录音，有时还要加上一个制作合成的过程，最后才是播出录制好的节目。

五是混合播出。将直播和录播结合在一起，这种制播方式一般用于板块结构的主持人节目。一个板块节目包括若干个栏目，其中有些栏目的内容是事先准备好文字稿并录制好的，而整个板块节目的串联和另外一些内容，则由主持人直播。这些直播内容是事先准备稿件还是只准备资料，视具体情况而定。

根据制播方式，主持人节目通常可以划分为以下4种类型：

1. 直播式主持人节目

主持人在直播室里面对传声器直接播讲，同一时刻，将播讲内容传播出去。

直播室的播音间通常备有外接电话，主持人工作时，能通过电话和听众对讲，及时得到听众的反馈信息。听众与主持人的对话，又能立即传播出去，听众在各自的收音机里都能听到。于是"一对一"的对话变成了"一对众"的对话。

直播式主持人节目的优势是能充分表达主持人的思想感情，体现主持人与听众在思想上、语言上的交流，缩短电台与听众之间的社会心理距离。

直播式主持人节目在国外运用很普遍。如法国国际广播电台的《喂！玛霞》节目，就是典型的直播式主持人节目。主持人通过电话为听众排忧解难，深得人心。楚天经济台也办过一个受到听众喜爱的主持人节目《喂！古丽莉》，很有可能得灵感于此。

2. 编播式主持人节目

编播式主持人节目不是在播音室直接向外播出，而是经主持人事先录音，然后播放。其好处是录音过程中发现问题可以及时调整，重新录制，直到满意。

编播式节目的主持人要会采访，会编写，会播音，集采、编、播于一身。在实际工作中，除了"文艺欣赏"、"讲卫生"、"生活常识"等少数节目外，大多数节目靠一两个播音员出身的主持人主持是有困难的。节目主持人需要一个制作群体的支持和帮助。特别是一些影响较大的主持人节目，往往幕后有一个强有力的编辑小组在和主持人一起收集资料，采写、组织稿件，共同设计和编排节目。

3. 播音式主持人节目

播音式主持人节目由播音员出场主持节目，播讲广播稿。而节目稿件的采访、编辑则另有一套班子。他们为主持人采访、写稿，并准备好采访的录音实况，作为节目主持人的播音员拿到现成的稿件再去播音，最后由编辑和主持人共同制成节目。

这类主持人也可外出参加采访，增强对节目内容的感受和理解，以提高节目的播出质量。

4. 报幕式主持人节目

近年来，一些电台的文艺专题节目常以报幕式主持人节目的形式出现。主持人在节目进行过程中通过串联承上启下，活跃气氛，作用类似舞台报幕员。主持人的串联词一般由编辑写好，主持人只需说出大概意思，也可以即兴穿插几句话进去。

从主持人的来源看，除了本台专业主持人外，有些电台还聘请有关专家、学者、社会名流来担任节目主持人，他们被称为客座节目主持人。节目稿件由主持人自己撰写，编辑根据广播特点帮助润色，使稿件符合主持人节目的要求。播出前，编辑再和主持人一起商量，作出方案，最后由主持人播讲。

由于客座节目主持人是某方面的专家或权威，阐述的问题透彻精辟，有权威性，因而他们的节目深受听众欢迎。

第三节　主持人节目稿和节目提纲

主持人节目稿是主持人主持播出节目的文字依据。广播节目主持人不能无准备地临场任意发挥，他面对的是千百万对广播有某种需求的听众——无论是信息还是精神文化方面的需求；他肩负着时代和媒介赋予的神圣而不可推卸的使命。所以，主持人节目的内容和其他节目的内容一样，需要经过精心的策划和准备，并以文字稿的形式确定下来。不同的是，主持人在播讲时不必照本宣科地念，只要大体上照着说就行。此外，直播式主持人节目在播出现场可能会碰到一些意想不到的情况，需要解答一些意想不到的问题，并为听众当场提供各种有参考价值的信息等等，在这种情况下，只要准备翔实的资料和简明的节目提纲即可。

主持人节目稿的编写有如下要点：

1. 符合"我"的身份和口吻

编写主持人节目稿，从观察的角度、叙事的顺序、议论的方法、抒情的方式到谈话的口吻，都要符合主持人"我"的身份，符合"我"在节目中所处的角色。用"我"这第一人称特有的方式和语言，讲"我"的见闻和所思所想，这种个人特色越鲜明越好。

节目主持人在播讲中表现出的个人特色，并不意味着完全重复日常生活中的谈吐姿态，作"自然主义"的表现。主持人语言个性的真实性不排除主持人对自己的语言作适当的修饰和强化，以便符合自己在节目中的身份和形象。如主持人在节目中是一个大姐的形象，说话就应平心静气，细致耐心，善解人意；如果节目主持人是艺术家的形象，就应谈吐生动，语言幽默，富有文化修养等等。

2. 符合"我"的个性和气质

人的个性和气质，因教养、阅历、文化程度、职业、身体状况等等因素的不同而不同。节目主持人在主持节目的过程中，大抵会显示出或热情奔放，或彬彬有礼，或从容自信，或朴素大方，或平易亲切，或机智敏锐的主持风格，逐渐给收听这些节目的听众留下深刻的印象。这些印象在听众心目中一旦定形，就会成为一种标准。听众自然而然地用这一标准来品评节目，印证自己的印象。所以编写主持人节目稿要注意符合主持人的播讲风格和个性化的语言习惯，突出"我"的形象。

3. 符合谈话体的表述特点

谈话体是两个人或几个人之间面对面交谈时使用的语言形式。谈话体的表述特点是贴近口语，便于交流。说起来通俗、明白、上口，听起来流畅、自然、入耳。编写主持人节目稿要在谈话体上下工夫。

一是语言尽可能口语化。如山东胶南台德惠主持的《家庭园地》节目，有一篇《科学治家巧致富》① 的节目稿是这样写的：

> 谈到依靠什么致富，也许有些姐妹们要说，"这谁不知道？人勤家不贫嘛！你在广播上不是整天价吆喝勤劳致富吗？只要舍得出大力，就不愁过不上富日子"。对，你说得很有道理，要致富就离不开勤劳，但你把这个"勤"字单纯理解成出力流汗就有些片面了。勤，不仅包括体力上的勤，还应包括脑力上的勤，如果只知道闷着头苦干，不去学着巧干，出了大力气也不一定换来大利益。

这段节目稿十分接近口语，主持人好像面对面地在跟听众聊天、拉家常。整段话通俗、明白，听起来流畅、自然，符合谈话体特点。

二是注意与听众感情上的交流。仍以《家庭园地》节目为例：

> 姐妹们，听见了吧？王兴香大嫂这一亩大棚菜三年收入一万七千多元，只用了三年，这个三口人的小户人家就富起来了，确实让人惊叹。……

---

① 转引自乐之、鹿敏：《1990年优秀广播稿选与评析》，中国广播电视出版社1991年版，第189页。

在撰写主持人节目稿时，就是要注意这种感情上的交流。这种主持人与一个或数个听众直接交流的人际传播方式，传播者与受传者距离接近，反馈及时频繁，传播者可以根据反馈随时调整信息，加强交流内容的针对性。

《空中之友》节目主持人徐曼在工作实践中总结了如下六条经验：

①走进播音室如同来到一个气氛和谐的家庭，和其中一个朋友亲切交谈；

②对所谈事物要发生兴趣，有一种想与听众交流的欲望；

③交谈时语调要轻松、活泼、自然流畅，不使对方感到紧张、费力；

④在话筒前与听众交谈，使对方感到你是一个有礼貌，有教养的人；

⑤讲解政策性、说理性的内容时，用商量性的口吻，探讨的口气，循循善诱，以理服人，以情感人，尊重朋友；

⑥语气、声调不能做作、虚假，要落落大方，实实在在。

徐曼总结的这6条经验，不仅适用于主持人的主持播出过程，也对主持人节目稿的编写具有参考意义。

主持人节目提纲则如前所述，在直播式主持人节目中运用较多，通常以"资料+提纲"的形式出现。主持人节目提纲亦可视为一种"节目阐述"形式，对该次节目的目的、内容、形式、要求和围绕中心话题展开的内容范围作提纲挈领的概述。作为节目提纲补充的资料，可以分门别类地归属在各条提纲的细则之内，以便主持人播讲时随时抽出，加以阐发和补充。

无论是主持人节目稿还是节目提纲，在编写时都要将节目各部分之间的串联考虑进去。通过串联词承上启下，衔接沟通，使节目成为一个有机的整体。

主持人节目的串联词根据不同的题材内容，可以各有侧重。对于听众生疏的内容，串联词可以多介绍一些背景材料；对一些重大决策或政治生活方面的大事、要闻，串联词不妨强调一下影响或作用；对一些难以听懂的语言，串联词还可以略作重复，加以解释等等。

第四节　节目主持人

主持人是节目的核心人物，节目的设计者与组织者。真正意义的主持人应对节目的成败负责，其作为主持人的策略和决策应当贯穿于采、写、编、排、节目制作和主持播出的节目生产的全过程。

一、主持人与节目的关系

主持人与节目的关系应是互为依托，互相塑造的关系。主持人参与了节目生产的全过程，节目的成功与否在很大程度上取决于主持人的思想素质、策略决策和主持能力。

传统的广播节目在节目的生产程序上，大体上是分割的。如，记者、编辑负责采写编排，播音员只要求完整、准确地表达稿件内容，而不担负节目的前期设计和采写编排任务。

主持人参与节目生产的全过程，强化了主持人与节目的依存关系。主持人可因节目脱颖而出，节目可因主持人大放异彩。以楚天台的《空中导购》节目为例。《空中导购》节目开办一年后，逐步受到听众的承认和喜爱。这个节目的主持人其实并不是最出色的播音员，节目播出时间也不是黄金时间，但由于主持人热心为听众服务，想方设法丰富这个节目，他们与各大商场建立信息网，并随时观察各家商店出售的商品，因而积累了大量资料。当听众打电话或来信询问商品时，他们大多能提供准确、可靠的信息，并为听众讲解商品知识，让听众少花钱、多办事。所以群众购买商品有了难处，都乐意找《空中导购》节目帮忙。这个节目能成为名牌节目，与两位节目主持人的辛勤耕耘密切相关，可说是节目主持人塑造了节目。由于这个节目出了名，两位节目主持人因此成了有名的"导购先生"、"导购小姐"，节目反过来造就了主持人。由此可见，节目主持人与节目这种互为依托、互相塑造的关系。

二、主持人在节目中的作用

主持人节目产生的效果如何，很大程度上取决于主持人主持水平的高低。研究主持人在节目中的作用，对完善和更好地发展主持人节目有着重要的意义。

1. 调控作用

在主持人节目中，主持人是最直接的调度者和指挥者，整个播出过程留给主持人的二度创作空间十分广阔。从节目的播出流程，节目内容的组合，节目主题的体现到听众参与热线电话的程度都要求主持人起控制和协调作用，将自己的能力依据节目的需要运用于节目的调控之中。

一是对节目时间的调控。如大板块直播主持人节目，往往是多个主题、不同内容的组合，特别是加入了热线电话，听众参与之后，节目具有了高度的随意性和不确定性。有时候设想着这个话题听众参与者可能较多，可偏偏受冷落，电话不多；有时认为不太时髦的话题，参与者却纷至沓来，这就需要主持人在节目进行的同时适时调整电话，利用插播资料、音乐、议论话题等，使节目时间布局合理，疏密有致。

二是对参与话题的调控。由于参与对象水平参差不齐，发言的水准难以把握：有的精辟，有的偏激；有的深奥，有的浅陋。这就需要主持人把握参与对象的话题，准确、适当地插入分析，必要时对参与者的发言进行简短的概括，使话题内容集中，发言逻辑有序。

三是对节目导向的调控。基于主持人节目大都具有听众参与这一特殊性，主持人对节目内容有一定控制权和支配权，作为党和政府的喉舌——新闻媒介的节目主持人所宣传的内容，必须符合社会主义精神文明和物质文明的要求，使客观性、指导性和分寸感相统一。具体到每个栏目所选择的内容和素材，在突出主题的同时必须符合党的舆论工具的要求。即使是纯娱乐性的，也应该是无害的。从这点出发，主持人需要把握分寸，正确引导节目的方向，并对不良内容及时判断处理。

2. 融合作用

在节目中，主持人无论是以节目的个性出现，还是以自己的个性出现，都必须是一个真实、可感、可亲的人，在听众参与的主持人节目中，起融合作用。

结合节目的内容，主持人可以是一个热情、好客的主人；可以是一个善解人意的宣泄对象；可以是温文尔雅的学者；也可以是慈祥的师长。无论充当什么角色，主持人都要把自己融入听众之中，使传、受双方互相衬托，节目自然、顺畅地过渡。

主持人的融合作用首先体现在情感上。主持人的感情必须真实、朴素，能与听众同甘苦，共忧戚，只有这样才能满足听众多元的情感需求与体验，才能通过情感的桥梁走进听众心中。

其次体现在地位上。主持人始终要把节目放在第一位，他的一切努力都是为了让节目得到听众认可、接受，而不是为了表现个人。这就需要主持人在节目中注意与听众的平等和对听众的尊重，达到朋友之间平等的交流和沟通，使听众与节目融为一体。

3. 吸引作用

主持人节目对听众的吸引作用往往体现在主持人的形象上。主持人要在节目中树立自己的主持人形象，可以根据自己的主客观条件，向与自己特长结合的方向发展，形成独特的风格。如果你博学多才，知识面广，反应灵敏，可以努力培养、强化自己的特长，做知识型节目的主持人；如果你能歌善舞，爱好音乐、艺术，你不妨尝试做文艺型节目主持人。

一个人生活经历的多少，知识面的宽窄，直接影响着他对现实的认识，对人间冷暖的体验。一个优秀的节目主持人，必定见多识广，视野开阔，对事物有深刻、敏锐的观察和分析。也正因为如此，他的身上才具有深厚的生活积累和知识积淀，才内外协调地具有可亲可敬的主持人气质，这正是主持人和主持人节目能吸引听众的魅力所在。

三、主持人的形象构成要素

广播节目的主持人通过声音，靠语言树立起自己的形象。听众通过主持人的言谈，可以想象到他们的音容笑貌和性格特征。这种声音形象大体上由以下要素构成：

1. 主持人的思想理论修养以及精神素质和业务能力方面的修养

"主持人修养"的具体内容，将在下个问题展开）较高的思想素质和理论政策水平是树立良好的主持人形象的基础。如：主持人讲述某项方针政策，不是生搬硬套，死背条文，而是通过自己的理解，在与听众交谈中，自然地流露出来，潜移默化地产生影响。

2. 主持人的知识结构和生活阅历

主持人在展开话题和听众交谈时，要言之有物，体现出主持人的内涵和节目的深度。主持人在传声器前的发挥是否得体，可以反映出主持人的素质。同样的话题，由于年龄、文化的差异，生活经历的不同，有的主持人可能讲得头头是道，有的可能显得拘谨而慌乱。主持人只有对各种问题都取得了一定的发言权，才可能获得听众的信赖。

3. 主持人的性格和个人感情因素

一般来说，年轻、性格开朗者，讲起话来语流比较快；文静、性格内向者，主持起节目来也斯斯文文；机智敏捷者，语言较为风趣，有幽默感等。主持人的喜怒哀乐对听众感染很明显，许多听众通过主持人的发言，可以体味到主持人的人生观、世界观，勾画出一个与生活原型相当接近的形象。

4. 主持人的声音特点和语言习惯

主持人直播方式，往往能充分体现每个人的语言特点。如主持人与听众见面的第一句话，各人处理就大不相同。在语言表达上，有人喜欢在一句话中用一些语气助词，让人有一个停顿、思考的过程。有人喜欢讲"你说对吗?""我的意见是……""我觉得……"甚至有一些口头禅，一旦被听众接受，也可以成为某个主持人的特色。

四、节目主持人的能力修养

节目主持人的修养，对于主持人形象和主持人节目形象的树立，有着决定性的影响。

作为党的新闻工作者，节目主持人除了应该具有马列主义、毛泽东思想的理论修养，坚定的党性原则，较高的政策水平，较强的社会活动能力和写作能力，严谨的工作作风，高尚的职业道德，渊博的知识以外，还应该分别具有记者的采写和应变能力，编辑的辨析和组织能力，播音员的口头语言表达能力。

1. 具有记者的采写和应变能力

许多节目主持人都有这样的体会：通过自己深入新闻现场，亲自采访得来的新闻，讲述起来更为生动、自如，容易把听众带入新闻现场，能较深刻地认识和揭示新闻的背景与意义。主持人要顺利地完成采访任务，以记者的身份报道新闻，就必须具有新闻业务知识，掌握采访技能，尤其是现场采访的技巧；必须具有新闻敏感，有较强的社会活动能力和新闻写作能力，特别是具备现场报道的技巧。

美国哥伦比亚广播公司著名节目主持人沃尔特·克朗凯特曾在北京对我国新闻同行介绍说："我们美国三大广播公司，哥伦比亚广播公司（CBS）、全国广播公司（NBC）和美国广播公司（ABC），所有播出新闻的人员都是新闻记者。"沃尔特本人就是一名出色的记者。

记者的应变能力也是主持人所必须具备的能力。主持人必须培养敏捷的应变能力，主动应对变化万端的直播现场和制作环节紧凑的录播现场。主持人应变能力的培养需要日积月累。如：平时经常注意学习，积累知识，总结经验，不断丰富自己的阅历，充实自己的知识库存等。这样，在主持节目时就能随机应变，话说在点子上，观点正确，合乎情理，经得起推敲，使主持活动达到理想的效果。

主持人平时还要注意锻炼自己的思维能力。如，在看到报纸、电视、杂志、小说，听到别家电台提出的问题时，先考考自己，想一想应该怎么办？然后再接着往下看和听，检验一下自己的看法对不对。久而久之，对一些临时出现的特殊情况，就能"急中生智"，依靠自己敏捷的思维作出判断。

主持人的应变能力还来自于对节目、对话题有关情况的熟悉和把握；对有关方针、政策的认识、理解和灵活自如的运用。做到了心中有数，就能随机应变，正确、适时地对听众进行思想和舆论上的引导。

2. 具有编辑的辨析和组织能力

主持人应像编辑善于对稿件进行准确的判断、估价和编选那样，精于对听众的来稿、来信、来电、发言进行准确的判断、分析，并及时作出选择和回答。

在组织形式上，由于主持人节目实行从采编到播出的一条龙生产，主持人往往既是记者、编辑，又是导播、主播，是整个节目的负责人和实施者。从报道思想的确定到新闻线索的把握，从组织采访到编写制作节目，主持人都要到场唱主角，没有较强的组织才能是难以胜任的。对于采、编、播合一型的节目主持人，必须从头至尾参与节目的生产，掌握节目制作的主动权，协调各方面的关系，保证节目的播出质量，所以主持人必须具备优秀编辑、导播的组织才能。

3. 具有播音员的口头语言表达能力

严格地说，主持人的口头语言表达能力应该比播音员有更高的要求。

首先，主持人应有较好的声音条件，要懂得播音知识，掌握播音技能，符合普通话的语音发音规范，音调应力求标准，音质应力求纯正，最起码的要求是发音清晰正确，让人听得清楚，听得明白。

其次，应当有相当出众的口才，能够即席发挥，出口成章，应对如流。最高的要求是能把自己的全部感情倾注在跟听众的谈话上，善于用自己的语言来体现节目的主旨和电台为听众服务的心意。如，在中央台对台湾地区广播的《空中之友》"愿同胞同唱民族歌"这次节目里，主持人徐曼说：

> 我的同胞，每当我说出"同胞"这两个字的时候，我的心就洋溢着一种无比温暖的感情。这种感情，像一股热流，流遍全身，使我难以抑制。"同胞"这个词，意味着您、我是骨肉兄弟姐妹，意味着您、我是一母所生养。我们的母亲是谁呢？我们的母亲就是我们的祖国。您说是不是？我们都是祖国母亲的儿女，我们都歌唱祖国母亲。亲爱的同胞，您、我之间，政治见解可以不同，但热爱祖国的感情应该是相通的，您说是不是？

徐曼就是这样以"我"的观点，"我"的感情，和听众交谈，收到了以心换心的效果。由此可见，口头语言表达能力不仅体现在语言的表述技巧上，还体现在情感和个性的表达深度上。主持人的情感和个性突现出来了，和听众的关系就会更加具体、更加密切和亲近。

后　记

在本书即将发排之际，我忽然受到一种前所未有的震撼——难道我不是行进在那条通向 21 世纪的公路上？迅跑着，追赶着，却在瞬间化为了"泡沫"①。

这是一条集合了传播新技术和全球性特征的信息高速公路。它是一种以光导纤维为传递通道的高速信息传播网络，它融计算机技术、电子技术、通信技术、声像技术等各种尖端技术为一体，为所有的人提供所有能想象出的电子信息服务，包括购物、纳税、聊天、游戏、听音乐、看球赛、远程教学、银行业务、电视会议、市场预测、信息咨询、医疗诊断等等，其传输容量和传播速度为当今任何媒介所无与伦比。

信息高速公路的兴起，将使大众传播的形式与渠道发生巨大的变化，传统方式将受到有力的挑战。作为信息高速公路核心的多媒体技术，使文字、声音、图像等全部信息实现数字化，在同类装置之间，一切信息都可以高速度、大容量地自由交换与沟通。人们只需一台多媒体计算机终端，便可实现原本需要多种机器才能完成的功能。

这是多么令人神往的前景！它意味着随着 21 世纪的来临，信息高速公路将把人类更快地引向自身的解放。

当然，在我们登上信息高速公路的同时，也会失去在今天看来是如此珍贵的许许多多。信息高速公路——这一真正"史无前例"的人类文明注定了将由下个世纪的人们尽情消受，而本世纪末我们所做的一切全都是"铺路的干活"。值得一代人欣慰的是，在信息高速公路的传送带上，运载过我们的梦想，我们的劳作。即使它终将化为泡沫，它对现实的推动，它与未来的沟通，它给后人的文化和科学启示却如流水之不腐，长江之永存。

不过，话说回来，我认为，至少在本世纪，广播传媒在人类文明进程中的作

---

① 朱光烈：《我们将化为"泡沫"——信息高速公路将给传播业带来什么?》，载《北京广播学院学报》1994 年第 1 期。该文认为，信息高速公路将以其极其多样化的服务而使现存的各种传媒化为乌有，使与之相对应的传媒工作化为"泡沫"。

用，它的独特的传播功能，是其他任何传媒都无法替代的。当今广播传媒所做的一系列改革尝试也仍然是有益的和必要的。而且，在现有诸媒体中，广播的传播方式最为接近信息高速公路，它所显示的大众传播与人际传播两相结合的优势，本质上与多媒体动人心弦的交互性特征不谋而合——不是偶合，而是大众传播发展的必然。

所以我认为，广播传媒对人类听觉的千呼万唤其实是信息高速公路初具雏形的一种讯号。或许，正是因为有了以广播为首的大众传播媒介的先知先觉，信息高速公路才会如此迅速地兴起和发展起来，以无可阻挡之势风行全球，同时得到传者和受众的认同、接受与青睐。

在安徒生的童话《海的女儿》里，美丽善良的海的女儿为了他人的幸福，不惜化为泡沫，消逝在太阳升起的时候。在未来的日子里，当信息高速公路这颗21世纪的"太阳"升起的时候，我们也将化为泡沫，不复存在吗？那么，就让我们一步一个脚印地为这颗21世纪的太阳——信息高速公路，垒起坚实而雄厚的基础；让我们坚定不移地从"单向传播"走向"交互式传播"，即使化为泡沫也在所不惜。

举起我们的双手，迎接信息高速公路的到来吧！

作 者

1995 年 5 月

当 代 广 播 电 视 丛 书 书 目

电视栏目解析（第二版）

电视文本解读（第二版）

电视新闻采写

广播电视概论

当代电视摄像教程

影视美学理论基础

电视摄像与编辑实验教程

影视导演基础

广播新闻业务教程

广播编辑与节目制作